苏州上市公司发展报告
（2021）

薛誉华　范　力
吴永敏　贝政新　主编

复旦大学出版社

内 容 简 介

《苏州上市公司发展报告(2021)》由苏州市上市公司协会、东吴证券股份有限公司和苏州大学东吴商学院组建联合课题组撰写。

本书以苏州已上市公司发展为主体,以苏州新三板挂牌企业、科创板企业和拟上市预披露公司为补充,面向众多的市场投资者,从量和质两个维度全面、客观地揭示我国资本市场苏州板块的现状、问题与趋势。

本书也是在连续六年公开出版《苏州上市公司发展报告(2014—2020)》之后的第八部。主要包括苏州上市公司概况、苏州上市公司的市场绩效分析、经营绩效分析、行业结构分析、新三板挂牌企业分析、拟上市预披露公司分析分析,还研究了上市公司再融资和并购重组规模对苏州上市公司经济的影响分析。针对"十四五"开局之年,本书还对"十四五"期间苏州上市公司发展作了展望和分析。

本书可作为各级政府机关经济管理部门、金融行业和区域经济的实务和理论工作者决策和研究之参考,也可作为高等院校经济、管理类专业师生教学和科研之参考。

前言

苏州上市公司发展报告(2021)

2020年是我国资本市场创立30周年,也是"十三五"规划的收官之年,面对新冠肺炎疫情等不利影响,全球金融市场剧烈动荡,我国资本市场保持稳健运行,市场韧性不断增强。2020年也是我国资本市场的改革大年,监管部门发布再融资新规、科创板减持新规、创业板改革并试点注册制规则、退市新规等一系列规则制度,以注册制改革为抓手,多层次资本市场全面启动质效改革、全面优化顶层设计、全面完善基础性制度,各领域均迎来关键制度创新。苏州在2020年接连出台了《苏州市促进企业利用资本市场实现高质量发展的实施意见》和《苏州市加快推进产业资本中心建设行动计划(2020—2022年)》等多项支持政策,不断优化企业直接融资的政策环境。在此背景下,苏州企业积极抢抓市场机遇,当年新增上市企业25家,再创历史新高,尤其是科创板上市企业新增和累计数量均位居全国前列。截至2020年12月31日,苏州地区共有43家主板企业、43家中小板企业、38家创业板企业以及20家科创板企业,合计境内上市公司总数为144家[①]。与我国A股市场一样,苏州在新三板挂牌企业、拟上市预披露公司和科创板公司数量方面也取得了不小的成绩。

一、2020年中国资本市场的苏州板块

截至2020年底,全国共有A股上市公司4 131家,合计总市值为868 453.59亿元,苏州地区共有上市公司144家,合计总市值为12 760.31亿元,苏州地区上市公司数量和总市值国内占比分别为3.49%和1.47%。上市公司的总市值占比明显低于数量占比,反映出苏州地区上市公司个体平均规模相对较小的特征。数据表明,2020年底苏州地区上市公司平均市值为88.61亿元,仅相当于全国上市公司平均市值的42.15%。

苏州率先指数在2020年呈现小幅上扬、震荡上升趋势,下半年走势较为平稳,全年指数涨幅较为明显。从2019年12月31日到2020年12月31日,苏州率先指数从1 966.50点上涨到2 330.54点,上涨364.04点,涨幅18.51%。

---

① 本数据包括鹿港文化。2020年7月鹿港文化(601599)被浙江文投收购,并更名为浙文影业(601599)。2021年3月公司公告将注册地改为浙江省杭州市。

与沪深市场指数比较,沪深 300 指数年度上涨 27.21%。上证综指 2020 年因为疫情的影响,前期股指下落,下半年股指上行,全年上涨 13.87%;深证成指 2020 年最后一个交易日的收盘点位为 14 470.68 点,全年涨幅 38.73%;中小板指数全年涨幅为 43.91%;创业板指数全年涨幅为 64.96%,指数涨幅较高。相较而言,苏州率先指数涨幅较小,全年仅上涨 18.51%,稍强于上证综指而弱于深圳所有市场重要指数。

与北京、上海、天津、重庆和深圳五市指数相比较,从涨跌幅趋势看,六个城市的市场指数均表现出上涨的趋势。北京和上海指数走势基本一致,整体涨幅较小,全年涨 11% 左右;其后是苏州率先指数。深报指数和天津指数基本持平,涨幅在 29% 左右,重庆指数全年涨幅最大,高达 46.96%。

2020 年,苏州新增 25 家 A 股上市公司,其中 14 家在科创板上市,苏州上市公司总数达到 144 家。2020 年申万行业一级分类统计结果显示,苏州机械设备类上市公司最多,有 30 家,之后依次为电子类 24 家,化工类 15 家,电气设备类 13 家,通信 6 家,建筑装饰、交通运输和医药生物各 5 家。其他行业样本股数量主要分布如下:轻工制造、银行、家用电器、传媒和计算机各 4 家,建筑材料和汽车各 3 家,商业贸易、纺织服装、房地产、有色金属、钢铁和综合各 2 家,非银金融、国防军工和公用事业各 1 家。

截至 2020 年末,苏州 311 家新三板挂牌企业中,精选层有 3 家,创新层有 43 家,体现出苏州挂牌企业整体质量的大幅提升。与国内直辖市相比,挂牌企业数量明显少于北京(1 074 家)和上海(644 家),明显超过天津(147 家)和重庆(101 家)。与国内计划单列市相比,苏州新三板挂牌企业总量仅次于深圳(428 家);与部分省会城市相比,苏州地区显示出较为明显的领先优势,高于广州(299 家)、杭州(218 家)、南京(163 家)和成都(165 家)。创新层挂牌企业 43 家,仅低于北京(151 家)、上海(91 家)、深圳(58 家)和广州(51 家)等一线城市,数量上仍居全国城市领先地位。

与此同时,在 2020 年 IPO 预披露中,苏州共有 60 家公司披露了申报表,而其中 1 家(申龙电梯)已上会通过。根据 2020 年底前的 IPO 预披露来看,四大直辖市中,北京有 127 家、上海 101 家、天津 15 家、重庆 12 家披露了申报稿;另外,计划单列市中,深圳预披露公司数量共 109 家;省会城市中,杭州和广州预披露公司数量分别为 61 家和 52 家。省内城市中,南京和无锡预披露公司数量分别为 29 家和 25 家。

可以看出,苏州在新三板挂牌企业、拟上市预披露公司和科创板公司数量方面均名列全国各大城市前列,显现了苏州经济发展的可持续能力和苏州上市公司后备梯队的优质。

二、研究思路

本报告以苏州上市公司为研究对象,试图面向众多的市场投资者从量和质两个维度,全面、客观地揭示我国资本市场苏州板块现状与未来趋势。从量的方面而言,本报告以苏州上市公司为主题,苏州新三板挂牌企业及拟上市预披露公司为补充,分析研究苏州上市公司当前在全国、全省的地位和影响;分析研究苏州上市公司后备力量的实力与水平,了解与把握未来苏州上市公司的发展趋势与可持续发展能力。从质的方面而言,本报告分析研究苏州上市公司的市场绩效、财务绩效和行业结构,充分展现苏州上市公司的投资价值、再融资能力、并购重组能力及发展动力。

同时,本报告还根据 2021 年作为"十四五"开局之年的特点,总结了苏州上市公司"十三

五"期间取得的成就及存在的不足,研究苏州经济金融"十四五"发展面临的机遇和挑战,对苏州上市公司工作在"十四五"时期的发展提出了进一步应对的对策。

三、研究结论

经研究,本报告得到以下六大方面的研究结论:

1. 市场结构角度分析

最近几年苏州上市公司的数量和总市值在全国以及江苏省内占比呈现明显的良好发展势头,在国内各主要城市中处于较为领先的位置。从区域结构来看,苏州上市公司主要集中在苏州市区,其他几个县级市相对较少;从市场结构来看,苏州上市企业涵盖范围较为全面,科创板强劲发展,苏州地区挂牌企业呈现主板、中小板、创业板和科创板并驾齐驱的良好格局;从行业结构来看,苏州上市公司的行业分布较为广泛,且主要集中在材料类、工业类、信息技术和可选消费类。从新三板挂牌企业分析,挂牌总数仅低于北京、上海、深圳几个一线城市,具备明显的数量优势。苏州市精选层挂牌企业数量仅次于北京,位居全国第二;从行业分布上看,主要分布于工业、信息技术、材料、可选消费和医疗保健这5类行业。

但是,苏州上市公司市值规模偏小,竞争能力不强,行业龙头企业和行业领军企业不多的格局,依然没有得到改观。这也是苏州上市公司高质量发展亟需努力的方向。

2. 市场绩效角度分析

从苏州率先指数及其市场表现来分析,苏州率先指数在2020年全年上涨18.51%。从相对市场绩效分析,苏州率先指数涨幅偏低,其表现弱于两市重要指数。比较苏州率先指数与其他区域类指数,在与全国直辖市和深圳区域类指数的对比中,苏州率先指数涨幅居中,排名第四。在与江苏、浙江和山东省进行指数比较时,苏州率先指数排名落后于山东指数、江苏指数和浙江指数。从行业角度分析,机械设备类指数优于行业指数,化工和通信行业差距不大,电子和电气设备弱于全国相关行业类指数的全年表现,需要引起足够重视。

从分板块角度分析,苏州主板市场与上证指数基本一致,创业板表现略强于市场平均水平,中小板市场绩效低于全国平均水平,指数落后于中小板指数。下一步,围绕提升上市公司市场绩效,主要从以下几方面入手:加大基础研究和应用基础研究投入力度,推动创新;提升关键技术攻关力度,提高先导产业发展速度;重视并加快产业数字化步伐,多举措促进上市公司做优做强,加快完善苏州现代化经济体系建设。

3. 经营绩效角度分析

从苏州上市公司经营业绩特征来看,2020年苏州上市公司经营业绩喜忧参半。一方面,上市公司盈利能力有所提高,高收益上市公司数量增加;上市公司注重资本积累,每股公积金达到历史高点。另一方面,上市公司偿债风险有所增大,成长能力较弱且分化明显,营运能力有所降低。

从行业分析,2020年苏州的主要行业中电气设备的净资产收益率平均值最高,电子和电气设备行业的净资产收益率平均值高于A股市场相关行业的净资产收益率平均值。除了电子和电气设备行业,2020年苏州其他主要行业的产权比率平均值均高于A股市场相关行业的产权比率平均值。除了电子行业,苏州主要行业的营业收入增长率平均值均低于A股市场相关行业营业收入增长率平均值,其他主要行业总资产周转率平均值均有所下降。

分市场来看,2020年苏州主板上市公司,在盈利能力和股本扩张能力方面高于主板市场平均水平;苏州中小板上市公司的经营业绩五项衡量指标均低于中小板市场平均水平;苏州创业板上市公司在成长能力方面高于创业板市场平均水平;苏州科创板上市公司在盈利能力和营运能力方面高于科创板市场平均水平。

下一步,需要抓紧"十四五"经济高质量发展的主线,积极防控债务风险,提升企业成长能力,有效提高企业营运能力,做强苏州上市公司。

4. 行业结构角度分析

以苏州上市公司所处产业分析,苏州大多数上市公司均属第二产业,最近5年苏州上市公司进一步向第二产业集中;制造业是苏州上市公司最集中的门类,制造业明显密集分布的大类主要是计算机、通信和其他电子设备制造业,电气机械和器材制造业,专用设备制造业。与对比城市相比,苏州上市公司过度集中于制造业,不利于苏州其他行业的企业利用资本市场,并使苏州板块股票的价格和形象波动受制造业周期的影响过大。苏州上市公司位于先进行业的比例稳步提高,占比已超过了全国和对比城市平均水平。

苏州各行业上市公司营收占行业产值之比高低不一,上市行业与城市行业基础仍不够匹配,部分高产值行业上市公司营收占比较低。苏州上市公司主要行业的平均市值和竞争力都低于大多数对比城市和全国总体水平,部分上市公司盲目追求转型和多元化,成效不佳。

将来苏州上市公司行业结构调整要立足于增量改进,提出包括升级城市行业基础、先进行业上市公司深耕主营业务、业绩不佳的上市公司理性转型以及为企业壮大提供微观激励和多层次金融支持等策略。

5. 再融资与企业并购分析

从上市公司再融资行为看,随着我国资本市场的建设及发展,我国上市公司的再融资规模不断扩大,再融资的方式也日益多样化,2020年央行和证监会发布了多项再融资新规。2020年苏州144家上市公司中有22家公司有25笔再融资,再融资所筹集的资金规模比2019年再融资规模增长了122.55%。增长的主要原因是定向增发规模明显增长。与上海、深圳地区上市公司同时期再融资情况相比,苏州上市公司再融资规模偏小,再融资方式多样化程度还不够,苏州上市公司再融资能力还有待提高。上市公司再融资行为的影响主要以上市公司的经营规模及盈利指标的变化来体现,2020年苏州市22家有再融资行为的上市公司其经营规模的平均水平均有所上升,盈利性指标平均水平也有所上升,再融资资金的利用效率有一定程度的提升。

从上市公司并购重组行为看,苏州上市公司的并购规模差异较大。2020年苏州全部并购的平均价格和完成并购的平均价格都低于全国水平。与其他城市相比,苏州的并购总次数和重庆相同,低于上海、北京、天津、深圳、杭州等城市。目前苏州上市公司存在的主要问题是通过审核的并购案例仍然不多,小规模的并购活动多,重大并购重组少,并购重组的绩效有待改善。从苏州上市公司并购重组情况来看,公司在选择并购对象、并购手段时,需要加强对行业的关注,选择最优并购手段,制定科学的并购策略和并购方案,降低并购成本,加快并购过程中企业文化的整合。

6. "十三五"总结与"十四五"展望

"十三五"以来,面对国内外复杂形势,苏州市在市委、市政府的正确领导下,锚定目标、稳扎稳打,支持企业上市、支持上市企业,推动苏州市企业利用境内外资本市场做强做优,通

过持续优化上市后备企业培育,推动更多优质企业上市,推动了资本市场"苏州板块"的稳步壮大,形成了极富特色的资本市场"苏州板块",苏州企业上市工作在全国城市中一直名列前茅。到"十三五"期末,苏州 A 股上市公司数量位列全国第五,科创板上市公司数量位列全国第三,全市累计新三板挂牌企业数量位列全国第四。"十三五"期间,上市公司再融资总规模明显增加,有效补充了资金,保持企业活力,推动上市企业的可持续发展。但是苏州上市公司多年存在的问题与不足并没有得到解决,主要有上市公司规模偏小、市场绩效总体偏低、行业分布不尽合理、企业治理仍需提升、再融资能力不高、并购活跃程度不够等。

当前市政府已经制定出台了苏州市"十四五"经济社会发展规划、推进苏州金融业高质量发展的指导意见、推进苏州金融业高质量发展的若干措施及金融业"十四五"发展规划,明确了苏州金融业发展的目标和要求。为进一步做好苏州企业上市工作,市政府应着力加强上市后备梯队建设,大力推动上市公司做优做强,积极引导上市公司规范发展,防范处置上市公司风险,严厉查处各类违法违规行为等,借力未来五年苏州强化经济社会高质量发展的大好机遇,做好苏州上市公司高质量发展工作,期待"苏州板块"在中国资本市场上创造更多的辉煌。

苏 州 上 市 公 司 发 展 报 告（2021）

目录

第一章　苏州上市公司概况 ………………………………………………… 001
第一节　苏州上市公司的发展演变 ………………………………………… 003
一、苏州上市公司的发展概况 ……………………………………… 003
二、苏州上市公司的地位分析 ……………………………………… 007
第二节　苏州上市公司的区域结构 ………………………………………… 013
一、苏州大市区域内上市公司结构 ………………………………… 013
二、苏州市区区域内上市公司结构 ………………………………… 015
第三节　苏州上市公司的市场结构 ………………………………………… 016
一、总体市场结构 …………………………………………………… 016
二、数量分布 ………………………………………………………… 017
三、市值分布 ………………………………………………………… 017
第四节　苏州上市公司的行业结构 ………………………………………… 017
一、总体行业结构 …………………………………………………… 017
二、高新技术产业增长快速 ………………………………………… 018
本章小结 ………………………………………………………………… 019

第二章　苏州上市公司市场绩效分析 …………………………………… 021
第一节　苏州上市公司股票指数及市场绩效 ……………………………… 024
一、苏州率先指数 …………………………………………………… 024
二、苏州率先指数的市场表现 ……………………………………… 024
三、苏州率先指数与上证综指、深成指的比较分析 ……………… 025
四、苏州率先指数与其他区域类指数比较分析 …………………… 028
第二节　苏州上市公司市场绩效分行业分析 ……………………………… 029
一、2020年苏州经济发展概况 ……………………………………… 029

二、苏州分行业指数 …………………………………………… 030
　　三、苏州机械设备类指数 ……………………………………… 030
　　四、苏州电子类指数 …………………………………………… 031
　　五、苏州化工类指数 …………………………………………… 033
　　六、苏州电气设备类指数 ……………………………………… 035
　　七、苏州通信类指数 …………………………………………… 036
　第三节　苏州上市公司市场绩效分市场分析 ……………………… 037
　　一、苏州主板与上证指数的比较分析 ………………………… 038
　　二、苏州中小板指数与深市中小板指数的比较分析 ………… 039
　　三、苏州创业板指数与深市创业板指数的比较分析 ………… 041
　　四、苏州科创板上市企业分析 ………………………………… 042
　第四节　苏州上市公司市场绩效偏低的原因及提升策略 ………… 043
　　一、苏州上市公司市场绩效偏低的原因分析 ………………… 043
　　二、提升苏州上市公司市场绩效的策略 ……………………… 046
　本章小结 ……………………………………………………………… 047

第三章　苏州上市公司经营业绩分析 ………………………………… 049
　第一节　苏州上市公司经营业绩特征 ……………………………… 051
　　一、2016—2020 年经营业绩比较 …………………………… 051
　　二、2020 年财务绩效特征分析 ……………………………… 052
　第二节　苏州上市公司经营业绩比较分析 ………………………… 055
　　一、盈利能力比较分析 ………………………………………… 055
　　二、偿债能力比较分析 ………………………………………… 056
　　三、成长能力比较分析 ………………………………………… 056
　　四、营运能力比较分析 ………………………………………… 057
　　五、股本扩张能力比较分析 …………………………………… 057
　第三节　苏州上市公司经营业绩分行业分析 ……………………… 058
　　一、盈利能力分行业比较 ……………………………………… 058
　　二、偿债能力分行业比较 ……………………………………… 060
　　三、成长能力分行业比较 ……………………………………… 061
　　四、营运能力分行业比较 ……………………………………… 062
　　五、股本扩张能力分行业比较 ………………………………… 063
　第四节　苏州上市公司经营业绩分市场分析 ……………………… 064
　　一、盈利能力分市场比较 ……………………………………… 064

　　二、偿债能力分市场比较 ………………………… 065
　　三、成长能力分市场比较 ………………………… 066
　　四、营运能力分市场比较 ………………………… 066
　　五、股本扩张能力分市场比较 …………………… 067
　第五节　存在的问题及发展建议 …………………… 069
　　一、苏州上市公司存在的主要问题 ……………… 069
　　二、提高苏州上市公司经营业绩的建议 ………… 069
　本章小结 ……………………………………………… 070

第四章　苏州上市公司行业结构分析 ………………… 073
　第一节　苏州上市公司行业分布 …………………… 075
　　一、苏州上市公司的三次产业分布 ……………… 075
　　二、苏州上市公司的行业分布 …………………… 076
　第二节　苏州上市公司行业特征分析 ……………… 078
　　一、苏州上市公司行业集中度分析 ……………… 078
　　二、苏州上市公司行业先进度分析 ……………… 083
　　三、苏州制造业上市公司的行业代表性分析 …… 085
　　四、苏州上市公司行业竞争力分析 ……………… 087
　第三节　苏州上市公司行业结构的问题和改善策略 … 089
　　一、苏州上市公司行业结构的问题 ……………… 089
　　二、改善苏州上市公司行业结构和竞争力的策略 … 090
　本章小结 ……………………………………………… 091

第五章　苏州上市公司再融资规模与影响分析 ……… 093
　第一节　苏州上市公司再融资规模与结构分析 …… 095
　　一、我国上市公司再融资现状 …………………… 095
　　二、我国再融资政策的变化及原因分析 ………… 097
　　三、苏州上市公司再融资规模与结构统计 ……… 099
　　四、苏州上市公司2020年再融资状况分析 ……… 102
　第二节　苏州上市公司再融资能力及再融资影响分析 … 103
　　一、苏州上市公司2020年再融资能力状况 ……… 104
　　二、苏州上市公司2020年再融资状况的横向比较 … 105
　　三、苏州上市公司2020年再融资影响分析 ……… 106
　第三节　苏州上市公司再融资存在的问题及对策研究 … 110

一、苏州上市公司再融资中存在的问题 …………………………… 110

二、提升苏州上市公司再融资能力的对策 ………………………… 110

本章小结 ……………………………………………………………………… 114

第六章　苏州上市公司并购重组及其影响分析 ……………………… 115

第一节　上市公司并购的政策完善 ……………………………………… 117

一、进一步规范上市公司并购重组政策 …………………………… 117

二、修改完善并购重组政策相关条款 ……………………………… 117

第二节　苏州上市公司并购重组规模与结构分析 ……………………… 118

一、并购公司数量 …………………………………………………… 119

二、并购规模 ………………………………………………………… 120

三、区域比较 ………………………………………………………… 120

第三节　苏州上市公司并购重组的影响分析 …………………………… 122

一、公司经营业绩 …………………………………………………… 122

二、扩张能力 ………………………………………………………… 123

三、推动绿色发展 …………………………………………………… 124

四、完善产业链 ……………………………………………………… 124

第四节　苏州上市公司并购重组存在的问题与对策 …………………… 124

一、苏州上市公司并购重组存在的主要问题 ……………………… 124

二、相关对策分析 …………………………………………………… 125

本章小结 ……………………………………………………………………… 126

第七章　苏州新三板挂牌企业分析 …………………………………… 127

第一节　苏州新三板挂牌企业发展状况 ………………………………… 130

一、苏州新三板挂牌企业总体状况 ………………………………… 130

二、江苏省新三板挂牌企业比较 …………………………………… 131

三、主要城市新三板挂牌企业比较 ………………………………… 132

第二节　苏州新三板挂牌企业的特征分析 ……………………………… 133

一、苏州新三板挂牌企业的区域分布分析 ………………………… 133

二、苏州新三板挂牌企业的市场分层分析 ………………………… 134

三、苏州新三板挂牌企业的行业分布分析 ………………………… 137

四、苏州新三板挂牌企业的股票转让方式分析 …………………… 139

第三节　苏州新三板挂牌企业发展存在的问题与提升策略 …………… 141

一、苏州新三板挂牌企业存在的问题 ……………………………… 141

　　二、提升苏州新三板挂牌企业市场表现的策略 …………………… 142
　本章小结 ……………………………………………………………………… 142

第八章　苏州拟上市预披露公司分析 ……………………………………… 145
　第一节　苏州预披露公司数量分析 ………………………………………… 147
　　一、与各直辖市比较 ……………………………………………………… 147
　　二、与各计划单列市比较 ………………………………………………… 148
　　三、与 GDP 排名前十位城市比较 ……………………………………… 148
　　四、与江苏省内其他城市比较 …………………………………………… 150
　第二节　苏州预披露公司区域分布和市场结构分析 ……………………… 150
　　一、区域分布分析 ………………………………………………………… 151
　　二、市场结构分析 ………………………………………………………… 152
　第三节　苏州预披露公司行业分布和产权性质分析 ……………………… 153
　　一、行业分布分析 ………………………………………………………… 153
　　二、产权性质特点分析 …………………………………………………… 154
　第四节　苏州、深圳、杭州深度对比 ……………………………………… 155
　　一、数量比较 ……………………………………………………………… 156
　　二、规模比较 ……………………………………………………………… 157
　　三、行业比较 ……………………………………………………………… 157
　第五节　苏州预披露公司现存问题与展望 ………………………………… 158
　　一、苏州拟上市公司现存问题 …………………………………………… 158
　　二、相关策略分析 ………………………………………………………… 160
　本章小结 ……………………………………………………………………… 161

第九章　苏州上市公司"十四五"发展展望 ……………………………… 163
　第一节　"十三五"期间苏州企业上市工作成就 ………………………… 166
　　一、注重激励企业上市 …………………………………………………… 166
　　二、形成苏州板块特色 …………………………………………………… 166
　　三、企业盈利能力稳定 …………………………………………………… 167
　　四、再融资总规模增加 …………………………………………………… 167
　　五、科创板取得突出成果 ………………………………………………… 168
　　六、推进新三板快速增长 ………………………………………………… 168
　第二节　苏州企业上市工作存在的不足 …………………………………… 169
　　一、上市公司规模偏小 …………………………………………………… 169

二、市场绩效总体偏低 ·· 170
　　三、行业分布不够合理 ·· 171
　　四、企业治理仍需完善 ·· 171
　　五、再融资能力需提升 ·· 172
　　六、并购重组不够活跃 ·· 172
第三节　"十四五"期间企业发展的机遇与挑战 ······················ 173
　　一、发展优势 ·· 174
　　二、发展劣势 ·· 174
　　三、发展机遇 ·· 174
　　四、面临挑战 ·· 175
第四节　"十四五"期间苏州上市公司发展目标 ························ 175
　　一、"十四五"苏州经济发展重点 ·· 175
　　二、企业上市工作总体要求 ·· 177
　　三、企业上市工作总体目标 ·· 178
第五节　进一步推进企业上市工作的政策措施 ·························· 178
　　一、着力加强上市后备梯队建设 ·· 178
　　二、大力推动上市公司做优做强 ·· 178
　　三、积极引导上市公司规范发展 ·· 179
　　四、防范处置上市公司风险 ·· 180
　　五、严厉查处各类违法违规行为 ·· 180

附录

附录一　苏州上市公司简介 ·· 185
附录二　苏州新三板挂牌企业简介 ·· 234
附录三　苏州拟上市预披露公司名单 ·· 312

后记

·· 316

苏州上市公司发展报告 (2021)

第一章

苏州上市公司概况

苏州自古以来就是中国重要的商业城市之一，长三角地区的经济和文化中心。改革开放以来，尤其是"十二五"以来，苏州地区经济继续保持快速发展态势。2020年苏州市GDP突破两万亿元，以不到全国千分之一的土地面积创造了全国2%的GDP。目前，苏州已成为中国最发达的城市之一，是中国改革开放的重要窗口，也是引进外资的主要城市之一。在新发展阶段和新发展格局中，苏州市提出了"争当表率、争做示范、走在前列"的新使命、新定位和新追求。实体经济是衡量地方发展质量和水平的重要标尺，苏州强劲发展的实体经济为资本市场的发展壮大培育了肥沃的土壤。同时，苏州市委、市政府对资本市场高度重视，早在2005年就出台了《加快发展资本市场的指导意见》。此后，苏州又陆续出台和发布了《关于促进金融业改革发展的指导意见》(2008年)、《苏州市金融发展"十二五"规划》(2011年)、《关于加快推进苏州区域金融中心建设的实施意见》(2014年)、《苏州市金融支持企业自主创新行动计划(2015—2020)》(2015年)、《关于进一步促进金融支持制造业企业的工作意见》(2017年)、《关于促进创业投资持续健康发展的实施意见》(2018年)以及《促进企业利用资本市场实现高质量发展的实施意见》(2020年)等一系列金融改革创新的思路和举措，均有力推动了苏州实体经济进入资本市场高速发展的快车道，取得了一系列骄人业绩。

近年来，苏州资本市场继续保持较为迅猛的发展势头，直接融资市场规模较大，企业上市数量位居全国前列。在政策支持方面，苏州市在2020年接连出台了《促进企业利用资本市场实现高质量发展的实施意见》《科创板上市企业培育计划》及《苏州市加快推进产业资本中心建设行动计划(2020—2022年)》等政策，不断优化企业直接融资的政策环境。目前在我国资本市场上已形成了多层次、宽领域、有特色、富活力的"苏州板块"。

第一节　苏州上市公司的发展演变

一、苏州上市公司的发展概况

20世纪90年代初沪深交易所相继成立，中国资本市场开始进入新的发展篇章。1993年9月8日"苏三山A"①(证券编号0518)在深圳证券交易所挂牌交易，成为苏州地区首只发行上市的股票，并由此揭开了苏州地区资本市场的发展序幕。得益于苏州优良的经济基础、自身准确的城市定位以及清晰的发展战略，加之中国资本市场规模的不断扩大，直接融资功

---

① "苏三山A"公司所在地为江苏省昆山市，后因为连续亏损被暂停上市，经重组后，成为现存的上市公司"四环生物"(000518.SZ)。

能的不断升级,苏州地区的资本市场在过去二十余年间得到了飞跃式发展。

苏州上市公司的发展历程主要可以分为以下三个阶段:

第一个阶段:从1994年初开始后的十年,这是苏州上市公司发展的初创期。1994年1月6日在深圳证券交易所首发上市的创元科技(000551.SZ),为现存苏州上市公司中最早在主板市场挂牌的股票。截至2003年底,苏州地区累计共有10家[①]公司在沪深交易所成功上市,这期间全国共有近1200家公司在沪深两地成功上市,苏州上市公司数量占比不足1%。

第二个阶段:2004年初到2008年底。2004年5月17日,深交所设立中小企业板获得证监会正式批复,推动我国多层次资本市场建设向前迈进了一大步。受此消息的鼓舞,2004年当年共有38家中小板企业成功挂牌,占全年沪深两市挂牌总量的38.78%。2006年10月12日江苏宏宝(002071.SZ)[②]成功上市,成为苏州地区第一家挂牌中小板的上市企业。苏州市委、市政府2005年《关于加快发展资本市场的指导意见》以及2008年《关于促进金融业改革发展的指导意见》等政策文件的出台,对充分认识发展资本市场的重要意义以及促进资本市场大力发展等方面起到了重要的促进作用。2006年到2008年间苏州地区累计共有14家企业成功上市,且全部落户于深交所的中小板。

第三个阶段:2009年初以来。2009年,证监会批准深圳证券交易所设立创业板,这对中国多层次资本市场的建立以及资本市场逐步走向完善均具备重大意义,2009年10月30日,首批获批的28家创业板公司集体上市。新宁物流(300013.SZ)是首批28家获批的企业之一,也是苏州地区第一家成功挂牌创业板的公司。中小板和创业板的开板丰富了国内多层次资本市场建设,苏州地区的上市公司数量也呈现出飞跃式发展态势,其中,2010年共有13家企业登陆中小板市场,占当年苏州地区上市总量的86.67%;2011年和2012年分别有8家和5家企业登陆创业板市场,分别占当年苏州地区上市企业总量的53.33%和62.50%。2011年制定的《苏州市金融发展"十二五"规划》,提出了建设"对接上海、服务苏州、延伸辐射"的苏州区域金融中心目标,这为未来几年资本市场的发展指明了发展方向,明确了发展目标,部署了发展举措。2014年和2015年苏州地区每年均有6家企业成功登陆A股市场。

2015年9月,苏州市政府印发《苏州市金融支持企业自主创新行动计划(2015~2020)》,助推苏南国家资助创新示范核心区建设,这对推动地区金融机构创新服务,调动金融资源支持本地企业创新发展,提升企业创新驱动发展水平,推进区域经济加快转型升级,起到了很好的指引作用。当前宏观经济、市场环境都已经发生了非常深刻的变化,资本市场在金融资源配置中的作用日益凸显,第五次全国金融工作会议要求加强资本市场服务实体经济功能,中国资本市场正在展示出更加广阔的发展前景,苏州也将进一步坚定信心,贯彻落实全国金融工作会议精神和全省金融工作部署,借助资本市场力量,给地方企业在创新发展、转型升级的道路上添加动力。近两年,苏州地区上市公司数量一直保持历史较高水平,尤其是主板企业挂牌数量屡创新高,2016年和2017年分别有7家和8家企业实现主板上市。

2019年6月13日,备受关注的我国资本市场新兵科创板正式开板,标志着在上海证券交易所设立科创板并试点注册制正式落地。设立科创板主要目的是增强资本市场对实体经济的包容性,更好服务具有核心技术、行业领先、有良好发展前景和口碑的企业,是资本市场

---

① 包括2003年6月27日首发上市的华芳纺织(600273.SH),该公司证券简称于2014年12月24日变更为"嘉化能源",公司注册地址由"江苏省张家港市"变更为"浙江省嘉兴市"。

② 2014年6月5日更名为"长城影视",后于2021年5月7日被深圳证券交易所摘牌。

一项重大的改革举措。7月22日科创板正式开市交易,首批共有25家上市公司集中挂牌交易,苏州有3家企业名列其中,苏州也成为除北京、上海之外,首批上市科创板企业数量最多的城市。

2020年是我国资本市场创立30周年,"十三五"规划的收官之年,面对新冠肺炎疫情等不利影响,全球金融市场剧烈动荡,我国资本市场保持稳健运行,市场韧性不断增强。2020年也是我国资本市场的改革大年,监管部门发布再融资新规、科创板减持新规、创业板改革并试点注册制规则、退市新规等一系列规则制度,以注册制改革为抓手,多层次资本市场全面启动质效改革、全面优化顶层设计、全面完善基础性制度,各领域均迎来关键制度创新。苏州在2020年接连出台了《促进企业利用资本市场实现高质量发展的实施意见》和《苏州市加快推进产业资本中心建设行动计划(2020—2022年)》等多项政策支持,不断优化企业直接融资的政策环境。在此背景下,苏州企业积极抢抓市场机遇,当年新增上市企业25家,再创历史新高,尤其是科创板上市企业新增和累计数量均位居全国前列。苏州企业上市具体情况见表1-1。

表1-1 苏州企业上市时间及所属板块分布　　　　　　　　(单位:家)

年 份	主 板	中小板①	创业板	科创板	合 计
1994	1	—	—		**1**
1996	1	—	—		**1**
1997	3	—	—		**3**
1999	1	—	—		**1**
2000	1	—	—		**1**
2003	3				**3**[注1]
2006	—	6			**6**
2007	—	4			**4**
2008	—	4			**4**
2009	—	2	1		**3**
2010	—	13	2		**15**[注2]
2011	3	4	8		**15**
2012	2	1	5		**8**
2014	3		3		**6**
2015	3	1	2		**6**
2016	7	2	4		**13**
2017	8	1	5		**14**
2018	1	—	1		**2**

---

① 深市主板和中小板已于2021年4月6日正式合并,本文仍按合并前的口径进行统计分析。

(续表)

年 份	主 板	中小板	创业板	科创板	合 计
2019	2	3	2	6	**13**
2020	4	2	5	14	**25**
合计[注3]	**43**	**43**	**38**	**20**	**144**

[注1]：包括 2003 年 6 月 27 日首发上市的华芳纺织(600273.SH)；
[注2]：不包括 2010 年 7 月 16 日首发上市的康得新(002450.SZ)；
[注3]：截至 2020 年 12 月 31 日，苏州地区上市企业实际数量与板块分布情况。

纵观苏州上市公司的时间发展序列，我们发现苏州上市公司主要集中在 2006 年以后在沪深交易所挂牌上市。2000 年以前，苏州地区累计仅有 6 家上市公司；2000 年到 2009 年，累计共有 21 家企业上市，上市数量实现稳步增长；但从 2010 年以来，尤其是 2010 年和 2011 年，每年均有 15 家企业成功登陆 A 股市场，两年合计达 30 家，超过过去十年间的上市总数。最近几年，除了新推中小板和创业板市场外，2011 年对苏州大举进入资本市场来说也是标志性的一年，继 2003 年 11 月 27 日江南高纤(600527.SH)登陆上海交易所后，时隔八年之久，苏州又有东吴证券(601555.SH)、风范股份(601700.SH)和鹿港科技(601599.SH)[1]等三家公司在上海交易所成功上市。2012 年下半年起，新股 IPO 暂停，上市公司数量明显回落，2013 年苏州地区未有新增上市公司，经过一年多的空窗期后，2014 年初 IPO 重新启动。近几年，苏州地区新增上市公司数量保持稳步增长，2014 年和 2015 年每年均新增 6 家，其中半数企业选择在沪市主板市场挂牌。2016 年，证监会充分发挥资本市场服务实体经济、助力供给侧结构性改革功能，IPO 数量和融资额均创近五年来新高。受益于此，苏州地区当年共有 13 家企业成功挂牌上市，挂牌数量仅次于 2010 年和 2011 年，且有 7 家企业选择主板挂牌上市。2017 年苏州地区企业加快进军资本市场的步伐，仅 1 月份就有常熟汽饰(603035.SH)和张家港行(002839.SZ)等 4 家企业成功上市，且上市板块覆盖主板、中小板以及创业板，为新的一年塑造完美开局。2017 年 10 月 16 日，随着聚灿光电(300708.SZ)在深交所隆重鸣锣上市，苏州境内上市公司达到了 100 家，成为全国第五个进入"百家时代"的城市。进入 2018 年，国内 A 股 IPO 上市节奏有所放缓，苏州地区当年新增上市企业仅有 2 家[2]。2019 年，上海证券交易所科创板正式开板并落地，给苏州企业的资本市场之路带来了战略发展期，苏州企业抢抓机遇，年内共有 6 家企业成功登陆科创板。

进入 2020 年，苏州企业在科创领域继续保持强劲发展势头，年内共有 14 家企业在科创板成功上市，上市数量位列全国第三，仅次于北京和上海。此外，在主板、中小板和创业板方面，苏州企业也均有斩获，2020 年各板块累计新增上市公司 25 家，当年新增企业上市数量创历史新高。截至 2020 年 12 月 31 日，苏州地区共有 43 家主板企业、43 家中小板企业、38 家创业板企业以及 20 家科创板企业，地区合计上市公司总数为 144 家[3]。

---

[1] 2021 年 3 月 19 日完成工商变更，由张家港迁出至杭州，并更名为"浙文影业"。
[2] 不包括博信股份(600083.SH)，其于 2018 年 7 月 27 日发布公告，公司住所由"广东省清远市"变更为"江苏省苏州市"。
[3] 如无特殊说明，本报告仅统计全国及各地区在 A 股上市企业的数量，在国内其他市场和境外上市的企业并未纳入。

二、苏州上市公司的地位分析

1. 在全国的地位

截至2020年底,全国共有A股上市公司4 131家,合计总市值为868 453.59亿元,苏州地区共有上市公司144家,合计总市值为12 760.31亿元,苏州地区上市公司数量和总市值国内占比分别为3.49%和1.47%。上市公司的总市值占比明显低于数量占比,反映出苏州地区上市公司个体平均规模相对较小的特征。数据表明,2020年底苏州地区上市公司平均市值为88.61亿元,仅相当于全国上市公司平均市值的42.15%,见表1-2。

表1-2 上市公司数据统计表(截至2020年12月31日)

地 区	上市公司数量(家)	数量占比(%)	上市公司市值(亿元)	市值占比(%)	平均市值(亿元)
全 国	4 131	—	868 453.59	—	210.23
苏 州	144	3.49	12 760.31	1.47	88.61

与国内直辖市相比,苏州上市公司数量明显少于北京(377家)和上海(338家),但显著多于天津(60家)和重庆(56家)等地区,上市公司总市值方面也存在同样的特点,即苏州地区上市公司总市值远低于北京和上海,但明显高于天津和重庆。与国内计划单列市相比,苏州上市公司的数量仅少于深圳(333家),而显著多于青岛、大连和厦门等城市,上市公司的总市值也存在类似特点。与东部沿海省会城市相比,苏州上市公司的数量略少于杭州(161家),明显多于广州(117家),且明显领先于济南和福州等地区;上市公司的总市值方面,苏州地区上市公司的总市值仅相当于广州地区的60.46%或杭州地区的44.69%,但明显超过福州和济南等地区,见表1-3。

表1-3 国内部分城市上市公司数据统计表(截至2020年12月31日)

地 区		上市公司数量	上市公司市值(亿元)
直辖市	北京市	377	188 967.62
	上海市	338	81 262.48
	天津市	60	10 307.31
	重庆市	56	10 027.19
计划单列市	大连市	26	4 445.90
	青岛市	43	7 761.01
	宁波市	93	10 926.47
	厦门市	57	6 328.02
	深圳市	333	104 266.46
省会城市	济南市	34	5 779.52
	南京市	94	12 900.15
	杭州市	161	28 550.74
	福州市	48	9 954.43
	广州市	117	21 105.72

总体来看,苏州地区上市公司的数量和市值在国内各城市中处于较为领先的位置,已迈入"一线城市"行列。我们认为,这一方面与苏州地方经济的强劲发展紧密相关,苏州早在2011年已跨入"万亿GDP城市",2020年更是历史性迈上2万亿元新台阶,位居省内首位、全国主要城市第六位;另一方面,与苏州地方政府对资本市场的高度重视和大力支持密不可分,近年苏州先后出台多项政策法规和创新举措,支持地方企业借力资本市场做大做强。借助资本市场力量,苏州企业在创新发展、转型升级的道路上可谓"如虎添翼",上市公司数量持续增长,行业结构逐步优化,资本市场服务地方实体经济转型升级的作用愈加显现。

在上市公司数量方面,近几年苏州地区新增上市公司数量呈现明显加速的趋势。2020年当年新增A股IPO企业25家,上市公司总数同比增长20.00%,继续呈现强势增长势头;"十三五"期间(2016—2020年)年复合增长率为13.34%,领先于全国A股同期8.03%的年复合增长率水平。在总市值方面,苏州地区上市公司总市值连续多年保持逐年增长、总体呈现稳中有升的良好趋势,其中2014年和2015年的同比增长率分别为67.73%和92.94%。2016年底苏州地区上市公司总市值首次突破9 000亿元,2017年继续增长2.90%至9 284.49亿元,2018年由于市场总体下行导致市值缩水。2019年以来,随着市场回暖,苏州地区上市公司总市值持续攀升,并在2020年首度突破万亿大关,接近1.28万亿元,同比增长48.26%;"十三五"期间上市公司总市值年复合增长率为7.51%,略低于全国A股同期8.27%的年复合增长率水平,见图1-1。

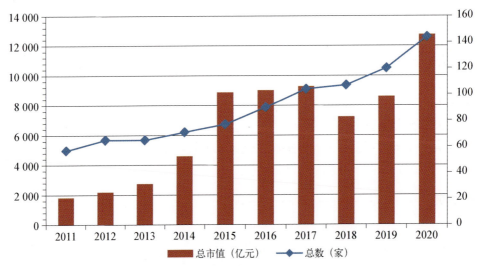

图1-1 苏州地区上市公司数量和总市值趋势图

从上市公司数量和总市值国内占比来看,总体呈现逐年改善的趋势。2012年苏州地区上市公司数量全国占比为2.64%,2014年和2015年均维持在2.74%,2016年提升至2.97%,2017年和2018年均为3.00%,2019年提升至3.19%,首次突破3%,2020年则继续攀升至3.49%,为过去十年最高水平;"十三五"期间,苏州地区上市公司数量占国内上市公司总量比例的平均值为3.13%。市值占比方面,2013年起苏州地区上市公司总市值国内占比开始超过1%,且一直维持在较高比例,2016年升至1.62%,达到近几年新高,2017年略有回落后,2018年重拾升势提高至1.49%,2020年为1.47%,为近几年均值水平;"十三五"期间,苏州地区上市公司总市值占国内上市公司总市值比例的平均值为1.47%,见图1-2。

第一章 苏州上市公司概况

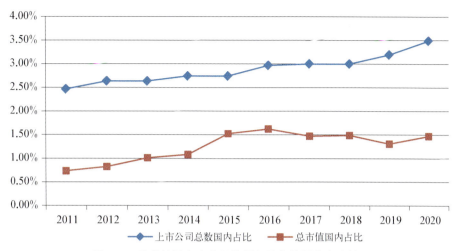

图1-2 苏州地区上市公司数量和总市值国内占比情况

上市公司现金分红是资本市场的一项基础性制度,但受到经济、体制和金融环境等多方面的约束,我国上市公司现金分红主要集中于少数优质公司,且存在分红的连续性和稳定性不足等问题。2006年以来,中国证监会推出了一系列分红政策,鼓励上市公司积极分红,尤其是近两年监管层表态将更加注意上市公司的现金分红,并强调会对长期不分红的"铁公鸡"上市公司采取强硬措施,在此背景下,本报告统计了国内部分城市上市公司2020年年报披露的现金分红情况。

数据统计结果表明,国内A股六成以上上市公司披露了现金分红情况,分红比例较往年有了质的提升。具体来看,苏州地区共有93家上市公司披露了现金分红情况,占该地区全部上市公司的64.58%。在国内直辖市、计划单列市和部分东部沿海省会城市中,宁波地区上市公司的现金分红比例最高,为77.42%,厦门和青岛地区次之,均超过70%;杭州、深圳、天津、广州和南京等地区上市公司中实施现金分红的比例超过60%,而大连等地上市公司的现金分红比例相对较低,见图1-3。

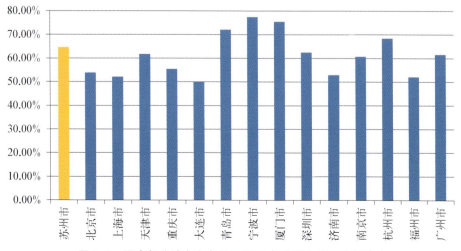

图1-3 国内部分城市上市公司2020年度现金分红比例统计

2. 在江苏省内的地位

截至 2020 年底,江苏省内共有 A 股上市公司 480 家,合计总市值为 62 053.20 亿元,全省上市公司数量和总市值占国内的比重分别为 11.62% 和 7.15%,同期苏州地区上市公司数量和总市值在江苏省内占比分别为 30.00% 和 20.56%。数据表明,2020 年底苏州地区上市公司平均市值不仅显著低于全国上市公司的均值水平,也只相当于江苏省全部上市公司平均市值的 68.54%,见表 1-4。

表 1-4　上市公司数据统计表（截至 2020 年 12 月 31 日）

地　区	上市公司数量（家）	数量占比（%）	上市公司市值（亿元）	市值占比（%）	平均市值（亿元）
全　国	4 131	—	868 453.59	—	210.23
江　苏（国内占比）	480	11.62	62 053.20	7.15	129.28
苏　州（省内占比）	144	30.00	12 760.31	20.56	88.61

从苏州上市公司数量在江苏省内的占比来看,该比例总体较为稳定,2012 年起连续多年维持在 28% 上方,其中 2016 年上升至 28.48%,之后 2017 年和 2018 年分别回落至 27.37% 和 26.75%,2019 年明显提升至 28.30%,2020 年继续提升到 30.00%,为过去十年最高水平;"十三五"期间,苏州地区上市公司数量在江苏省内占比的平均值为 28.18%。从苏州地区上市公司总市值在江苏省内的占比来看,2011 年以来该比例呈现稳中有升的良好发展势头,其中 2015 年达到近年新高,占比为 24.03%,随后略有回落,2018 年该比例为 22.87%,2019 年继续回落至 20.14%,2020 年略有提升至 20.56%;"十三五"期间,苏州地区上市公司总市值在江苏省内占比的平均值为 22.14%,见图 1-4。

图 1-4　苏州地区上市公司数量和总市值省内占比情况

从江苏省历年新增上市公司数量和具体分布地区来看,存在明显的年份不均衡和区域不平衡的特征。

从时间轴来看，2007—2020年期间江苏地区新增上市公司总数为399家，其中2010年、2011年、2016年、2017年和2020年每年新增上市公司数量明显较多，分别为40家、46家、41家、65家和60家，这五年合计占比达63.16%。除2013年因IPO政策调控以外，近几年全省每年新增上市公司数量均超过20家，其中2017年新增65家，远高于其他年份，为近十年最高值，主要得益于IPO政策与制度的调整。

从地区分布来看，截至2020年底，省内各地级市均有一定数量的企业成功登陆A股市场。统计数据表明，苏州地区曾连续十年（2007—2016年）每年新增上市公司数量位列江苏省内第一位，其中2008年新增数量占全省新增数量的50%，2009—2012年以及2016年每年新增数量省内占比均超过30%。2020年苏州地区新增上市公司25家，新增数量省内占比为42%，远高于其他地区。此外，2007年以来，苏州地区累计新增上市公司129家，遥遥领先于位列二、三位的无锡（累计新增75家）和南京地区（累计新增67家），此外，常州和南通地区的累计新增数量分别为42家和30家，而同期其余各地区累计新增数量相对较少，见表1-5和图1-5。

表1-5 江苏省历年新增上市公司地区分布情况　　　　　　　　　　（单位：家）

地区	苏州	南京	无锡	常州	南通	连云港	泰州	宿迁	徐州	盐城	扬州	镇江	淮安	合计
2007	4	4			2	1						1		12
2008	4			1				1				2		8
2009	3	1	1	1	1		1		1					9
2010	15	2	7	3	7	1			2	2	1			40
2011	15	5	7	8	5		1	2	1		1	1		46
2012	8	4	5	1		2	1		1					22
2014	6	4	4	2	2	1					1		1	21
2015	6	4	3		2		1		3			1		23
2016	13	6	13	3	4						1	1		41
2017	14	18	15	11	1		1		1		2	2		65
2018	3	7	5	1	1					1	2	1		21
2019	13	5	3	3	2	1	2	1				1		31
2020	25	7	12	6	2		1	2			2	2	1	60
合计[注1]	129	67	75	42	30	5	8	6	9	4	10	11	3	399

［注1］：此处的合计数为2007年至2020年底各地区的新增上市公司总数。

截至2020年底，苏州地区上市公司总数占江苏省内总数的比重为30.00%，位列第一位；南京和无锡地区以19.58%和18.54%分列二、三位；省内其余各市的数量占比均未超过10%。但在上市公司总市值方面，苏州地区上市公司总市值在江苏省内占比为20.56%，略低于南京的20.79%，位列第二位，这与苏州地方经济以民营和外资企业为主、上市公司以民

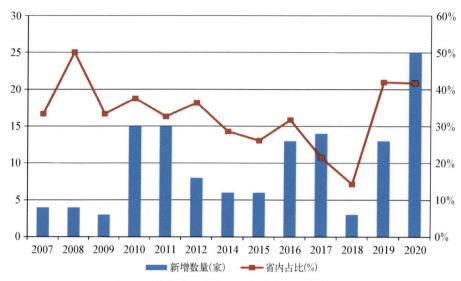

图 1-5　苏州地区上市公司新增数量与省内占比

营企业为主,以及已上市企业在中小板和创业板挂牌为主等特征密不可分,见表 1-6 和图 1-6。

表 1-6　江苏省上市公司数量和总市值区域统计表

	上市公司家数	占比(%)	总市值(亿元)	占比(%)
苏　州	144	30.00	12 760.31	20.56
南　京	94	19.58	12 900.15	20.79
无　锡	89	18.54	11 887.69	19.16
常　州	47	9.79	5 453.45	8.79
南　通	35	7.29	3 746.13	6.04
连云港	7	1.46	6 291.35	10.14
泰　州	10	2.08	483.25	0.78
宿　迁	6	1.25	3 960.78	6.38
徐　州	10	2.08	900.19	1.45
盐　城	5	1.04	220.18	0.35
扬　州	15	3.13	1 221.34	1.97
镇　江	15	3.13	1 329.51	2.14
淮　安	3	0.63	898.89	1.45
合　计	480	100.00	62 053.22	100.00

数据统计表明,2020 年底江苏省上市公司总市值前 20 名中,苏州仅占两席,分别为科沃斯(603486.SH)和东方盛虹(000301.SZ),总市值分别为 499.41 亿元和 458.35 亿元,分列省

第一章 苏州上市公司概况

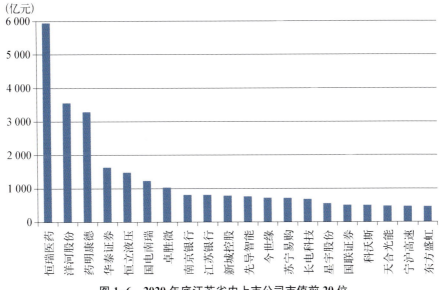

图 1-6 2020 年底江苏省内上市公司市值前 20 位

内第 17 位和第 20 位。而同期南京地区的企业则共有 6 家,前十位中更是独占四席,其中华泰证券(601688.SH)以 1 634.70 亿元的市值位居第四位,国电南瑞(600406.SH)、南京银行(601009.SH)和江苏银行(600919.SH)分列第六位、第八位和第九位。

此外,拥有 89 家上市公司的无锡地区,其上市公司总市值在江苏省内的占比为 19.16%,位列第三位。

连云港地区共有 7 家上市公司,数量占比仅为 1.46%,但其总市值占比为 10.14%,位列省内第四,市值占比超过拥有 47 家上市公司的常州地区和拥有 35 家上市公司的南通地区,这主要得益于区域内的上市公司恒瑞医药(600276.SH),其 2020 年底市值为 5 942.73 亿元,继续蝉联省内上市公司市值之最。

统计数据还表明,仅有 6 家上市公司的宿迁,其上市公司总市值占比为 6.38%,明显超过拥有多家上市公司的扬州(15 家)、镇江(15 家)以及徐州(10 家),主要是得益于区域内的上市公司洋河股份(002304.SZ),其 2020 年底的总市值为 3 556.34 亿元,位列省内第二位。而同期省内其他各地区上市公司总市值的占比为 1%及以下。

第二节 苏州上市公司的区域结构

一、苏州大市区域内上市公司结构

目前,苏州市共辖 5 个市辖区[姑苏区、苏州高新区(虎丘区)、吴中区、相城区、吴江区],1 个县级行政管理区(苏州工业园区)以及 4 个县级市①(常熟市、张家港市、昆山市、太仓市)。苏州上市公司在各区域的分布情况如表 1-7 和图 1-7 所示。

---

① 苏州原有五个县级市,即常熟市、张家港市、昆山市、太仓市和吴江市,其中吴江市在 2012 年 9 月 1 日经国务院批准,撤销县级吴江市,设立苏州市吴江区。

表 1-7 苏州上市公司数量和总市值分区域统计表

	上市公司数（家）	占比（%）	总市值（亿元）	占比（%）	平均市值（亿元）
苏州市区	87	60.42	8 663.82	67.90	99.58
张家港市	22	15.28	1 432.42	11.23	65.11
常熟市	10	6.94	647.70	5.08	64.77
昆山市	21	14.58	1 721.99	13.49	82.00
太仓市	4	2.78	294.39	2.31	73.60
合 计	144	100.00	12 760.31	100.00	88.61

[注]：苏州市区是指除4个县级市以外的区域，主要包括姑苏区、苏州高新区（虎丘区）、吴中区、相城区、吴江区以及苏州工业园区。

从数量分布来看，截至 2020 年底，苏州地区有 144 家上市公司主要集中在苏州市区，共有 87 家，占比高达 60.42%；其次为张家港市和昆山市，各有 22 家和 21 家，分别占比 15.28% 和 14.58%；常熟市有 10 家，上市企业数量占比 6.94%；太仓上市公司数量最少，仅有 4 家，数量占比不足 3%。此外，2020 年度苏州地区新增 25 家上市公司中，有 15 家属苏州市区，占比六成；昆山市和张家港市分别有 8 家和 2 家。

从市值分布来看，苏州市区 87 家上市公司 2020 年末合计总市值为 8 663.82 亿元，占比 67.90%，市值占比较 2019 年底略有提升；单个上市公司的平均市值为 99.58 亿元，高出苏州地区上市公司的整体平均市值水平约 12 个百分点，这主要得益于区域内拥有科沃斯（603486.SH）、东方盛虹（000301.SZ）和东山精密（002384.SZ）等市值超过 400 亿元的上市公司，见图 1-8。

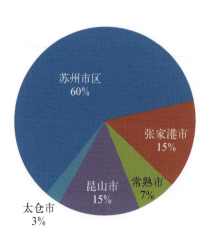

图 1-7 苏州上市公司各区域数量占比

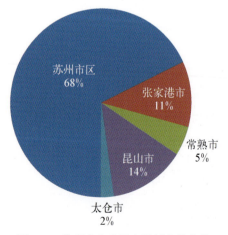

图 1-8 苏州上市公司各区域市值占比

此外，在 2020 年末苏州地区上市公司市值前 20 位中，苏州市区的上市公司占有 15 席，且前八名均为苏州市区的上市企业。昆山市上市公司的合计市值为 1 721.99 亿元，占比 13.49%，位列第二位，较往年有所提升；单个上市公司的平均市值为 82.00 亿元，与苏州地区上市公司平均水平基本相当，区域内上市公司沪电股份（002463.SZ）和龙腾光电（688055.SH）的市值分别位居苏州地区上市公司市值第九位和第十位,见图1-9。张家港市的22家上市公司合计市值为1 432.42亿元,占比为11.23%,位列第三位,市值占比较前两年仍未扭转下滑的趋势;区域内上市公司平均市值为65.11亿元,仅为苏州地区上市公司平均水平的73%。同期,常熟市和太仓市的上市公司市值占比分别为5.08%和2.31%,占比明显偏低,且单个上市公司的平均市值也明显低于苏州地区上市公司均值水平。

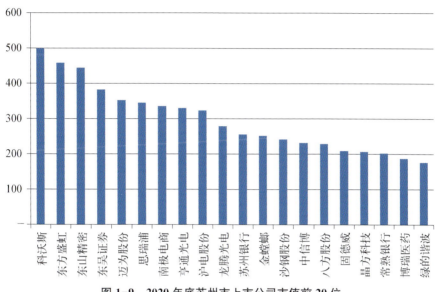

图1-9 2020年底苏州市上市公司市值前20位

二、苏州市区区域内上市公司结构

为了具体分析苏州市区内上市公司的分布情况,我们将区域内87家上市公司按其注册地再次分类统计,见表1-8。

表1-8 苏州市区上市公司数量和总市值统计表

	上市公司数量(家)	占比(%)	总市值(亿元)	占比(%)	平均市值(亿元)
工业园区	29	33.33	3 216.65	37.13	110.92
高新区	18	20.69	1 146.93	13.24	63.72
相城区	10	11.49	463.46	5.35	46.35
吴中区	12	13.79	1 602.15	18.49	133.51
吴江区	17	19.54	2 221.55	25.64	130.68
姑苏区	1	1.15	13.09	0.15	13.09
合 计	87	100.00	8 663.82	100.00	99.58

数据表明,苏州工业园区有29家上市公司,数量占比为33.33%,市值占比为37.13%,上市公司数量和市值占比均位列首位;单个上市公司的平均市值为110.92亿元,显著高于区域内的均值水平。高新区有18家上市公司,数量占比和市值占比分别为20.69%和

13.24%,分列第二位和第四位;上市公司平均市值为63.72亿元,只有苏州市区上市公司均值水平的64%,仅好于相城区和姑苏区。吴江区有17家上市公司,数量占比为19.54%,位列第三位,但市值占比为25.64%,仅次于工业园区,上市公司平均市值为130.68亿元,明显超过苏州市区上市公司均值水平,区域内的东方盛虹(000301.SZ)、迈为股份(300751.SZ)、南极电商(002127.SZ)和亨通光电(600487.SH)均位列苏州市区上市公司市值前十位。

吴中区有12家上市公司,数量占比13.79%,市值占比18.49%,分列第四位和第三位,上市公司平均市值为133.51亿元,位居榜首。区域内科沃斯(603486.SH)和东山精密(002384.SZ)市值均超过400亿元,位居苏州地区上市公司市值第一位和第三位。此外,相城区有10家上市公司,上市公司平均市值46.35亿元,仅为苏州市区上市公司均值水平的47%。

第三节　苏州上市公司的市场结构

一、总体市场结构

目前,苏州地区上市公司登陆国内A股市场,主要包括沪深主板市场①、深圳中小板市场、创业板市场以及上海科创板市场。总体分布见表1-9和图1-10。

表1-9　苏州上市公司数量和总市值分板块统计表

	上市公司数量(家)	占比(%)	总市值(亿元)	占比(%)	平均市值(亿元)
主　板	43	29.86	4 084.31	32.01	94.98
中小板	43	29.86	4 014.47	31.46	93.36
创业板	38	26.39	2 212.82	17.34	58.23
科创板	20	13.89	2 448.71	19.19	122.44
合　计	144	100.00	12 760.31	100.00	88.61

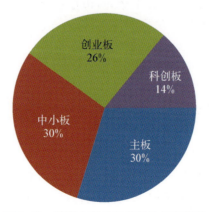

图1-10　苏州上市公司各板块分布情况

---

① 深市主板和中小板已于2021年4月6日正式合并,本文仍按合并前的口径进行统计分析。

二、数量分布

在具体数量分布上面,截至2020年底,苏州地区共有43家企业选择中小板上市交易,占地区上市公司总量的29.86%,尤其是2010年,当年就有13家企业成功挂牌中小板。创业板虽然2009年才正式开板,但苏州企业抓住有利发展时机,开板以来每年都有企业在创业板挂牌上市,2011年更是当年就有8家企业成功登陆创业板,截至2020年底,苏州地区共有38家创业板上市公司,占比26.39%。

主板市场方面,2003年及以前苏州已累计有10家企业在沪深两市主板上市,之后连续多年,苏州企业在主板市场上未有收获,直至2011年、2012年、2014年和2015年苏州地区先后有3家、2家、3家和3家企业成功登陆主板市场。2016年以来,随着常熟银行(601128.SH)和吴江银行(603323.SH)等一批农商行成功上市,苏州地区在主板市场成功挂牌的企业数量迎来高峰,继2016年有7家企业先后登陆主板市场后,2017年又有科森科技(603626.SH)和春秋电子(603890.SH)等8家企业在沪市主板顺利挂牌,主板上市企业数量再创年度新高。

2019年6月13日,科创板正式开板,给苏州地区企业带来战略发展机遇,同年7月22日首批挂牌上市企业中,苏州地区占有3席,当年累计共有6家企业成功上市科创板;2020年科创板成员再添14家苏州企业,累计达20家,占比13.89%,且项目储备依然充足。科创板的快速发展势头,使得以往苏州地区挂牌企业在主板、中小板和创业板三足鼎立的格局不复存在。

三、市值分布

从市值分布来看,2020年苏州地区主板和中小板上市企业数量同为43家,总市值分别为4 084.31亿元和4 014.47亿元,分别占比32.01%和31.46%,单个上市公司的平均市值均超90亿元,略高于均值水平。创业板企业总市值为2 212.82亿元,占比17.34%,市值占比明显低于数量占比,源于单个企业平均市值仅为58.23亿元,显著低于其他板块,且不到苏州地区全部上市公司平均市值的七成。科创板企业合计市值2 448.71亿元,市值占比19.19%,单个企业平均市值122.44亿元,明显高于苏州地区均值水平,见图1-11。

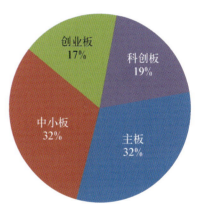

图1-11 苏州上市公司各板块市值占比

第四节 苏州上市公司的行业结构

一、总体行业结构

苏州地区上市公司的行业分布较为广泛,主要集中在材料类、工业类、信息技术和可选消费类①,分别有20家、52家、42家和16家,数量占比分别为13.89%、36.11%、29.17%和11.11%,合计占比90.28%;市值占比分别为14.01%、26.77%、34.86%和10.74%,合计占比

---

① 本文采用的分类标准为Wind行业分类法。

86.39%,即这四类行业上市公司的数量和市值占比均约为九成,这也与苏州作为制造业大市的基础优势紧密相关。其他行业方面,属于金融和医疗保健的各有 5 家,属于能源的有 2 家,属于房地产和公用事业的各有 1 家,见表 1-10。

表 1-10 苏州上市公司数量和总市值分行业统计表

	上市公司数量（家）	占比（%）	总市值（亿元）	占比（%）	平均市值（亿元）
材料	20	13.89	1 787.61	14.01	89.38
工业	52	36.11	3 416.32	26.77	65.70
信息技术	42	29.17	4 448.86	34.86	105.93
能源	2	1.39	187.70	1.47	93.85
可选消费	16	11.11	1 370.08	10.74	85.63
金融	5	3.47	1 040.61	8.16	208.12
房地产	1	0.69	54.11	0.42	54.11
公用事业	1	0.69	12.19	0.10	12.19
医疗保健	5	3.47	442.83	3.47	88.57
合计	144	100.00	12 760.31	100.00	88.61

从平均市值来看,有 2 个行业的平均市值超过 100 亿元,拥有 5 家企业的金融行业最高,为 208.12 亿元,遥遥领先于其他行业;其次为信息技术行业,为 105.93 亿元。材料、能源、可选消费和医疗保健行业的平均市值约 90 亿元,与苏州地区上市公司的均值水平较为接近。而数量占比较大的工业行业的平均市值为 65.70 亿元,仅高于房地产和公用事业行业的均值水平,且明显低于苏州地区上市公司的平均市值,见图 1-12 和图 1-13。

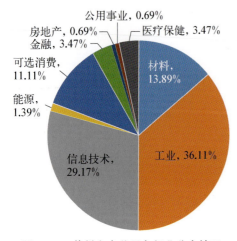

图 1-12 苏州上市公司各行业分布情况

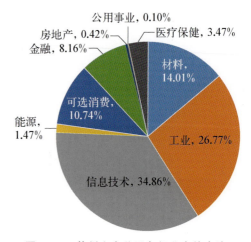

图 1-13 苏州上市公司各行业市值占比

二、高新技术产业增长快速

苏州上市公司的快速增长是伴随着当地结构调整和转型升级进行的,苏州战略性新兴

产业上市公司的比重不断上升。早在2010年,苏州市政府就发布了《新兴产业倍增发展计划(2010—2012)》,明确苏州市新兴产业将瞄准"跨越发展,三年翻番"的目标,大力发展新能源、新材料和节能环保等八大战略性新兴产业,该计划目标在2011年末就已基本实现。

近年来,苏州高新技术产业增长迅猛,并成为新的经济增长点,对经济发展起到重要引领作用。2020年,苏州制造业新兴产业产值和高新技术产业产值为1.94万亿元,占规模以上工业总产值比重达55.7%,比"十二五"期末的比重增加了7%;高新技术产业产值为1.77万亿元,占规模以上工业总产值比重达50.9%,比"十二五"期末的比重增加了5%。其中,新一代信息技术、生物医药、纳米技术、人工智能四大先导产业于2020年实现产值8 718.2亿元,占规模以上工业总产值的比重达25.0%,"一号产业"生物医药产业入选首批国家级战略性新兴产业集群。

本 章 小 结

本章主要分析了苏州上市公司的发展历程,并从区域内上市企业的区域结构、市场结构和行业结构等角度做出详细阐述。总体来看,最近几年苏州上市公司的数量和总市值在全国以及江苏省内占比呈现明显的良好发展势头,在国内各主要城市中处于较为领先的位置。从区域结构来看,苏州上市公司主要集中在苏州市区,其他几个县级市相对较少;从市场结构来看,苏州上市企业涵盖范围较为全面,科创板强劲发展,苏州地区挂牌企业呈现主板、中小板、创业板和科创板并驾齐驱的良好格局;从行业结构来看,苏州上市公司的行业分布较为广泛,且主要集中在材料类、工业类、信息技术类和可选消费类。

第二章

苏州上市公司市场绩效分析

2020年,是中国资本市场制度变革的一年。3月1日,新证券法在历时四年多、四次审议后正式施行,在推行证券发行注册制、大幅提高证券违法违规成本、加大投资者保护力度等方面实现重大突破。在2020年的政府工作报告中,提出"改革创业板并试点注册制",这进一步强化了创业板试点注册制是2020年资本市场头等大事的信号。8月24日,创业板改革并试点注册制顺利落地,涨跌停板幅度同步扩大为20%。截至12月29日,2020年以来累计390家公司登陆A股市场,A股IPO融资规模达4 640.19亿元,同比增长超8成,创下10年以来新高。7月27日,新三板精选层开市交易,首批32家企业集体挂牌亮相。

可以预见股票市场将是未来我国发展的重点,多层次、多板块的股票市场将在保持国民经济健康发展;实现资源优化配置;推动经济结构、产业结构高质量、有效益的发展;完善法人治理结构,推动实施现代企业制度;健全现代金融体系等方面继续发挥重要的作用。

在苏州,资本市场发展与经济增长之间也存在着相互促进关系。近年来,苏州经济的快速发展离不开资本市场的资金支持和引导。截至2020年底,苏州境内A股上市公司144家,比上一年新增25家。在北京、深圳、上海、杭州之后,居全国第五位,在地级市上市公司数量排名中名列前茅。科创板上市企业新增14家,共20家,数量列全国第三位。回顾五年来的发展,资本市场与苏州经济的关联作用愈发明显。与此同时,资本市场助推产业转型升级的作用不可小觑。民营企业、制造业企业、高科技企业、先导产业等得到了资本市场的有力支持。特别是在新开设的科创板上,不仅使苏州企业有了资本市场的源头活水,而且企业的创新研发也有了资金的保障;苏州电子信息、机械制造、生物医药等特色产业优势明显;资本成为促进实体经济发展的重要助推器。

所谓上市公司的市场绩效,一般是指以市场结构为基础,与市场行为共同作用所产生的价格、数量等方面的最终经济成果,反映了在证券市场特定的市场结构和市场行为条件下市场运行的效率和资源配置的效率,体现了一个市场实现经济运行目标的程度。市场绩效本身是一个含有多元目标的价值判断。从短期来看,决定市场绩效的直接因素是市场行为,而制约市场行为的基本因素是市场结构。从长期来看,市场结构是变化的,且往往是市场行为变化的结果,市场绩效的变化也会直接使市场结构发生变化。

本章分析苏州上市公司的市场绩效,主要通过计算和分析苏州上市公司的股价指数来得到绩效分析的结果。本章共分四节,第一节是对苏州率先指数及近年指数增长的分析,苏州率先指数与沪深市场、直辖市、周边省份股指比较分析;第二节以行业为基础,分析苏州上市公司市场绩效分行业表现;第三节以板块分析为基础,分析苏州上市公司绩效差异;第四节分析苏州上市公司市场绩效偏低的原因和提升策略,主要以深圳和杭州为参照,从经济环境和创新引导产业升级两个角度分析;在提升苏州上市公司市场绩效的策略方面,主要借鉴深圳市和杭州市的优良做法,在加大基础研究和应用基础研究投入力度、推动自主创新、提升关键技术攻关力度、提高先导产业发展速度、重视并加快产业数字化的步伐、多举措促进上市公司做优做强等方面提出提高苏州上市公司市场绩效的主要策略。

第一节　苏州上市公司股票指数及市场绩效

在我国现有指数系列当中,区域指数主要包括中证区域指数、国证区域指数、万得地域指数等。这些指数对我国各省、自治区和直辖市的股票市场表现进行了对应的指数编制。苏州率先指数属于国证定制指数类,也是我国首只以城市命名并公开挂牌的股价指数。

一、苏州率先指数

苏州率先指数于 2013 年 12 月 12 日正式发布,其以 2011 年 12 月 30 日为基日,1 000 点为基点。苏州率先指数体现了苏州经济的快速发展,凸显了苏州在资本市场的独特优势。该指数的推出,提升了苏州的城市品牌,扩大了其在国内资本市场甚至国际市场的影响力。

苏州率先指数精选了 30 家苏州 A 股上市公司,无论从市值、流动性,还是从财务基本面来看,这些样本具有稳定的业绩,代表了苏州的经济发展实力。苏州率先指数的样本股筛选,经过了三个阶段,首先是剔除 ST 股、新股、财报有重大问题或经营存在重大问题的股票;其次是按照流通市值与成交金额占市场比重 2∶1 加权计算综合排名;最后再根据东吴证券研究所对每一只股票给出的研究建议,确定 30 只股票作为指数样本股。

苏州率先指数选择以自由流通市值作为指数加权计算的标准,能够较为客观地展现出苏州经济整体结构。通过设置权重上限,使指数更具代表性与投资性,而且提升了更多中小型股票的影响力,使得指数更为客观与全面地反映苏州经济的发展。

该指数每半年会调整样本和权重,及时将基本面出现不良情况、市值下跌、流动性变差等隐含风险的标的剔除,并持续注入新鲜血液。

二、苏州率先指数的市场表现

从 2019 年 12 月 31 日截至 2020 年 12 月 31 日,苏州率先指数从 1 966.50 点上涨到 2 330.54 点,上涨 364.04 点,涨幅 18.51%。[①]

从苏州率先指数年度趋势来看,在 2020 年,指数呈现小幅上扬、震荡上升趋势,全年指数涨幅较为明显,见图 2-1。

苏州率先指数于 2013 年 12 月 12 日发布,本报告对比了 2016 年、2017 年、2018 年、2019 年和 2020 年的苏州率先指数,纵向了解该指数在近五年的表现,如图 2-2 所示。进入 2016 年,因为年初的熔断机制,市场不断触及熔断阈值,投资者对市场的悲观情绪加重,苏州率先指数一季度跌幅较大,此后指数有所上升,但年底又回落到较低水平。2017 年苏州率先指数波动幅度较前一年减小。2018 年则全年指数下行趋势明显,且跌幅达到 40% 以上。2019 年走出之前的下跌趋势,保持稳定增长状态,波动浮动减弱。2020 年全年保持震荡上升趋势,下半年走势较为平稳。

---

① 本文数据如无特别说明,均来源于 Wind 数据库。

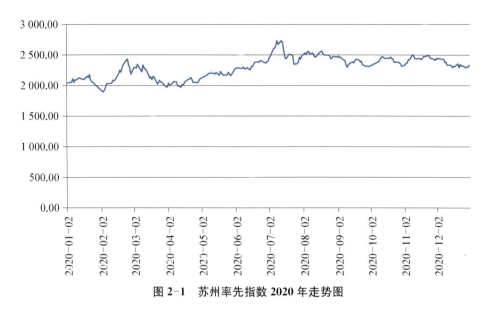

图 2-1 苏州率先指数 2020 年走势图

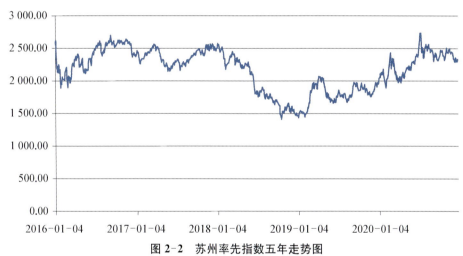

图 2-2 苏州率先指数五年走势图

从苏州率先指数可以推断,苏州样本股在 2020 年度,其表现整体上超越 2019 年。为了更清晰地了解苏州股票在整个市场以及各个区域类指数中的地位,下面将从两个方面分析苏州上市公司股票的相对市场绩效。

三、苏州率先指数与上证综指、深成指的比较分析

1. 2020 年全球股指走势

从全球股市来看,2020 年全球多数股指呈上涨趋势,纳斯达克指数上涨 43.64%,在全球涨幅最高,我国深证成指全年上涨 38.73%,涨幅紧随其后。韩国综合指数、台湾加权指数涨幅分别达到 30.75% 和 22.80%。标普 500、日经 225、印度 SENSEX30、上证指数涨幅在 10% 到 20% 之间。道琼斯工业指数、德国 DAX 和巴西 IBOVESPA 指数涨幅在 10% 以下,但都呈现上涨状态。其余的澳洲标普 200、恒生指数、法国 CAC40、俄罗斯 RTS 和英国富时

100 均下跌,跌幅在 1% 到 15% 之间,见表 2-1。

表 2-1 全球主要股指 2020 年涨跌情况

代 码	简 称	2020 收盘价(点)	2020 涨跌(点)	2020 涨跌幅(%)
IXIC.GI	纳斯达克指数	12 888.28	3 915.68	43.64
399001.SZ	深证成指	14 470.68	4 039.92	38.73
KS11.GI	韩国综合指数	2 873.47	675.80	30.75
TWII.TW	台湾加权指数	14 732.53	2 735.39	22.80
SPX.GI	标普 500	3 756.07	525.29	16.26
N225.GI	日经 225	27 444.17	3 787.55	16.01
SENSEX.GI	印度 SENSEX30	47 751.33	6 497.59	15.75
000001.SH	上证指数	3 473.07	422.95	13.87
DJI.GI	道琼斯工业指数	30 606.48	2 068.04	7.25
GDAXI.GI	德国 DAX	13 718.78	469.77	3.55
IBOVESPA.GI	巴西 IBOVESPA 指数	119 017.20	3 371.90	2.92
AS51.GI	澳洲标普 200	6 587.10	−97.00	−1.45
HSI.HI	恒生指数	27 231.13	−1 088.26	−3.84
FCHI.GI	法国 CAC40	5 551.41	−426.65	−7.14
RTS.GI	俄罗斯 RTS	1 387.46	−161.46	−10.42
FTSE.GI	英国富时 100	6 460.52	−1 081.92	−14.34

2. 上证指数全年走势

2020 年 12 月 31 日上证指数收盘 3 473.07 点,全年上涨 422.95 点,年涨幅为 13.87%,在全球主要股市中表现居中。

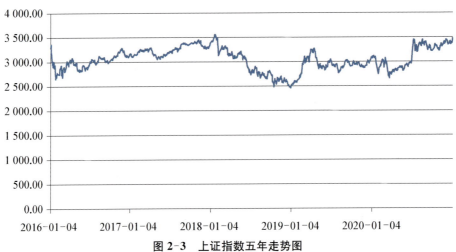

图 2-3 上证指数五年走势图

从图 2-3 五年走势图可以看出,上证综指 2016 年在低位整理。2017 年股指相对平稳,略有上升。2018 年则全年维持下行趋势,跌幅在 25% 左右。2019 年股指企稳回升,全年上涨 22.30%。2020 年因为疫情的影响,前期股指下落,下半年股指上行,全年上涨 13.87%。

3. 深证成指全年走势

深证成指 2020 年最后一个交易日的收盘点位为 14 470.68 点,上涨 4 039.92 点,涨幅 38.73%。中小板指数从 2019 年的 6 632.68 点上涨到 2020 年底的 9 545.18 点,年涨幅为 43.91%;创业板指数从 1 798.12 点上涨到 2 966.26 点,年涨幅为 64.96%。指数涨幅较高。

如果从深证成指五年来的表现来分析,其走势与上证综指基本趋同,但 2020 年涨幅更加明显,如图 2-4 所示。

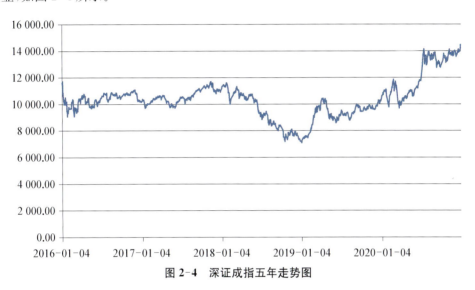

图 2-4 深证成指五年走势图

4. 苏州率先指数与沪深市场指数的比较

结合上述沪深股市的分析,再加上沪深 300 指数在全年的表现作为对照比较,可以看出沪深 300 指数年度上涨 27.21%。创业板指数上涨 64.96%,中小板上涨 43.91%,苏州率先指数全年上涨 18.51%,弱于所有深市重要指数。具体数据见表 2-2。

表 2-2 苏沪深股指 2020 年变动情况比较

指　　数	2019-12-31	2020-12-31	年涨跌幅(%)
上证指数	3 050.12	3 473.07	13.87
沪深 300	4 096.58	5 211.29	27.21
创业板指	1 798.12	2 966.26	64.96
深证成指	10 430.77	14 470.68	38.73
中小板指	6 632.68	9 545.18	43.91
苏州率先	1 966.50	2 330.54	18.51

从表 2-2 其他板块市场表现来看,进入 2020 年,虽然年初遭遇了新冠疫情的影响,市场大幅下跌,但是随着抗击疫情的胜利,全年各指数表现不俗,特别是深圳市场,中小板和创业

板指数涨幅可观。但苏州率先指数涨幅除了高于上证指数外，与其他股指涨幅存在差距。

四、苏州率先指数与其他区域类指数比较分析

在大力发展直接融资的政策背景下，我国各省、自治区和直辖市都把发展资本市场作为金融领域拓展的重中之重，各地不仅竭力扩大上市公司数量，更为了加大资本市场的影响力、提升区域内上市公司质量、口碑和关注度而编制本地区的股价指数，大型城市包括北京、上海、天津、重庆、深圳等，其他还有浙江、江苏等省都相继编制了本省的股价指数，但全国首个发布股价指数的地级市则是苏州。

1. 苏州率先指数与主要城市指数对比

本报告通过万得软件了解到各个主要城市在2020年的指数表现。本部分首先选取北京、上海、天津、重庆四个直辖市和深圳市作为主要比较的对象。苏州与上述五个城市2020年的股指表现见表2-3，涨幅顺序由小到大依次为上海、北京、苏州、深圳、天津和重庆。

表2-3　苏州率先与各主要城市股指比较

指　　数	2019-12-31	2020-12-31	年涨跌幅(%)
深报指数	8 641.39	11 178.11	29.36
北京指数	3 955.45	4 394.09	11.09
上海指数	3 576.16	3 972.15	11.07
重庆指数	2 521.37	3 705.50	46.96
天津指数	2 723.43	3 539.76	29.97
苏州率先	1 966.50	2 330.54	18.51

从涨跌幅趋势看，六个城市的市场指数均表现出上涨的趋势，北京和上海指数走势基本一致，整体涨幅较小；其后是苏州率先指数。深报指数和天津指数基本持平，涨幅在29%左右，重庆指数全年涨幅最大，高达46.96%。

2. 苏州率先指数与周边省级指数对比

为了使指标更加具有可比性，我们又选取了江苏省、浙江省和山东省的股价指数，各指数在2020年表现如表2-4。苏州率先指数年度涨幅落后于浙江、江苏和山东指数。

表2-4　苏州率先与周边省级股指比较

指　　数	2019-12-31	2020-12-31	年涨跌幅(%)
山东指数	4 892.79	6 499.23	32.83
江苏指数	4 991.00	6 437.96	28.99
浙江指数	5 225.42	6 714.09	28.49
苏州率先	1 966.50	2 330.54	18.51

地方性股价指数作为当地经济的衡量指标，依托的是所有上市公司的业绩表现，苏州率先指数在去年整体表现不是很突出。为了保证苏州率先指数能够有更优良表现，需要转换

思路,支持优势公司向前发展,同时,还要向资本市场补充新鲜血液,使苏州经济在一个良性的轨道上稳步向前。

第二节 苏州上市公司市场绩效分行业分析

上市公司行业分类的标准较多,证监会、申万和万得等行业分类方法应用较为普遍,就2020年苏州144家A股上市公司分类结果来看,申万行业分类法比较理想。由于申万行业分类在2018年略有调整,所以数据和前几年有小幅变动。按照2020年申万行业一级分类统计结果显示,苏州机械设备类上市公司最多,有30家,其次电子类24家,化工类15家,电气设备类13家,通信6家。建筑装饰、交通运输和医药生物各5家。其他行业样本股数量主要分布如下:轻工制造、银行、家用电器、传媒和计算机各4家,建筑材料和汽车各3家,商业贸易、纺织服装、房地产、有色金属、钢铁和综合各2家,非银金融、国防军工和公用事业各1家。

一、2020年苏州经济发展概况

据2020年苏州市国民经济和社会发展统计公报数据显示[①],2020年苏州经济总量迈上新台阶。初步核算,全市实现地区生产总值20 170.5亿元,按可比价计算比上年增长3.4%。其中第一产业增加值196.4亿元,下降2%;第二产业增加值9 385.6亿元,增长3.4%;第三产业增加值10 588.5亿元,增长3.5%,三类产业比为1.0∶46.5∶52.5。全年实现一般公共预算收入2 303亿元,比上年增长3.7%。其中税收收入2 005.1亿元,增长0.7%,占一般公共预算收入的比重达87.1%。全年一般公共预算支出2 263.6亿元,比上年增长5.7%。其中城乡公共服务支出1 766.8亿元,占一般公共预算支出的比重达78.1%。

工业经济展现强劲发展韧性和活力。全年实现规模以上工业总产值34 823.9亿元,比上年增长4.0%。主导行业支撑有力,前六大行业实现产值22 458亿元,比上年增长5.8%,占规模以上工业总产值比重达64.5%。其中计算机、通信和其他电子设备制造业产值增长5.7%;电气机械和器材制造业产值增长10.2%;黑色金属冶炼和压延加工业产值增长7.0%;汽车制造业产值增长7.4%。从经济类型看,民营工业企业实现产值13 404.5亿元,比上年增长5.1%,民营工业企业产值占规模以上工业总产值比重达38.5%,比上年提高1.8个百分点。28家企业入围"2020中国制造民营企业500强"。外商及港澳台工业企业实现产值20 519.4亿元,比上年增长3.2%,占规模以上工业总产值比重达58.9%。大中型工业企业实现产值23 539.7亿元,比上年增长3.7%。

先进制造业引领发展。新一代信息技术、生物医药、纳米技术、人工智能四大先导产业实现产值8 718.2亿元,比上年增长11.5%,占规模以上工业总产值比重达25.0%,比上年提高3.2个百分点。制造业新兴产业产值占规模以上工业总产值比重达55.7%,比上年提高2.1个百分点。生物医药产业集群成功入选首批国家级战略性新兴产业集群名单,生物医药产业产值比上年增长17.9%。高技术产品生产不断扩大。工业机器人产量比上年增长

---

① 2020年苏州经济和社会发展概况,http://tjj.suzhou.gov.cn/sztjj/tjgb/202103/8876edc5eb7e402ba58f02ba2c9d1a26.shtml。

26.8%;集成电路产量增长 21.9%;光电子器件产量增长 11.4%。加快推进工业企业智能化改造。全年新增省级示范智能工厂 3 家、示范智能车间 59 家,新增省级工业互联网平台 16 家,累计分别达到 11 家、503 家、23 家。

二、苏州分行业指数

为了比较分析苏州上市公司各个行业的市场表现,我们以样本股市值的变化作为主要的考察对象,对苏州市机械设备类、电子类、化工类、电气设备类和通信类上市公司在 2020 年的走势进行了指数化处理。

首先,按照申万行业分类方法,将 30 家机械设备类、24 家电子类、15 家化工类、13 家电气设备类和 6 家通信上市公司分别作为样本。然后,确定 2019 年 12 月 31 日为基期,基期指数点设定为 1 000 点,以流通股本作为权数来加权。

苏州分行业指数采用派许加权综合价格指数公式进行计算,公式如下:

$$报告期指数 = \frac{\sum_{i=1}^{n} P_{1i} Q_i}{\sum_{i=1}^{n} P_{0i} Q_i} \times 1\,000$$

在公式中,n 表示样本股的个数,P_{1i} 表示报告期前复权样本股价格,P_{0i} 表示 2019 年 12 月 31 日样本股前复权价格,Q_i 表示 2020 年 12 月 31 日样本股流通股本数。

所谓前复权,就是保持现有价位不变,将以前的价格缩减,将除权前的 K 线向下平移,使图形吻合,保持股价走势的连续性。通过复权功能可以消除由于除权除息造成的价格、指标的走势畸变。本报告就是采用这种方法,以 2020 年所有样本股 12 月 31 日收盘价格作为基准,将样本股价格进行向前复权处理,这样在保证以样本股 2020 年 12 月 31 日的流通股本作为权重且保持不变的前提下,分析所有分行业样本股在 2020 年的价格总体表现。

根据上述股价指数编制规则,我们编制了苏州市机械设备类、电子类、化工类、电气设备类和通信类上市公司股价指数。

三、苏州机械设备类指数

苏州上市公司以工业制造业为主,依托苏州整体经济的稳健发展,苏州机械设备类股价指数基本保持在申万机械类指数之上,特别是下半年,苏州机械设备行业指数超越申万行业指数,走势位于申万机械设备类指数之上,比行业整体走势偏强。两者的比较如图 2-5 所示。

截至 2020 年 12 月 31 日,苏州机械类指数上涨 32.02%,申万机械类指数上涨 31.06%,苏州机械行业表现比申万指数略强。

1. 苏州机械类指数市场结构分析

在全部 30 只机械类样本股中,有 8 只股票的全年股价涨幅大于申万机械类指数涨幅,占比 26.67%,有 22 只股票表现不及申万行业指数。

2. 机械类样本股优势企业分析

在 30 只机械类股票中,表现优异的股票有迈为股份、科沃斯和优德精密,三只股票年度收盘涨幅分别为 380.58%、336.13%和 67.17%,见图 2-6。苏州上市公司迈为股份和科沃斯

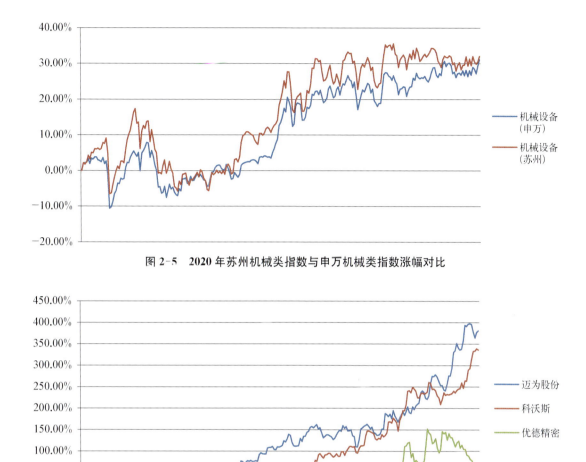

图 2-5 2020 年苏州机械类指数与申万机械类指数涨幅对比

图 2-6 2020 年苏州部分机械类股票股价涨跌图

在 2020 年 A 股涨幅榜前十中占据两席,凸显苏州机械设备行业上市公司优异的市场表现。

3. 苏州机械设备类股票五年走势对比分析

机械设备行业的股票数量在苏州占有较大比重,因此其表现好坏也直接影响着苏州上市公司的整体指数涨落。从近五年来的比较分析来看,由于 2016 年市场行情不佳,苏州机械设备行业也很难有上佳表现。2017 年指数基本呈现单边下滑趋势,下降明显。进入 2018 年,由于中美贸易摩擦影响,年初指数便回落明显,企稳一段时间之后,再次下跌,全年跌幅在近五年中最大。2019 年的表现可圈可点,基本维持了稳定的上涨。2020 年第一季度受整体市场影响表现不佳,但随后快速上涨,保持比较可观的回报,如图 2-7 所示。

四、苏州电子类指数

1. 苏州电子类指数市场结构分析

在全部 24 只样本股中,有 5 只股票的全年股价涨幅大于申万电子指数,占比 20.83%。比较苏州和全国电子行业指数水平,苏州电子行业指数上涨 25.27%,申万电子行业指数上

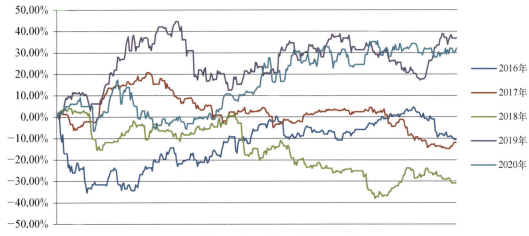

图 2-7　苏州机械设备行业指数五年走势图

涨 36.05%。苏州电子类行业指数上半年基本维持在申万电子类股价指数之上,指数总体表现高于行业平均,但到了下半年,苏州电子行业指数逐渐落后于申万电子类指数。如图 2-8 所示。

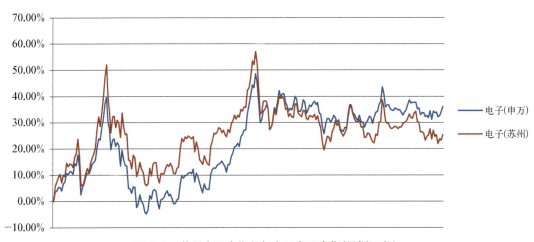

图 2-8　苏州电子类指数与申万电子类指数涨幅对比

2. 电子类样本股优势企业分析

从个股股价涨跌来看,在全部 24 只电子类样本股中,涨幅居前的股票包括天华超净、南大光电、晶方科技和聚灿光电。全年分别上涨 294.14%、146.11%、129.02% 和 97.08%。如图 2-9 所示。

3. 苏州电子类股票五年走势对比分析

从近五年来的比较分析图来看,2016 年该行业指数全年位于较低水平,大多数股票的大幅下跌导致整个行业的下行趋势。2017 年走势相对平稳,下半年维持小幅上涨。2018 年全年呈现下跌状态,年初和年中的两次下跌使全年跌幅达到 36.20% 以上。2019 年的市场表现明显背离于 2018 年,全年保持了较高的增长势头,为近五年来的最佳市场表现。2020 年市场经历两次震荡,最终涨幅在 25% 左右,见图 2-10。

第二章 苏州上市公司市场绩效分析

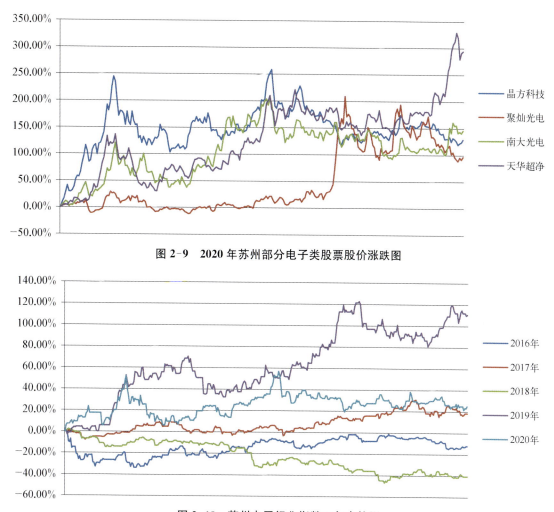

图 2-9 2020 年苏州部分电子类股票股价涨跌图

图 2-10 苏州电子行业指数五年走势图

五、苏州化工类指数

1. 苏州化工类指数市场结构分析

在化工类 15 只样本股中,有 4 只股票的全年股价涨幅大于申万化工指数,占比 26.67%,苏州化工类股价指数全年上涨 30.43%,申万化工类指数上涨 34.98%,2020 年苏州化工类企业表现在申万平均之上,只是到了年底,指数略有下降,全年表现还是比行业平均略好一些。具体比较如图 2-11 所示。

2. 化工类样本股优势企业分析

从个股股价涨跌来看,在全部 15 只化工类样本股中,有 4 只股票年度涨幅在申万化工行业指数涨幅之上。涨幅较大的是世名科技、东方盛虹、江南高纤和雅本化学,其涨幅分别为 87.43%、86.80%、59.47% 和 35.82%。如图 2-12 所示。

3. 苏州化工类股票五年走势对比分析

化工行业也是苏州六大传统支柱行业之一,2016 年,上半年跌幅较深,下半年处于微跌状态。2017 年走势相对平稳,但后市略有下降。2018 年单边下跌,全年跌幅 50% 以上。

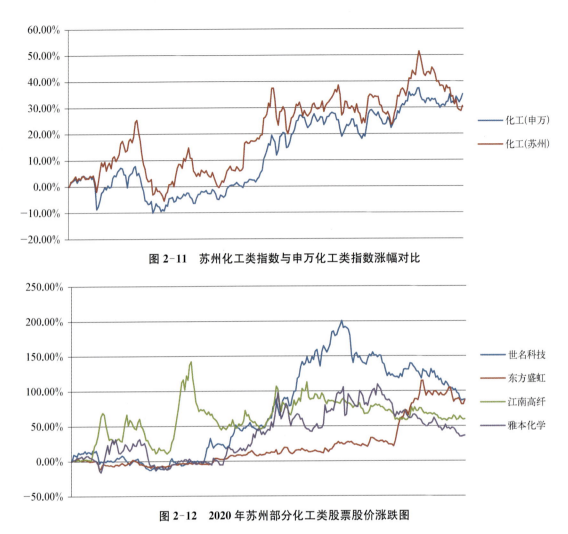

图 2-11 苏州化工类指数与申万化工类指数涨幅对比

图 2-12 2020 年苏州部分化工类股票股价涨跌图

2019 年前期有较好的表现,但是后期表现不佳,仅比 2018 年跌幅有所减弱。2020 年市场表现与其他行业类似,全年涨幅在 30% 左右,见图 2-13。

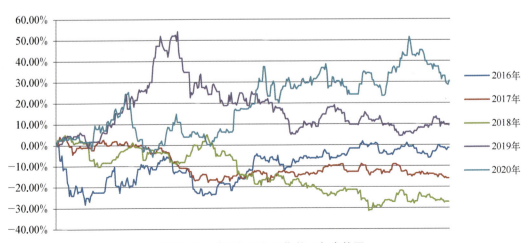

图 2-13 苏州化工行业指数五年走势图

六、苏州电气设备类指数

1. 苏州电气设备类指数市场结构分析

从电气设备类指数来看,苏州该行业上市公司的总体表现位于市场平均水平之下,从图2-14分析,苏州电气设备类指数全年涨幅小于行业平均水平,两者分别上涨62.31%和94.71%,全年基本保持相同的变化趋势。在苏州电气设备类13家上市公司中,总体表现弱于市场。

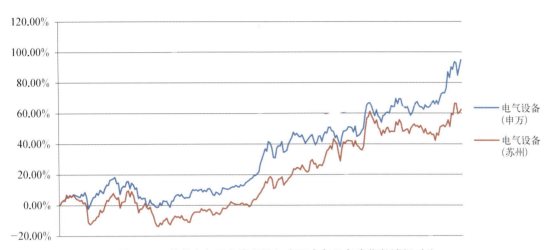

图2-14 苏州电气设备类指数与申万电气设备类指数涨幅对比

2. 电气设备类样本股优势企业分析

从个股股价涨跌来看,在全部13只样本股中,2020年度涨幅较高的是八方股份、中来股份和和顺电气,涨幅分别为86.81%、65.25%和52.42。如图2-15所示。其中,八方股份和中来股份在2019年也表现优异。

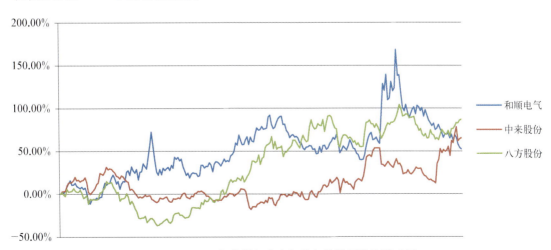

图2-15 2020年苏州部分电气设备类股票股价涨跌图

3. 苏州电气设备类股票五年走势对比分析

从近五年来的比较分析图来看,电气设备行业的发展态势与其他行业较为一致,2016

年始终徘徊在下跌区间,2017年则先扬后抑,下半年一直维持下跌状态。2018年全年单边下跌,且跌幅逐步加大。2019年表现较好,全年维持上涨的态势。2020年涨幅明显,达到60%左右,见图2-16。

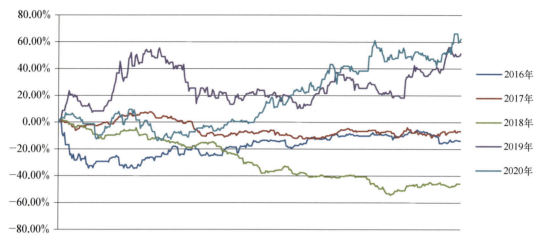

图2-16　苏州电气设备行业指数五年走势图

七、苏州通信类指数

苏州通信类指数前期表现和行业基本一致,后期一度领先于行业指数,年终与行业指数基本持平。全年跌幅在10.24%,申万通信类指数下跌8.33%。两者的比较如图2-17所示。

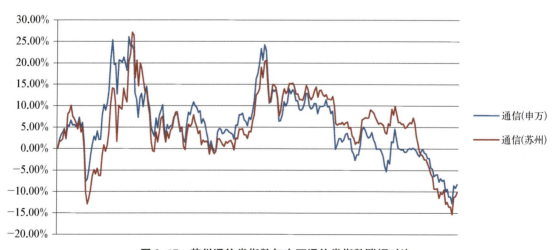

图2-17　苏州通信类指数与申万通信类指数涨幅对比

1. 苏州通信类指数市场结构分析

在全部6只通信类上市公司中,有2只实现全年股价涨幅大于申万通信指数,占比33%,其余4只股票涨幅低于申万行业指数。

2. 通信类样本股优势企业分析

在6只股票中,天孚通信表现较好,全年上涨40.58%,见图2-18。

第二章 苏州上市公司市场绩效分析

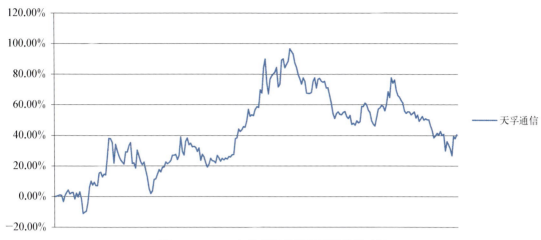

图 2-18 2020 年苏州通信类股票股价涨跌图

3. 苏州通信类股票五年走势对比分析

从五年比较来看，2016 年因为个股表现不佳，导致整个行业下行趋势显著，2017 年涨幅超过 2016 年，2018 年则全年下跌。2019 年虽然前期有所上涨，但是后期基本维持零涨跌状态。2020 年行业表现不佳，跌幅达到 10% 左右。如图 2-19 所示。

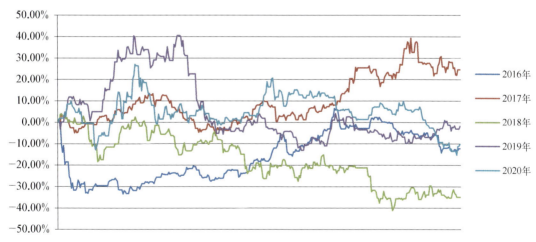

图 2-19 苏州通信行业指数五年走势图

第三节 苏州上市公司市场绩效分市场分析

苏州经济的快速发展以及城市良好的创业环境，培育和促进了一大批创新型、科技型中小企业的诞生和发展。截至 2020 年底，苏州市共有境内上市公司 144 家，相较于 2019 年，境内上市公司数量增加 25 家，其中，沪市主板增加 4 家，科创板增加 14 家，深市创业板增加 5 家，中小板增加 2 家。苏州上市公司 2020 年板块分布如表 2-5 所示，当年总体新增家数明显多于 2019 年。

表 2-5　苏州上市公司板块结构

沪 市		深 市		
60家		84家		
主 板	科创板	主 板	中小板	创业板
40	20	3	43	38

首先，在苏州的144家上市企业中，以在主板和中小板上市为最多，各包含43家公司，合计占比59.72%。其次，苏州的创业板上市公司共有38家，占比26.39%。科创板20家公司，占全部上市公司数量的13.89%，大幅高于2019年占比5%的水平。主板、中小板和创业板三个板块的上市公司数量相对均衡，苏州整体的上市结构体现了企业对多层次资本市场体系的对接更加合理。特别是2019年推出科创板之后，苏州抓住机遇，鼓励大量符合条件的企业进入科创板，在2020年科创板上市公司数量又有了大幅度的提高。

为了对苏州上市公司各个板块在2020年的整体表现进行分析，本报告同样采用了行业分析中的指数编制和计算方法。将苏州地区144家上市公司按照板块进行分类，主板市场43只样本股，中小板43只样本股，创业板38只样本股分别编制分板块股价指数，科创板因为只有6家公司有完整的1年以上的数据，因此没有做指数分析。

一、苏州主板与上证指数的比较分析

因为苏州有43只主板市场股票，其中40只是在沪市上市，所以本报告以上证指数作为比较分析的对象。前文提及，上证指数在2020年全年上涨13.87%，苏州A股主板相比沪市，涨幅比较明显，年底略微回调，全年上涨12.45%，与沪市基本持平。如图2-20所示。

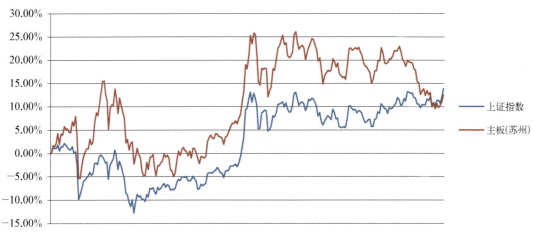

图 2-20　苏州主板市场表现与上证指数比较

1. 苏州主板指数市场结构分析

苏州主板市场上市公司数量比上一年增加3家，一共43只样本股。在全部43只股票中，共有13只股票涨幅超过上证综指水平，占比30.23%。

2. 苏州主板市场优势企业分析

主板市场优势企业中,科沃斯、晶方科技、八方股份和东方盛虹年度涨幅较高,分别为336.13%、129.02%、86.81%和86.80%,如图2-21。

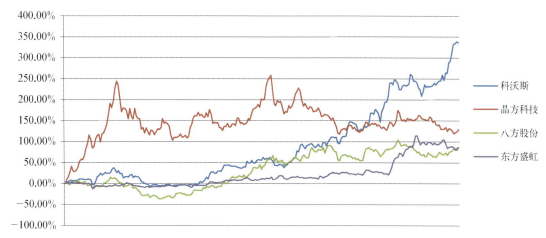

图2-21 苏州部分主板市场股票股价涨跌图

3. 苏州主板市场指数五年走势对比分析

自从本报告发布以来,我们连续编制了苏州在沪深两地主板上市的公司的股价指数。从图2-22来看,2016年的苏州主板市场难掩跌势,和大盘基本保持一致。2017年市场表现相对平稳。2018年苏州的主板上市公司表现不佳,全年走势在上证指数之下,且临近年末,愈发明显,跌幅达到近40%。2019年涨幅较高,为21%左右。2020年涨幅12%左右,在近五年排在第二位。

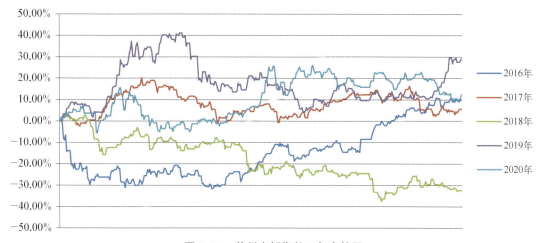

图2-22 苏州主板指数五年走势图

二、苏州中小板指数与深市中小板指数的比较分析

中小板是苏州企业上市的主战场。在2020年,我国中小板指数全年上涨31.55%。苏州中小板指数表现相对较弱,样本股价格平均上涨5.55%,下半年的背离走势应引起重视,见图2-23。

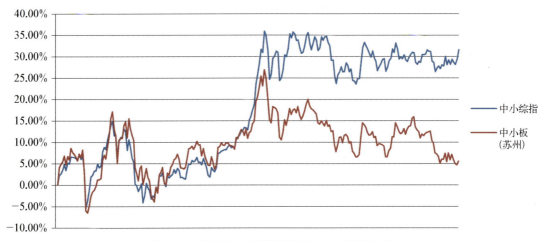

图 2-23　苏州中小板指数与深市中小板指数比较

1. 苏州中小板指数市场结构分析

苏州中小板市场上市公司数量最多，一共 43 只样本股，只有 6 只股票全年涨幅超过中小板指数水平，占比 13.95%。其余 37 只股票涨幅弱于中小板指数水平，占比 86.05%。苏州中小板公司的整体市场表现弱于整个板块。

2. 苏州中小板市场优势企业分析

蔚蓝锂芯、沙钢股份和常铝股份三只股票表现较好，全年涨幅分别为 218.16%、77.44% 和 46.77%，如图 2-24 所示。

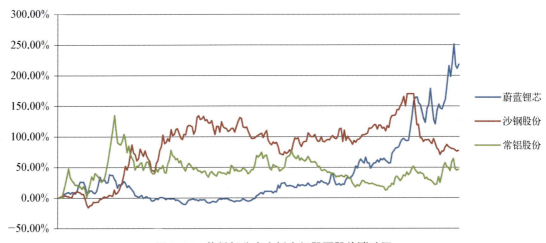

图 2-24　苏州部分中小板市场股票股价涨跌图

3. 苏州中小板市场指数五年走势对比分析

从图 2-25 分析，2016 年度，整个市场行情低迷，苏州中小板上市企业还是有近七成企业表现好于市场，体现较强的抗风险能力。中小板是苏州企业上市的主要市场，在 2016 年的中小板市场，苏州板块的表现还算可圈可点。进入 2017 年，虽然优于上一年，但是和全市场中小板指数相比，明显弱势。2018 年苏州中小企业遇到了来自国内外宏微观形势的各种考验，全年股价急剧下跌，跌幅在 45% 左右。进入 2019 年，苏州中小板上市公司的市场绩效

第二章 苏州上市公司市场绩效分析

整体有所上升,但与全市场平均水平相比还有差距。2020年苏州中小企业板块的上市公司绩效也是明显弱于整个市场平均水平。

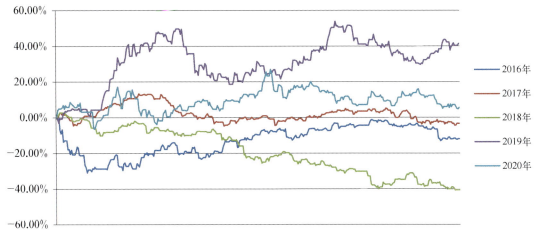

图2-25 苏州中小板指数五年走势图

三、苏州创业板指数与深市创业板指数的比较分析

从本报告来分析,2020年12月31日收盘,创业板指数收官3 111.07点,全年涨幅达到47.85%。

在2020年的创业板市场,苏州创业板指数基本与整个创业板行情走势同步,但苏州创业板涨幅一直居于创业板综合指数之上,最终全年上涨49.22%,具体表现见图2-26。

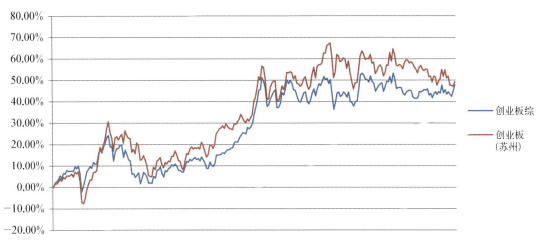

图2-26 苏州创业板指数与深市创业板指数比较

1. 苏州创业板指数市场结构分析

苏州创业板市场上市公司数量较多,一共38只样本股,11只股票股价涨幅高于创业板指数水平,占比28.95%,其余股票涨幅均低于创业板指数水平。

2. 苏州创业板市场优势企业分析

在所有创业板38只本地股票中,迈为股份、天华超净、南大光电和国瑞科技涨幅居前,

041

分别为380.58%、294.14%、146.11%和108.51%,其表现情况见图2-27。

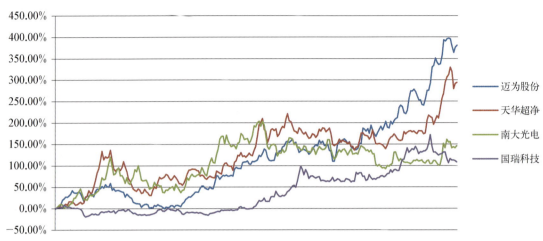

图2-27　苏州部分创业板市场股票股价涨跌图

3. 苏州创业板市场指数五年走势对比分析

从图2-28来看,苏州创业板上市企业在2016年,大量股票的下跌使该板块始终无法走出阴跌行情。2017年虽然前期表现尚可,但是后期下跌,几乎和上一年收盘跌幅相同。2018年则和其他板块一样,全年呈现下跌行情。2019年的创业板表现明显优于前三年,取得较好的涨幅,但是和市场平均水平相比同样有差距。2020年苏州创业板公司表现最好,全年涨幅高达50%左右。

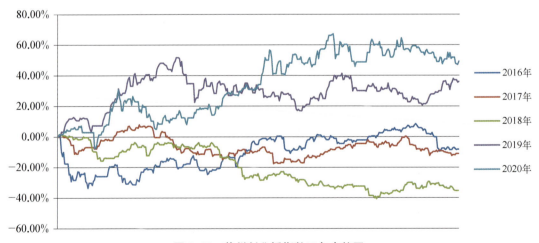

图2-28　苏州创业板指数五年走势图

四、苏州科创板上市企业分析

苏州科创板市场上市公司数量增加较快,2019年有6家企业,2020年新增14家企业,到年底共有20家科创板上市公司。为完整反映一年内的市场表现,本研究只分析有完整一年交易记录的6家科创板企业。

在6只本地股票中,具体股价表现如下:博瑞医药上涨44.39%,天准科技上涨3.54%,

其余则下跌,跌幅介于8%—32%之间,如图2-29所示。

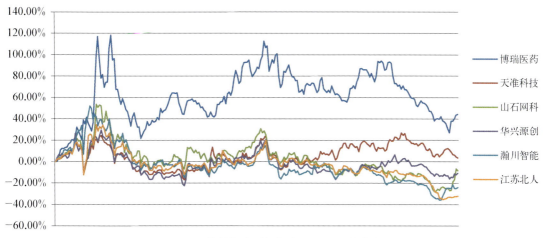

图2-29 苏州部分科创板市场股票股价涨跌图

第四节 苏州上市公司市场绩效偏低的原因及提升策略

综上分析,苏州上市公司在2020年的绩效表现相较于2019年有所好转,但是无论从申万行业对比,还是板块比较来看,部分行业存在较大的差距,如何实现转型升级、创新发展,面对新的形势和挑战,需要苏州上市公司找出应对之策。

苏州上市公司具有科学的治理结构,业绩稳定,发展前景广阔。特别是机械设备行业表现优异。但我们必须看到苏州上市公司中,在创业板和中小板上市的公司合计数占比高达56.34%,2020年苏州中小板上市公司绩效下降明显,与这些企业规模普遍较小、产业规模也相对较小、业绩表现不稳定有关,还无法为经济的持续快速增长提供强劲的动力支撑。苏州创业板公司与市场整体相比,前者涨幅略高于后者。主板市场上市公司与沪市平均水平基本一致。因此,中小板上市公司如何提高绩效,是目前当务之急,特别是电子和电气设备两个行业,整体发展形势比较严峻,如何迎头赶上并成为行业的中坚力量是近期急需解决的问题。

一、苏州上市公司市场绩效偏低的原因分析

2020年,面对新冠疫情带来的严峻考验和复杂多变的国内外环境,和全国其他地区一样,苏州经济发展遇到了较大的困难和挑战,也暴露出经济下行风险大、创新能力不足等薄弱环节,主要表现在:

1. 经济下行风险大

由于受到国内外疫情的影响——海外疫情形势依然严峻,输入性风险依然存在,外贸、旅游、消费、投资等行业的内外部需求还需继续提振,对于苏州这个开放型经济体来说,经济受到外部冲击的影响较大,保持经济平稳运行的压力比较大。

2. 创新能力提升和产业优化转型还处于攻坚阶段

新形势下苏州所面临的加快提升创新能力、加速推进高质量发展的要求比以往更加紧迫,

任务也更艰巨。部分重点行业的支撑作用有所减弱,新业态对经济的拉动作用还没有充分显现。本部分主要从深圳、杭州和苏州的对比分析入手,探讨苏州市场绩效中存在的问题。

(1) 上市公司板块分布

从苏州、杭州和深圳三个城市的比较来看,如表2-6统计数据显示,深圳市的上市公司数量遥遥领先,这得益于深交所的区位优势,同时从板块结构来看,深圳和杭州的主板市场上市公司数量明显多于苏州市,而苏州的重心在中小板和创业板,自从我国推出科创板以来,苏州在2020年增加了14家科创板上市公司,在全国居于领先地位。

表2-6 深圳、杭州、苏州上市公司板块分布

	总数	主板	中小板	创业板	科创板
深圳	349	95	129	107	18
杭州	163	75	34	45	9
苏州	144	43	43	38	20

(2) 上市公司是否属于重要指数成分股

从上市公司的系统重要性来分析,苏州的大型龙头公司明显偏少,如表2-7所示,进入沪深300指数成分股的家数为4家,而深圳则有28家公司,杭州有14家公司,无论从数量上还是比重上都领先于苏州,体现了当地上市公司较高的市场绩效,也更加凸显了苏州上市公司规模偏小的状况。

表2-7 是否隶属于指数成分股

	是否属于沪深300指数成分股		是否属于中证500指数成分股	
	是	否	是	否
深圳市	28	321	42	307
杭州市	14	149	20	143
苏州市	4	140	12	132

(3) 三城市上市公司行业结构比较

第一,深圳市上市公司行业基本分布和绩效。从表2-8来看,首先,深圳市以电子行业和计算机、电气设备、建筑装饰和房地产行业上市公司居多,特别是2020年,电子类上市公司达到77家,整体绩效表现优异。其次,计算机和电气设备上市公司数量也比较靠前。全年战略性新兴产业增加值合计10 272.72亿元,比上年增长3.1%,占地区生产总值比重为37.1%。其中,新一代信息技术产业增加值4 893.45亿元,增长2.6%;数字经济产业增加值1 601.03亿元,下降0.2%;高端装备制造产业增加值1 380.69亿元,增长1.8%;绿色低碳产业增加值1 227.04亿元,增长6.2%;海洋经济产业增加值427.76亿元,增长2.4%;新材料产业增加值334.50亿元,下降0.2%;生物医药产业增加值408.25亿元,增长24.4%。[①] 深圳市在新一代信息技术、高端装备制造、绿色低碳、海洋经济和生物医药方面均保持增长。

---

① 深圳市2020年国民经济和社会发展统计公报 http://tjj.sz.gov.cn/zwgk/zfxxgkml/tjsj/tjgb/content/post_8717370.html

表 2-8　2020 年深圳市上市公司主要行业基本分布

行　业	家　数	行　业	家　数
电　子	77	生物医药	19
计算机	39	交通运输	13
电气设备	22	化　工	13
建筑装饰	22	轻工制造	12
房地产	21	公用事业	11
通　信	19	商业贸易	10
机械设备	19	传　媒	10

第二，杭州市上市公司行业基本分布和绩效。从杭州市上市公司行业基本分布表 2-9 来看，机械设备、计算机、化工、传媒和电气设备板块居前。特别是计算机行业，与深圳一样居于第二位。数字经济赋予杭州经济高速发展。全年以新产业、新业态、新模式为主要特征的"三新"经济增加值占 GDP 的 35.5%。数字经济核心产业增加值 4 290 亿元，增长 13.3%，高于 GDP 增速 9.4%，占 GDP 的 26.6%。电子信息产品制造、软件与信息服务、数字内容和机器人产业分别增长 14.7%、12.9%、12.7% 和 12.3%。规模以上工业中，高新技术产业、战略性新兴产业、装备制造业增加值分别增长 8.6%、8.1% 和 11.8%，占规模以上工业的 67.4%、38.9% 和 50.6%，[①]夯实了杭州经济发展的基础。

表 2-9　杭州市上市公司行业基本分布

行　业	家　数	行　业	家　数
机械设备	23	汽　车	9
计算机	19	通　信	8
化　工	13	电　子	8
传　媒	12	生物医药	8
电气设备	11	房地产	7

第三，苏州市上市公司行业基本分布和绩效。上述两个城市均形成了以战略性新兴产业为主导行业的发展方向，且增长迅速。深圳市的生物医药行业发展迅猛；杭州市以数字经济、电子信息产品制造、软件与信息服务、数字内容和机器人产业为代表的支柱产业带动了杭州市产业结构的转型升级。

2020 年杭州 A 股上市公司市值累计超 2.8 万亿元，其中，52 家上市公司市值超 100 亿，11 家上市公司市值超 500 亿，4 家上市公司市值超 1 000 亿，分别为荣盛石化、海康威视、恒生电子和泰格医药，其中海康威视以 4 532 亿元的市值领跑整个杭州 A 股市场。从结果来看，当前杭州的产业优势已经充分映射到资本市场，两市 A 股公司中占比最高的行业为机械

---

① 2020 年杭州市国民经济和社会发展统计公报 http://tjj.hangzhou.gov.cn/art/2021/3/18/art_1229279682_3852554.html

设备行业。同时电子设备、仪器和元件、互联网软件与服务、生物制药等也是出现频率较高的产业领域,体现出当前杭州在"数字经济+新制造"双核驱动下的整体发展格局。[①]

反观苏州,战略性新兴产业的发展还没有形成推动整个城市经济发展的重要力量。从表2-10来看,苏州传统制造业大市的特征非常明显。虽然苏州在新一代信息技术、生物医药、纳米技术和人工智能四大先导产业也实现了稳定增长,但与深圳相比,还有较大差距。

表2-10 苏州市上市公司行业基本分布

行 业	家 数	行 业	家 数
机械设备	30	通信	6
电子	24	建筑装饰	5
化工	15	交通运输	5
电气设备	13	医药生物	5

二、提升苏州上市公司市场绩效的策略

尽管经济运行中仍面临诸多困难,但经济发展中不乏积极因素。2020年全社会研发投入占地区生产总值比重达3.7%左右,较2015年提升1.1个百分点;高新技术产业产值占规模以上工业产值比重达50.9%,较2015年提升5个百分点。全市科技进步贡献率由62%增长到66.5%,科技创新综合实力连续11年居全省首位。继续围绕先导产业、新兴产业,加强重大项目培育、谋划和布局,积极推动传统产业改造提升,不断增强经济发展后劲,加快形成具有苏州特色的现代化经济体系,努力实现更高质量、更有效率、更加公平、更可持续的发展。

加强创新布局,打造科技战略力量;强化企业扶持,夯实创新主体地位;扩大开放合作,集聚优质创新资源;深化改革创新,打造一流创新生态;突出民生导向,推进科技成果惠民。为了提高苏州上市公司的市场绩效,还需要从以下几个方面共同努力:

1. 加大基础研究和应用基础研究投入力度

在创新科技投入方式上,完善基础研究长期稳定持续投入机制,确保每年基础研究资金投入比例。聚焦信息科学、生命科学和新材料科学领域,集中布局重大科技基础设施,从空间上、基础研究的方向选择上,总体聚焦发展。

2. 推动自主创新、提升关键技术攻关力度

要想发展经济,保证经济可持续性发展,就必须坚持推动自主创新,并加快关键技术自主研发进程。把推动创新、增强企业核心竞争力特别是国际竞争力作为重要工作来抓。苏州作为出口依存度高的城市,要继续加快推进先进制造业集群建设,打造自主可控的先进制造业体系。

作为以制造业为主的城市,苏州应加快工业互联网工程建设推进速度,提高苏州制造业智能制造程度。通过制造企业信息化程度的提高,达到制造业网络化、数字化、智能化目标,

---

① https://www.p5w.net/kuaixun/202106/t20210601_2606817.htm.

实现苏州制造业向高端发展、高质量发展迈进。

3. 提高先导产业发展速度

在新兴产业发展中,继续深入推进信息技术、生物医药、纳米技术、人工智能、物联网等先导产业。大力发展苏州生物医药产业,形成具有创新水平的战略科技高地;推动新能源产业发展;谋划建设半导体国家创新中心。加强信息技术、生物技术和大数据技术融合,重点发展绿色低碳、生命健康、人工智能等对经济社会具有巨大带动和引领作用的产业。实现苏州新旧动能转换,加快完善现代化经济体系建设。

4. 重视并加快产业数字化的步伐

数字产业化与产业数字化是数字经济推动产业结构升级的两个基本方向。苏州作为全国重要的制造业城市,要大力提高产业整体的数字化水平,促进传统产业的数字化升级,改变苏州的产业结构。在大力发展数字产业化的基础上,更加重视并加快产业数字化的步伐。加快企业数字化转型,夯实工业互联网生态系统建设的微观基础。加快数字化软件服务的更高层次开放,加快提升国际竞争力。

5. 多举措促进上市公司做优做强

一方面,对于已上市公司来说,可以继续利用境内资本市场实现再融资,以配股、增发、可转换债券等形式完成资金筹措,并将资金投入主营业务,实现核心利润的稳步增长。另一方面,促进上市公司利用有利时机实现并购,鼓励有实力的公司通过并购参与国际竞争,引导商业银行为上市公司开展并购提供融资支持,共同促进上市公司提升绩效,做优做强。

本 章 小 结

本章主要分析苏州上市公司的市场绩效,从苏州率先指数及其市场表现来分析,苏州率先指数在2020年全年上涨18.51%。

从相对市场绩效分析,本报告首先将苏州率先指数与沪深指数进行对比分析,上证指数在2020年上涨13.87%,深证成指全年上涨38.73%,沪深300上涨27.21%。苏州率先指数涨幅偏低,其表现弱于两市重要指数,全年上涨18.51%。其次,将苏州率先指数与其他区域类指数做比较分析,在与全国直辖市和深圳区域类指数的对比中,苏州率先指数涨幅居中,排名第四。在与江苏、浙江和山东省进行指数比较时,苏州率先指数排名落后于山东指数、江苏指数和浙江指数。

从行业角度分析,将苏州上市公司按照申万行业分类标准进行分类,机械设备类上市公司最多,有30家,其次电子类24家,化工类15家,电气设备类13家,通信类6家,通过编制分行业指数了解上市公司行业绩效,从分析结果来看,苏州上述五类行业指数,机械设备类指数优于申万行业指数,化工和通信行业差距不大,电子和电气设备弱于全国相关行业类指数的全年表现,需要引起我们的足够重视。

从分板块角度分析,将苏州上市公司按照主板、中小板、创业板和科创板进行分类,并对前三个板块编制苏州板块指数,分别将主板、中小板和创业板与对应的市场板块指数进行比较分析。从结果来看,苏州主板市场与上证指数基本一致,创业板表现略强于市场平均水平,中小板市场绩效低于全国平均水平,指数落后于中小板指数。

本章还认为苏州经济下行风险较大是上市公司绩效偏低的外部原因。同时,通过对比分析深圳、杭州和苏州在上市公司板块分布和行业结构方面的差别,认为苏州企业创新能力提升缓慢、产业优化转型还处于攻坚阶段,是企业绩效不佳的深层次原因,最后为苏州提升上市公司市场绩效提供更多对策,主要从加大基础研究和应用基础研究投入力度、推动创新、提升关键技术攻关力度、提高先导产业发展速度、重视并加快产业数字化步伐、多举措促进上市公司做优做强等策略入手,加快完善苏州现代化经济体系建设。

综上所述,2020年苏州上市公司的市场表现由于受到经济环境和行业结构的影响,与优秀城市相比还有差距,在以后的发展过程中,还需要继续加强市场资源的优化配置,促使市场绩效平稳增长。

苏州上市公司发展报告（2021）

第三章

苏州上市公司经营业绩分析

经营业绩直观反映了由企业经营活动带来的整体财务状况和经营成果,它以真实公允的会计报表作为主要依据,是针对公司运行状态的静态评价。企业经营业绩是企业行为的最终结果,也是检验现代企业制度建立工作是否成功的重要标志。2020年苏州新增25家A股上市公司,其中14家在科创板上市,苏州上市公司总数达到144家。本章首先将从盈利能力、偿债能力、成长能力、营运能力、股本扩张能力五个方面,全面分析苏州上市公司经营业绩状况和特征;然后选取对比城市和市场指标,进行经营业绩比较分析;之后分别从行业和市场角度,将苏州上市公司各项财务指标进行对比分析。

本章分析的上市公司截至2020年12月31日,分析数据来自于Wind数据库。

第一节 苏州上市公司经营业绩特征

随着科创板的推出,苏州企业上市热情高涨,2020年新增14家科创板上市公司。通过分析苏州上市公司的各项财务指标,2020年苏州上市公司的经营状况较2019年有所改善。

一、2016—2020年经营业绩比较

2019年苏州上市公司的经营业绩总体情况不理想,但2020年的经营业绩表现较2019年有明显改善。尤其是盈利能力由负转正,且超过2018年,见表3-1。

表3-1 苏州上市公司2016—2020年经营业绩比较

苏州A股上市公司经营业绩评价指标	净资产收益率平均值（%）	产权比率平均值	营业收入增长率平均值（%）	总资产周转率平均值（次）	每股公积平均值（元）
2016年	8.75	1.22	15.50	0.62	2.02
2017年	9.44	1.25	36.39	0.64	2.17
2018年	2.06	1.84	35.17	0.68	2.15
2019年	−1.70	1.65	6.16	0.59	2.40
2020年	4.39	1.70	7.57	0.56	3.30

由表3-1可知,2020年苏州上市公司除了体现偿债能力、营运能力的财务指标略有下滑,其他反映苏州上市公司盈利能力、成长能力和股本扩张能力的财务指标均较2019年提高,且反映上市公司股本扩张能力的指标达到历史最高。

二、2020 年财务绩效特征分析

2020 年苏州上市公司经营业绩较 2019 年有所提高,但相较于历史年份,经营业绩情况还有较大的提高空间。2020 年苏州上市公司经营业绩的具体特征及形成原因分析如下:

1. 高收益上市公司占比上升

2020 年苏州 144 家上市公司,扣除两家退市公司[长城退(002071)、康得退(002450)未公布 2020 年净资产收益率],其余 142 家上市公司净资产收益率为正的公司占 85.2%,较 2019 年增加 2.7 个百分点,平均净资产收益率为 4.39%,较 2018 年和 2019 年有明显提升。

2020 年苏州净资产收益率变化出现了两增两降:净资产收益率在 10%—20%之间和净资产收益率大于 20%的上市公司数量增加;净资产收益率小于 0 和净资产收益率在 0—10%之间的上市公司数量减少,高收益上市公司占比增加。如图 3-1 所示。

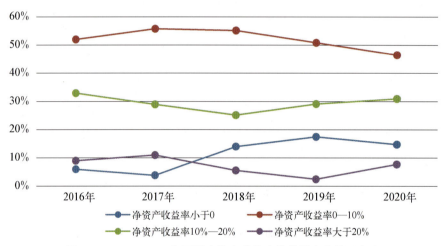

图 3-1　2016—2020 年不同净资产收益率的苏州上市公司占比

2020 年苏州上市公司净资产收益率超过 20%的有 11 家,行业分布于电气设备(2 家)、机械设备(2 家)、电子(2 家)、计算机、建筑材料、商业贸易、通信和综合各一家。海陆重工(002255)和 *ST 博信(600083)实现了利润扭亏为盈,2019 年两公司均为 *ST 企业,净资产收益率为负。2020 年海陆重工实质性完成了宁夏江南集成科技有限公司的剥离,由于江南集成不再纳入公司合并报表,导致 2020 年全年度归属于上市公司股东的净利润出现大幅增长。而 *ST 博信抓住 2020 年国内经济复苏的契机,在优化内部管理的同时,加强智能硬件及衍生产品自有品牌销售,拓展大宗商品贸易业务,实现了利润扭亏为盈。沪电股份(002463)和南极电商(002127)连续两年净资产收益率超过 20%。分析这 11 家 2020 年净资产收益率超过 20%的上市公司,可以得出以下共性。一是善于顺应市场变化,抓住市场机会。二是密切关注客户需求变化,平衡产品布局,深耕中高阶产品与量产技术。三是积极管控成本,守住底线,稳中求进。四是加大在技术和创新方面的投资,以技术质量和服务为客户提供更高的价值。五是公司加大与战略伙伴的合作力度。

2. 个别上市公司偿债风险加剧

2020 年苏州 144 家上市公司,扣除两家退市公司[长城退(002071)、康得退(002450)未公布 2020 年产权比率],其余 142 家上市公司的产权比率平均水平为 1.7。基于财务稳健要求,产权比率在 1 以下时,上市公司具有较强的长期偿债能力。从近五年的数据来看(见表 3-1),苏州上市公司产权比率平均值在逐年上升,长期偿债能力有所降低。

如图 3-2 所示,2020 年苏州有 88 家上市公司的产权比率在 1 以下,占比 61.97%,较 2019 年有所提高。产权比率在 1 以下时,说明企业偿债能力充分,但会降低盈利能力。同时,2020 年产权比率大于 2 的苏州上市公司占比较 2019 年有所降低。这说明苏州上市公司的财务结构更加趋于稳健。但是苏州上市公司产权比率平均值仅次于 2018 年水平,究其原因,2020 年苏州有五家上市公司(未包括两家退市企业)的产权比率超过 10,即这些上市公司的负债是其股东权益的 10 倍以上。尤其是 *ST 博信(600083)的产权比率更是高达 46.7,偿债能力堪忧。

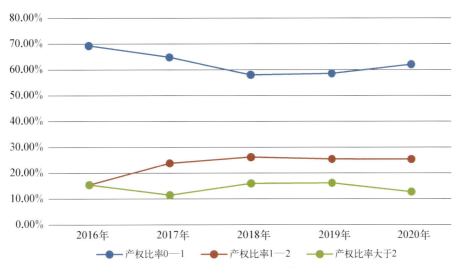

图 3-2 2016—2020 年不同产权比率的苏州上市公司占比

3. 上市公司成长能力分化较大

2020 年苏州 144 家上市公司平均营业收入增长率为 7.57%,相较于 2019 年有所提高,见图 3-3 所示。

图 3-3 2016—2020 年不同营业收入增长率的苏州上市公司占比

2020年苏州上市公司营业收入增长率呈现出高成长企业占比和负成长企业占比双上升的现象,上市公司成长能力分化较大。营业收入增长率超过10%的上市公司占比继2019年持续下降,营业收入增长率低于10%的上市公司占比上升,尤其是营业收入增长率小于0的上市公司占比上升明显。可喜的是,有15家上市公司的营业收入增长率超过50%,其中:主板上市公司4家,中小板上市公司1家,创业板上市公司6家,科创板上市公司4家,行业分布是电子(6家)、机械设备(5家)、电气设备、建筑材料、通信、生物医药各一家。晶方科技(603005)2020年营业收入增长率位居榜首。晶方科技在2020年扭转2019年成长乏力的状态,营业收入增长率达到96.92%,几乎翻番。晶方科技专注于集成电路先进封装技术的开发与服务,聚焦于传感器领域,封装的产品主要包括影像传感器芯片、生物身份识别芯片、MEMS芯片等,相关产品广泛应用在智能手机、安防数码、身份识别、汽车电子、3D传感等市场领域。2020年,随着远程办公、在线教育、无人值守等需求的规模化兴起,智能驾驶,医疗,5G及IOT的快速渗透深化,公司所专注的新型光学传感器细分市场迎来了快速增长。为满足持续增长的订单需求,公司持续加强技术工艺的创新优化、市场的拓展开发、产业链的延伸整合、内部管理效率的挖潜增效。首先,持续加强技术创新与工艺优化。其次,巩固提升细分市场龙头地位,拓展新应用领域的市场机遇。最后,产业链延伸整合。不断向光学器件制造、模块集成、测试业务延伸,增强与客户的合作粘度。

4. 营运能力需要进一步提高

2020年苏州144家上市公司的总资产周转率平均值为0.56,较2019年有所下降,达到近五年的最低点,见表3-1。总资产周转率是考察企业资产运营效率的一项重要指标,体现了企业经营期间全部资产从投入到产出的流转速度,反映了企业全部资产的管理质量和利用效率。苏州上市公司总资产周转率平均水平偏低。

2016—2020年,苏州上市公司总资产周转率在0.5—1的占比最大,总资产周转率大于1的上市公司占比自2017年持续下降。2020年苏州144家上市公司中,有63家上市公司的总资产周转率在0.5以下,占比43.75%,较2019年略有增长;2020年苏州有71家上市公司的总资产周转率在0.5—1,占比49.31%;有10家上市公司的总资产周转率大于1,占比6.94%,较2019年减少1.39%。苏州上市公司营运能力仍需提高。如图3-4所示。

图3-4 2016—2020年不同总资产周转率的苏州上市公司占比

5. 股本扩张能力明显增强

2020年苏州上市公司的平均每股公积为3.3元,较2019年提高了0.9元,达到近五年最高。

从图3-5可以看出,2020年苏州上市公司拥有1元以上每股公积的占79.17%,较2019年增加4.17%。其中每股公积在5元以上的占19.45%,较2019年增加7.78%,这一比率自2018年一直保持增长势头。超过平均每股公积水平的上市公司有47家,其中有16家是科创板上市公司。2020年苏州有9家上市公司每股公积超过10元。思瑞浦(688536)以每股公积28.23元位居榜首。思瑞浦主营各类集成电路及其应用系统和软件的研发、设计、生产、销售本公司产品并提供售后服务。公司持续推进业务拓展,在泛工业、光通讯、绿色能源、汽车电子等多个应用领域实现新的突破。加强客户开发,2020年公司新增客户百余家,并且与相关客户合作规模逐步提升。公司持续加大研发投入达5 602.23万元,同比增长123.93%。研发投入占收入比为33.52%,同比增加13.92%。持续的高研发投入助力产品开发进展加快。公司成功开发出隔离等新产品并陆续实现量产。此外,思瑞浦重视加强产业协同,对北京士模微电子有限责任公司及上海季丰电子股份有限公司进行了投资。提取高额的资本公积,为思瑞浦今后的股本扩张奠定了坚实基础。

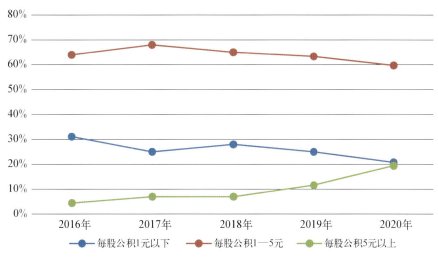

图3-5 2016—2020年不同每股公积的苏州上市公司占比

第二节 苏州上市公司经营业绩比较分析

本节把上证A股股票和深证成指股票的相关经营业绩指标作为市场标准,选择经济发展水平和苏州相当的城市,将这些城市的上市公司经营业绩和苏州上市公司经营业绩进行比较,分析各比较对象的上市公司和苏州上市公司相对经营业绩状况。

一、盈利能力比较分析

2020年深证成指股票的净资产收益率平均值13.13%,达到近五年最高水平;苏州、天津、深圳、重庆和杭州的上市公司净资产收益率平均值较2019年均有所提高。虽然2020年苏州上市公司盈利能力相较于2019年有所增强,但是与上海、深圳、重庆和杭州的上市公司相比,苏州上市公司净资产收益率平均值偏低,并且低于上证 A 股股票和深证成指股票的净资产收益率平均值,未能达到市场平均水平,见图 3-6。

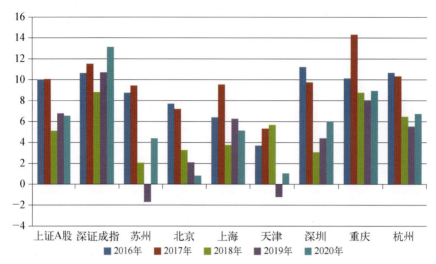

图 3-6　2016—2020 年净资产收益率平均值比较(单位:%)

二、偿债能力比较分析

2020 年北京上市公司产权比率平均值最高,但相较于 2019 年有所下降。而 2020 年苏州上市公司的产权比率平均值相较于 2019 年有所上升,且高于除北京外的其他城市上市公司该指标,也高于上证 A 股股票和深证成指股票的产权比率平均值,超过市场平均水平。说明苏州上市公司偿债压力有所提高,见图 3-7。

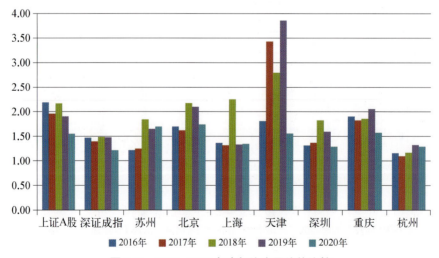

图 3-7　2016—2020 年产权比率平均值比较

三、成长能力比较分析

2020 年上证 A 股股票和深证成指股票的营业收入增长率平均值均较 2019 年增长,说明市场上上市公司成长能力总体有所提高。苏州、重庆、杭州的上市公司 2020 年营业收入增长率平均值也不同程度地较 2019 年有所提高。但是,苏州上市公司的营业收入增长率平均值在所有比较对象中,倒数第二,仅比北京的上市公司高出 4.08%,远远低于市场平均水平,见图 3-8。

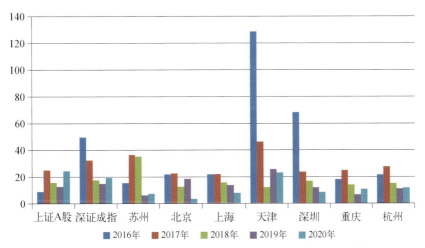

图 3-8　2016—2020 年营业收入增长率平均值比较(单位:%)

四、营运能力比较分析

2020 年上证 A 股股票和深证成指股票的总资产周转率平均值较 2019 年有所降低,说明市场上上市公司营运能力总体有所下降。在比较对象中,苏州上市公司的总资产周转率平均值略高于北京的上市公司总资产周转率平均值,与重庆的上市公司总资产周转率平均值持平,低于其他城市该指标,也低于市场平均水平。如图 3-9 所示。

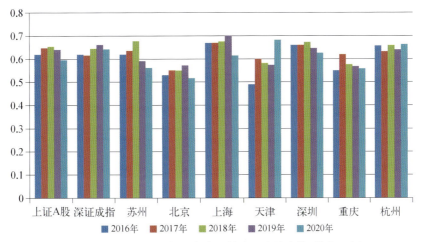

图 3-9　2016—2020 年总资产周转率平均值比较(单位:次)

五、股本扩张能力比较分析

2020 年上证 A 股股票和深证成指股票的每股公积平均值较 2019 年有所提高,说明市场上上市公司股本扩张能力总体有所上升。在比较对象中,除了重庆的上市公司每股公积平均值 2020 年较 2019 年下降,其他比较对象每股公积平均值均较 2019 年提高,其中,北京的上市公司每股公积平均值 2020 年比 2019 年提高了 1.42 元,幅度最大,其次是天津和苏州。苏州上市公司的每股公积平均值在比较对象中处于较高水平,且高于深证成指股票的该指标。说明苏州上市公司股本扩张能力较强,见图 3-10。

图 3-10　2016—2020 年每股公积平均值比较(单位:元)

第三节　苏州上市公司经营业绩分行业分析

根据申万行业一级分类标准,可以将 2020 年苏州上市公司分为机械设备、电子、化工、电气设备、通信等 24 个行业。我们选择苏州上市公司数量前五位的行业进行比较,按拥有上市公司家数多少依次是机械设备(30 家)、电子(24 家)、化工(15 家)、电气设备(13 家)、通信(6 家)。五大行业共 88 家上市公司,占苏州 144 家上市公司的 61.11%。本节首先将以上苏州主要行业的上市公司 2016—2020 年经营业绩进行描述性分析;然后将 A 股市场上市公司按申万标准进行行业划分,作为参照,比较分析 2020 年苏州上市公司不同行业各项经营业绩指标情况。

一、盈利能力分行业比较

在 2020 年苏州的主要行业中,电气设备的净资产收益率平均值最高,其次是电子和机械设备,通信和化工行业净资产收益率平均值为负。相较于 2019 年,通信和电子行业净资产收益率平均值有所提高,而电气设备行业的净资产收益率平均值增长最为明显,从 2019 年的 -2.16%,提高为 2020 年的 9.24%。2020 年苏州电器设备行业的 13 家上市公司,有 8 家上市公司的净资产收益率超过 10%,除了前文提到的海陆重工(002255)净资产收益率达到 33.31%,2020 年科创板上市的固德威(688390)净资产收益率也达到了 27.26%。固德威顺应国家能源应用的重大转型,即由传统化石能源向分布式清洁能源发展,并逐步朝着多能互补、互联互通、自发自用、能量存储、智能管理的能源互联网趋势快速发展。在能源互联网的变革趋势下,公司坚持以电力电子技术为基础,在清洁能源的转换技术、储能技术和智慧能源管理系统平台等领域持续开拓创新，致力成为智慧能源系统整体解决方案提供商，并将公司的相关产品和解决方案覆盖至全球存在电力电子产品需求的区域，携手电网、社区、客户共同开创智慧能源新时代。如图3-11所示。

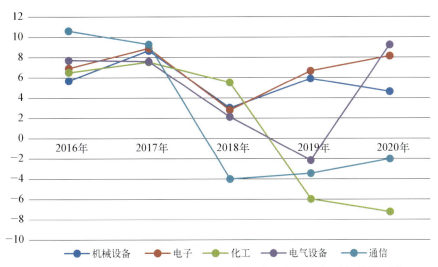

图3-11　2016—2020年苏州主要行业净资产收益率平均值比较（单位：%）

2020年苏州电子和电气设备行业的净资产收益率平均值高于A股市场相关行业的净资产收益率平均值。除主要行业外，2020年苏州的非银金融（601555东吴证券）[①]、国防军工（300600瑞特股份）、公用事业（*ST科林 002499）、钢铁、房地产、计算机、家用电器、汽车、商业贸易、有色金属和综合行业的净资产收益率平均值均超过了A股市场相应行业的平均水平，说明苏州以上行业的上市公司盈利能力较强，并且相较于2019年，超过A股市场相应行业净资产收益率平均值的苏州上市公司行业增加了3个，见图3-12。

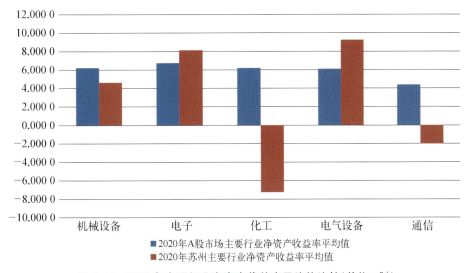

图3-12　2020年主要行业净资产收益率平均值比较（单位：%）

---

① 带括号的行业表示该行业苏州只有括号内一家上市公司。下同。

二、偿债能力分行业比较

2016—2020年,苏州主要行业的产权比率平均值变化不大。2020年除化工行业产权比率平均值有明显提高外,其余四个主要行业的产权比率平均值与2019年相比均有所下降。说明这些行业在追求发展的同时,也注重了偿债风险的防范和控制,见图3-13。

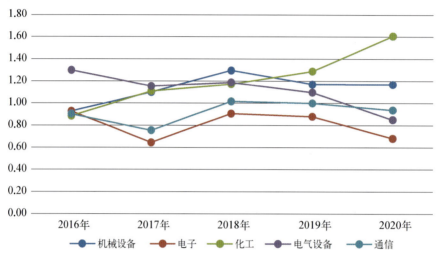

图3-13 2016—2020年苏州主要行业产权比率平均值比较(单位:%)

除了电子和电气设备行业,2020年苏州其他主要行业的产权比率平均值均高于A股市场相关行业的产权比率平均值。除主要行业外,2020年苏州的公用事业(*ST科林002499)、传媒、建筑材料、交通运输、有色金属和综合行业的产权比率平均值均超过了A股市场相应行业的平均水平,长期偿债压力相较于市场相应行业要略高一些,见图3-14。

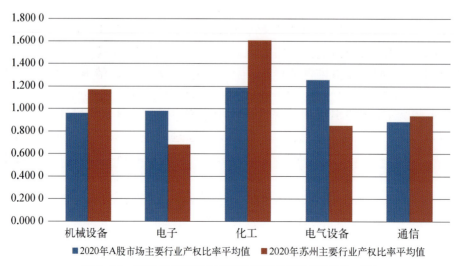

图3-14 2020年主要行业产权比率平均值比较(单位:倍)

三、成长能力分行业比较

2020年除了机械设备行业外,苏州其他主要行业的营业收入增长率平均值均较2019年有所提升。但2020年化工行业营业收入增长率平均值继2019年仍然为负值。化工行业是贸易战中受影响较大的行业,全球供应链紊乱,整体消费需求被抑制,国际原油价格剧烈波动,对市场信心造成极大打击。整体而言,市场基本面出现弱化,行业景气度下降,如图3-15所示。

图3-15　2016—2020年苏州主要行业营业收入增长率平均值比较(单位:%)

2020年除了电子行业,苏州主要行业的营业收入增长率平均值均低于A股市场相关行业该指标。另外,除主要行业外,2020年苏州的非银金融(601555东吴证券)、国防军工(300600瑞特股份)、钢铁、家用电器、银行、建筑材料、交通运输、汽车、商业贸易和综合行业的营业收入增长率平均值均超过了A股市场相关行业平均水平,说明苏州以上行业的成长能力较强。尤其是非银金融(601555东吴证券)的营业收入增长率达到43.39%。东吴证券2020年保荐承销科创板单数进入行业前十,IPO承销项目数排名位列行业第14位,行业排名显著提升。在双创债领域持续探索,成功发行全国首单知识产权质押创新创业疫情防控债券、全国首单绿色创新创业疫情防控债券,累计发行双创债30单,发行数量连续5年位居行业第一。新三板业务保持行业领先,2020年新增挂牌企业10家,市场排名第3,2家企业首批挂牌精选层,累计完成新三板挂牌437家,行业排名第五。财富管理转型不断深化,资产管理业务持续向主动管理转型,投资管理体系加快建立,研究业务市场化改革成效进一步显现,新财富排名前十。坚持科技赋能,在自主可控的集中交易系统、区块链等关键技术领域取得突破性成果,位于行业领先地位。东吴香港完成对中投证券(香港)整体收购,获得香港证监会规管下全牌照业务资格。连续六年获评A类A级券商,全年未出现重大违法违规事件和重大风险事件,见图3-16。

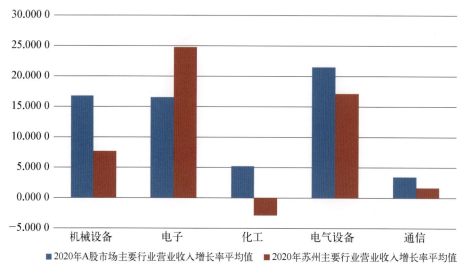

图 3-16　2020 年主要行业营业收入增长率平均值比较(单位：%)

四、营运能力分行业比较

2016—2020 年，苏州主要行业的总资产周转率平均值保持在 0.4—0.77，这说明苏州主要行业的营运较为稳定，2020 年苏州主要行业的总资产周转率平均值更为接近。除了电子和电气设备行业总资产周转率平均值略有增长，苏州其他主要行业总资产周转率平均值均有所下降。如图 3-17 所示。

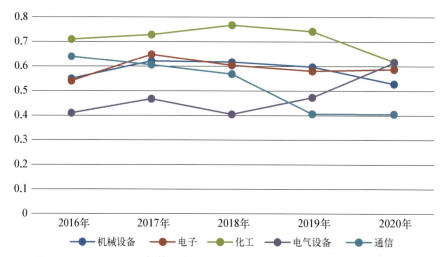

图 3-17　2016—2020 年苏州主要行业总资产周转率平均值比较(单位：次)

通过和 A 股市场相关行业平均值比较，2020 年苏州机械设备和电气设备行业的总资产周转率平均值略高，苏州其余三个主要行业的总资产周转率平均值偏低，说明苏州主要行业的营运能力有待进一步提高。另外，除主要行业外，2020 年苏州的传媒、建筑装饰、交通运输、银行、有色金属和综合行业的总资产周转率平均值略超过了 A 股市场相关行业平均水平。如图 3-18 所示。

第三章 苏州上市公司经营业绩分析

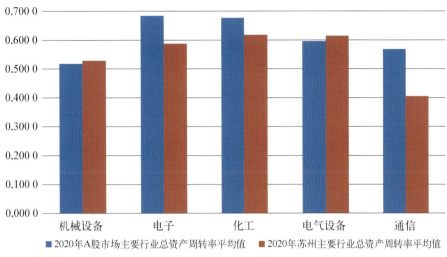

图 3-18　2020 年主要行业总资产周转率平均值比较(单位：次)

五、股本扩张能力分行业比较

2016—2020 年,苏州主要行业的每股公积平均值总体呈现增长趋势。2020 年苏州电子和电气设备行业的每股公积平均值超过 4 元。2020 年电子行业的每股公积平均值相较于 2019 年增加了 1.85 元,见图 3-19。

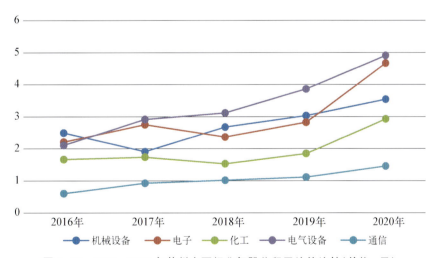

图 3-19　2016—2020 年苏州主要行业每股公积平均值比较(单位：元)

和 A 股市场相关行业平均值比较,2020 年苏州除了通信行业的每股公积平均值偏低,其他四个主要行业的每股公积平均值高于市场相关行业平均水平。另外,除了主要行业外,2020 年苏州的非银金融(601555 东吴证券)、纺织服装、钢铁、家用电器、建筑装饰、交通运输、汽车、医药生物和银行的每股公积平均值均超过了 A 股市场相关行业平均水平,体现出苏州这些行业有较大的发展潜能。如图 3-20 所示。

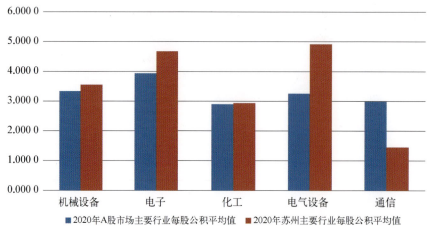

图 3-20　2020 年主要行业每股公积平均值比较(单位：元)

第四节　苏州上市公司经营业绩分市场分析

2020 年苏州 144 家上市公司分布在主板 43 家、中小板 43 家、创业板 38 家，科创板 20 家，科创板上市企业数量增加最多。我们首先将 2016—2020 年苏州上市公司总体平均的经营业绩指标和主板、中小板和创业板三个市场的相应指标进行比较，然后将 2020 年苏州上市公司按市场划分，分别再与主板、中小板、创业板和科创板四个市场的相应指标进行比较，从两个层面分析苏州上市公司分市场的经营业绩状况。

一、盈利能力分市场比较

2020 年各比较对象净资产收益率平均值都较 2019 年有所提高，主板市场上市公司的净资产收益率平均值增长最快，其次是苏州上市公司净资产收益率平均值也有 6% 的增长，说明各比较对象的盈利能力都有不同程度的提高，见图 3-21。

图 3-21　2016—2020 年上市公司分市场净资产收益率平增值比较图(单位：%)

具体分市场比较，2020年苏州主板和苏州科创板上市公司的净资产收益率平均值均高于对应的市场平均值，尤其是苏州主板上市公司较主板市场上市公司净资产收益率平均值高出4.5%。但苏州中小板和创业板上市公司净资产收益率平均值明显低于相应市场上市公司该指标，尤其是苏州创业板上市公司净资产收益率平均值在2020年出现了负值，盈利能力有待提高。如图3-22所示。

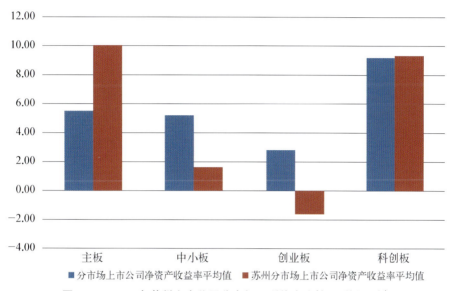

图3-22 2020年苏州上市公司分市场盈利能力比较图(单位：%)

二、偿债能力分市场比较

除了中小板上市公司产权比率平均值出现较大起落之外，其他三个比较对象的产权比率平均值的变动较为平缓。主板市场上市公司的产权比率平均值自2018年开始，持续降低，主板市场上市公司的偿债能力有所提高。苏州上市公司的产权比率平均值2020年较2019年有所提高，在各比较对象中，处于较高水平，见图3-23。

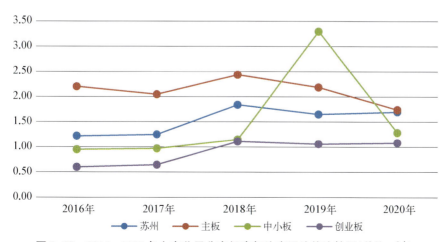

图3-23 2016—2020年上市公司分市场产权比率平均值比较图(单位：%)

具体分市场比较,2020年苏州各市场上市公司产权比率平均值均高于相应市场平均值,说明苏州上市公司偿债风险有所提高,尤其是苏州主板和苏州中小板上市公司。如图3-24所示。

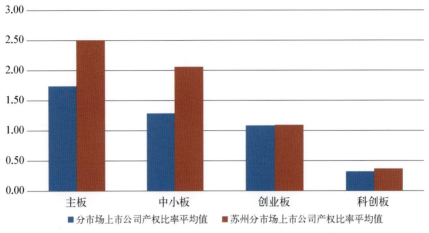

图3-24 2020年苏州上市公司分市场偿债能力比较图

三、成长能力分市场比较

2017年是各比较对象营业收入增长率平均值的高点,2018—2020年,主板、中小板和创业板上市公司的营业收入增长率平均值连续三年呈现下降态势,而2020年苏州上市公司的营业收入增长率平均值较2019年提高了1.41%,见图3-25。

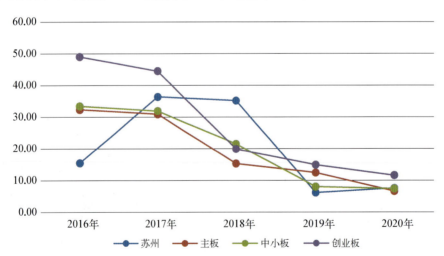

图3-25 2016—2020年上市公司分市场营业收入增长率平均值比较图(单位:%)

具体分市场比较,2020年苏州创业板市场上市公司的营业收入增长率平均值高于相对应市场平均值,而苏州其他三个市场的上市公司营业收入增长率平均值均低于相对应市场平均值,说明苏州上市公司的成长能力有待进一步提高。如图3-26所示。

四、营运能力分市场比较

2016—2020年,创业板市场上市公司总资产周转次数平均值是比较对象中最低的。2020年,

第三章　苏州上市公司经营业绩分析

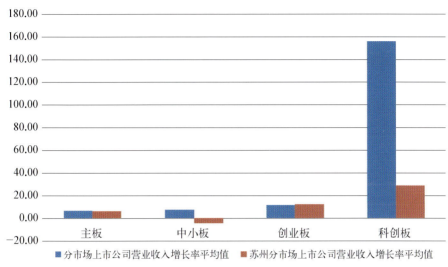

图 3-26　2020 年苏州上市公司分市场成长能力比较图(单位:%)

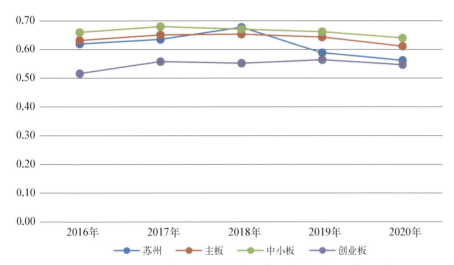

图 3-27　2016—2020 年上市公司分市场营运能力比较图(单位:次)

苏州上市公司总资产周转次数平均值下降,仅略高于创业板市场上市公司该指标,见图 3-27。

具体分市场比较,2020 年苏州科创板上市公司的总资产周转率平均值高于相应市场的平均值,说明苏州科创板上市公司的营运能力较强。苏州其他市场上市公司总资产周转率平均值均低于相应市场该指标平均值。如图 3-28。

五、股本扩张能力分市场比较

2020 年,各比较对象每股公积平均值较 2019 年均有所提高,达到各比较对象近五年的最大值。2020 年苏州上市公司每股公积平均值增长幅度最大,见图 3-29。

具体分市场比较,2020 年苏州主板上市公司的每股公积平均值高于相对应市场平均值。但与中小板、创业板和科创板市场上市公司每股公积平均值相比,苏州对应市场的上市公司每股公积平均值略低。如图 3-30 所示。

067

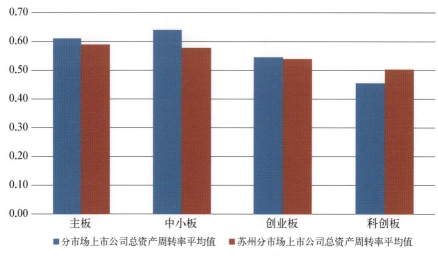

图 3-28　2020 年苏州上市公司分市场营运能力比较图（单位：次）

图 3-29　2016—2020 年上市公司分市场股本扩张能力比较图（单位：元）

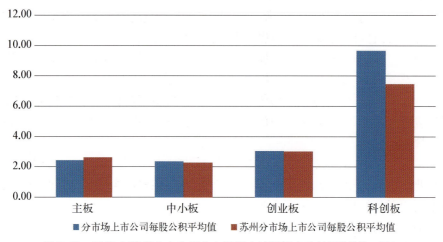

图 3-30　2020 年苏州上市公司分市场股本扩张能力比较图（单位：元）

第五节 存在的问题及发展建议

一、苏州上市公司存在的主要问题

2020年苏州上市公司经营业绩喜忧参半,一方面,上市公司盈利能力有所提高,高收益上市公司数量增加;上市公司注重资本积累,每股公积达到历史高点。另一方面,上市公司偿债风险有所增大,成长能力较弱且分化明显,营运能力有所降低。除了宏观因素影响外,通过和各比较对象对比,苏州上市公司主要存在以下问题:

1. 偿债风险有所增大

2020年苏州上市公司经营业绩总体较2019年有明显改善,但是从偿债能力衡量指标来看,苏州上市公司偿债风险加大,且超过市场平均水平。究其原因,既有宏观环境的影响,行业经营业绩下滑,负债增加也是重要原因,比如传媒、化工、建筑材料和交通运输行业净资产收益率平均值较市场平均值低了10%以上,相应的产权比率平均值均高于市场平均水平。

2. 成长能力较弱且分化明显

一方面,2020年苏州上市公司营业收入增长率平均值远低于市场平均水平;另一方面,苏州上市公司营业收入增长率分化较大,高成长性和负增长的上市公司数量都呈现上升状态。2020年苏州上市公司所属的24个行业中,有12个行业的营业收入增长率平均值低于5%,其中9个行业的营业收入增长率平均值为负,说明这些行业的上市公司产品已进入衰退期,业务利润滑坡。

3. 营运能力有所降低

2020年苏州上市公司总资产周转率平均值下降到近五年最低点,且低于市场平均水平。苏州上市公司的销售能力下降、库存和闲置资金增加,都是导致营运能力降低的原因。

二、提高苏州上市公司经营业绩的建议

针对2020年苏州上市公司存在的主要问题,提出以下建议:

1. 重视偿债风险,优化融资结构

苏州上市公司的偿债风险虽有所提高,但仍处于可控范围。重视产权比率平均值逐年上升这一现象,并且可通过以下措施提高上市公司偿债能力。

第一,在扩展规模、开拓市场、增加销售收入的同时,加强流动资产的管理。提高现金流量水平,在费用与成本两个方面加强控制,建立内部现金流控制体系,相应减少相关费用,以提高利润。同时,要严格控制企业的管理费用、财务费用等各种期间费用,降低耗费。定期对市场环境进行调查,根据目标客户的需求改进完善产品水平,改进生产能力,提高销售策略的实践性。

第二,选择合适的举债方式,制定合理的偿债计划,优化融资结构,将各种举债方式的优缺点与企业自身的实际需要、承受能力综合考虑,不但能提高企业自身的偿债能力,而且还能合理地利用财务杠杆,大大提高企业的收益。

2. 挖掘企业潜力,加强创新升级

苏州上市公司成长能力的提高可以从两方面入手。一是挖掘潜力。企业潜力挖掘是实

现企业资源合理利用的有效方法,可以从人力、物力、财力方面着手。定岗定员,合理组织使用好劳动力,节约劳动时间,提高劳动生产率。降低原材料消耗,节约能源,提高设备利用率。加快资金周转,节约资金占用,提高建设项目建成率,加速产出。二是加强创新升级。苏州上市公司营业收入增长率为负的一个重要原因是产品未能适应市场变化,缺乏创新,业务运行僵化。随着互联网、通信等新兴技术的飞速发展,互联网席卷各行各业,面对当前政府大力推进科技强国战略、智能化技术持续发展、客户需求不断提升等外部环境变化,企业必须依托自身产业链优势,探索创新发展。在自身资源积累优势和服务场景升级需求的双重作用下,优先发展与主业高度融合的创新业务,去培育技术能力、完善商业模式、培养专业人员、打造品牌影响力。

3. 提升运营质效,完善配套政策

2020 年苏州上市公司总资产周转率平均值下降到近五年最低点,通过该指标的对比分析,反映出苏州上市公司总资产的运营效率和变化,从而发现苏州上市公司与同类企业在资产利用上的差距。可以通过提升运营质效,完善配套政策来提高苏州上市公司的营运能力。在提升运营质效方面,要优化存货管理效率,缩短周期,降低库存,提高资产收益水平;强化管理绩效并进行有效激励,促进企业挖掘潜力、积极创收、提高产品市场占有率、提高资产利用效率。在完善配套政策方面,可以提高政府采购的参与度,有序竞争,提升税收服务质效。

本 章 小 结

本章主要分析了苏州上市公司的经营业绩,把经营业绩评价体系确定为盈利能力、偿债能力、成长能力、营运能力、股本扩张能力五个方面。

从苏州上市公司经营业绩特征来看,2020 年苏州上市公司经营业绩喜忧参半。一方面,上市公司盈利能力有所提高,高收益上市公司数量增加;上市公司注重资本积累,每股公积达到历史高点。另一方面,上市公司偿债风险有所增大,成长能力较弱且分化明显,营运能力有所降低。

从苏州上市公司经营业绩比较分析看,2020 年苏州上市公司股本扩张能力增长强劲,在比较对象中处于较高水平。而苏州上市公司的盈利能力、偿债能力、成长能力和营运能力均低于市场平均水平,且低于大多数城市比较对象。

从苏州上市公司经营业绩分行业分析看,2020 年,苏州的主要行业中,电气设备的净资产收益率平均值最高;苏州电子和电气设备行业的净资产收益率平均值高于 A 股市场相关行业的净资产收益率平均值。2020 年苏州除化工行业产权比率平均值有明显提高外,其余四个主要行业的产权比率平均值与 2019 年相比均有所下降。除了电子和电气设备行业,2020 年苏州其他主要行业的产权比率平均值均高于 A 股市场相关行业的产权比率平均值。2020 年除了机械设备行业外,苏州其他主要行业的营业收入增长率平均值均较 2019 年有所提升;2020 年除了电子行业,苏州主要行业的营业收入增长率平均值均低于 A 股市场相关行业该指标。2020 年苏州主要行业的总资产周转率平均值更为接近。除了电子和电气设备行业总资产周转率平均值略有增长,苏州其他主要行业,总资产周转率平均值均有所下降。2016—2020 年,苏州主要行业的每股公积平均值总体呈现增长趋势;和 A 股市场相关行业的每股公积平均值比较,2020 年苏州除了通信行业的每股公积平均值偏低,其他四个主要行业的每股公积平均值高于市场相关行业平均水平。

从苏州上市公司经营业绩分市场来看，2020年，苏州主板上市公司，在盈利能力和股本扩张能力方面高于主板市场平均水平；苏州中小板上市公司的经营业绩五项衡量指标均低于中小板市场平均水平；苏州创业板上市公司在成长能力方面高于创业板市场平均水平；苏州科创板上市公司在盈利能力和营运能力方面高于科创板市场平均水平。

通过对苏州上市公司经营业绩指标分析，发现苏州上市公司发展中存在三个问题：偿债风险有所增大，成长能力较弱且分化明显，营运能力有所降低。并从相应的三个方面提出对策建议。

苏州上市公司发展报告（2021）

第四章

苏州上市公司行业结构分析

改革开放以来,第二产业尤其是制造业,一直是苏州经济发展的主要推动力,计算机电子设备、电气机械等行业为苏州贡献了大量的产值和就业。2020年苏州各产业发展呈现"U形"走势,虽然上半年受到疫情影响,但在企业全面开工恢复生产后,下半年以来全球疫情的发展,反而使得对外贸易依存度较高的苏州获得了竞争优势。2020年苏州产业结构实现了由"二三一"向"三二一"的转变,服务业增加值占地区生产总值比重达到52.5%。规模以上工业总产值稳居全国城市前三,高新技术产业、战略性新兴产业产值占比分别达到50.9%和55.7%。未来苏州要全力打响"苏州制造"品牌,推动先进制造业集群发展,提质发展现代服务业,构建现代产业体系。在此过程中,发展壮大资本市场,支持优质企业上市,是政府推进的重点工作。

本章以苏州上市公司所处产业、行业为研究对象,研究上市公司的产业分布、行业分布、行业结构特征,发现最近5年来上市公司的产业、行业结构变化,并将其与全国、主要城市的上市公司行业结构进行比较,挖掘苏州上市公司行业分布结构的得失,总结部分苏州退市和警示公司的失败教训,为未来苏州企业的上市计划提供参考。

在选取比较对象时,考虑到苏州的发展水平、城市和产业特征,本年度的报告在对比城市中添加广州,着重比较广州、杭州、南京、成都、武汉这5个城市(简称"对比城市"),它们在城市层次、经济规模、上市公司数量、产业结构、发展阶段等方面,与苏州有较强的可比性[①]。在比较时,本章将列举这5个城市各自上市公司的分产业相关数据、这5个城市合计的数据(简称"对比城市合计"),以及全国整体数据。

本章的数据若无特别说明,均来自万得(Wind)数据库中的年报数据或年末市场数据(2016—2020年)。

第一节　苏州上市公司行业分布

一、苏州上市公司的三次产业分布

三次产业分布是行业分布的基础,也能最为概括地说明苏州上市公司的行业分布情况。上市公司需要登记在《国民经济行业分类》(GB/T 4754—2011)中所属的行业类别,而《国民

---

① 苏州、广州、杭州、南京、成都、武汉6个城市的地区生产总值,在全国各城市(地级市和直辖市)中的排名分别为6、4、8、10、7、9,拥有的上市公司数排名分别为5、6、4、7、10、13。与前几年的分析报告相比,今年的分析报告新增了杭州(上市公司数多,经济规模接近),去掉了天津(经济规模和上市公司数近年来均被苏州拉下不小差距,且属于直辖市,城市层次过高)。

经济行业分类》同时也是三次产业划分的基础。按照国家统计局发布的《三次产业划分规定》,第一产业是指农、林、牧、渔业(不含农、林、牧、渔服务业),第二产业是指采矿业(不含开采辅助活动)、制造业(不含金属制品、机械和设备修理业)、电力、热力、燃气及水生产和供应业、建筑业,第三产业即服务业,是指除第一产业、第二产业以外的其他行业。

根据上述统计方法,2020年末苏州144家A股上市公司(含主板、中小板、创业板和科创板)的产业分布,按产业分的全年营业收入和年末市值,归纳在表4-1内。

表4-1 苏州上市公司的三次产业分布(2019年末)

产 业	上市公司数（家）	营业收入（亿元）	年末市值（亿元）	2016—2020年新增家数
第二产业	115	3 460	9 742	55
第三产业	29	1 403	3 018	12
总 计	144	4 863	12 760	67

说明：2016—2020新增上市公司家数,指2016—2020年共5年间的新增上市公司数,即2020年末上市公司数与2015年末上市公司数之差,下同。

可以看到,苏州第一产业无上市公司,大多数上市公司均属第二产业,第二、第三产业上市公司数之比为3.97∶1,这与多年以来苏州一直以第二、第三产业为主,第一产业占比很小的产业结构基本相符。2016—2020年,苏州共新增67家上市公司,第二、第三产业新增上市公司数之比为4.58∶1;说明最近5年来,苏州上市公司集中于第二产业的趋势日益明显。

二、苏州上市公司的行业分布

1. 苏州上市公司的行业门类分布

《国民经济行业分类》(GB/T 4754—2011)将所有经济活动划分为20个门类,苏州上市公司涵盖了其中的12个门类。表4-2归纳了2020年末苏州上市公司的行业门类分布、按行业门类分的全年营业收入和年末市值。

表4-2 苏州上市公司的行业门类分布(2020年末)

行 业 门 类	上市公司（家）	营业收入（亿元）	年末市值（亿元）	2016—2020年新增数(家)
电力、热力、燃气及水生产和供应业	1	0	12	0
房地产业	2	135	203	1
建筑业	4	425	339	1
交通运输、仓储和邮政业	5	119	280	1
金融业	5	322	1 041	4
科学研究和技术服务业	4	52	127	2
批发和零售业	3	594	293	0
文化、体育和娱乐业	1	2	5	0
信息传输、软件和信息技术服务业	6	87	661	4

(续表)

行业门类	上市公司（家）	营业收入（亿元）	年末市值（亿元）	2016—2020年新增数（家）
制造业	110	3 034	9 391	54
综合	2	51	71	0
租赁和商务服务业	1	42	336	0
总计	144	4 863	12 759	67

从表4-2可以看到，制造业是苏州上市公司最集中的门类，占据了76%的公司数、62%的全年营业收入和74%的年末市值，其他门类中，信息传输、软件和信息技术服务业、金融业、交通运输、仓储和邮政业、科学研究和技术服务业、建筑业上市公司相对集中，但与制造业相比有非常大的差距。2016—2020年，新增上市公司中有54家属于制造业，占新增上市公司数的81%，说明最近5年来，苏州上市公司的门类分布向制造业进一步集中；但在此期间，苏州的金融业和信息传输、软件和信息技术服务业上市公司各增加了4家，这都反映了苏州高端服务业的较快发展。

2. 苏州制造业上市公司的行业大类分布

《国民经济行业分类》（GB/T 4754—2011）将所有经济活动在门类之下划分为96个行业大类，苏州上市公司涵盖了其中的34个大类，但除制造业外，每个大类的上市公司都很少，统计意义不明显，因此，本章着重关注苏州制造业上市公司的行业大类分布，见表4-3。

表4-3 苏州制造业上市公司的行业大类分布（2020年末）

制造业类别	上市公司（家）	营业收入（亿元）	年末市值（亿元）
电气机械和器材制造业	13	792	2 020
纺织业	2	20	61
非金属矿物制品业	1	20	68
黑色金属冶炼和压延加工业	1	144	242
化学纤维制造业	4	279	549
化学原料和化学制品制造业	7	131	421
计算机、通信和其他电子设备制造业	27	843	2 818
金属制品业	9	186	331
木材加工和木、竹、藤、棕、草制品业	1	16	50
皮革、毛皮、羽毛及其制品和制鞋业	1	9	13
汽车制造业	3	42	124
铁路、船舶、航空航天和其他运输设备制造业	1	6	61
通用设备制造业	11	160	626
文教、工美、体育和娱乐用品制造业	1	4	58

（续表）

制造业类别	上市公司（家）	营业收入（亿元）	年末市值（亿元）
橡胶和塑料制品业	5	59	375
医药制造业	3	51	395
仪器仪表制造业	3	27	105
有色金属冶炼和压延加工业	3	108	128
专用设备制造业	14	136	946
总计	110	3 033	9 391

从表4-3可以看到,苏州制造业上市公司分布在19个行业大类,最密集的是计算机、通信和其他电子设备制造业,其次是专用设备制造业、电气机械和器材制造业。其中计算机、通信和其他电子设备制造业占据了制造业25%的上市公司数、28%的营业收入和30%的市值,电气机械和器材制造业占据了12%的企业数、26%的营业收入和22%的市值,这两个行业大类的企业规模相对较大,专用设备制造业虽然企业数较多,但营业收入和市值总量均较低,企业规模较小。

第二节 苏州上市公司行业特征分析

一、苏州上市公司行业集中度分析

如上所述,苏州上市公司高度集中于第二产业尤其是制造业,这一现象与苏州产业结构的历史沿革和现状相符。那么,在全国范围内,以及和其他城市相比,苏州上市公司的行业集中情况如何呢?

从三次产业分布看,第一产业在全国范围内的上市公司就很少,苏州和对比城市都没有第一产业上市公司,这和各城市的城市化率较高有关。无论在各对比城市和全国范围内,第二产业上市公司都多于第三产业,但各对比城市的第二产业上市公司占比低于全国总体水平,而苏州第二产业上市公司占比高于全国总体水平,这说明,就上市公司而言,各对比城市在产业发展阶段上领先于苏州,见表4-4。

表4-4 苏州、对比城市和全国上市公司的产业分布 （单位：家）

行业门类	苏州	广州	杭州	南京	成都	武汉	对比城市合计	全国合计
第一产业								42
第二产业	115	72	99	53	59	40	323	2 926
第三产业	29	45	62	41	29	23	200	1 173
总计	144	117	161	94	88	63	523	4 141
第二产业占比(%)	80	62	61	56	67	63	62	71

第四章 苏州上市公司行业结构分析

从三次产业分布的上市公司市值看,苏州第二产业市值占比明显高过对比城市和全国平均水平,这与企业数分布的结果是一致的。各地的第二产业对第三产业的市值比均小于企业数之比,说明各地第三产业上市公司的平均市值都较高,见表4-5。

表 4-5 苏州、对比城市和全国上市公司年末市值的产业分布　　　　（单位:亿元）

行业门类	苏州	广州	杭州	南京	成都	武汉	对比城市合计	全国
第一产业								7 103
第二产业	9 742	10 665	16 180	4 671	8 199	5 266	44 981	519 494
第三产业	3 018	9 874	12 227	8 065	2 941	2 800	35 907	318 358
总　　计	12 760	20 539	28 407	12 736	11 140	8 066	80 888	844 955
第二产业占比(%)	76	52	57	37	74	65	56	61

将2015年末与2020年末的企业数、市值比较会发现,5年来,苏州、对比城市和全国的第二产业上市公司数占比均有所上升,但苏州第二产业上市公司市值占比略有下降,而参考城市和全国的第二产业上市公司市值占比却有所上升,这说明,苏州在利用金融市场"上市名额"方面的产业转型步伐,和其他对比城市以及全国都没有太大差别,但苏州第二产业上市公司呈现进一步小型化的趋势,见表4-6。

表 4-6 2015年末苏州与对比城市、全国上市公司三次产业比较

行业门类	2015年末上市公司数量(家)			2015年末市值(亿元)		
	苏州	对比城市	全国	苏州	对比城市	全国
第一产业			38			5 178
第二产业	60	176	1 889	6 858	25 528	296 968
第三产业	17	135	845	1 986	27 962	257 639
总　　计	77	311	2 772	8 844	53 490	559 785
第二产业占比(%)	78	57	68	78	48	53

从各行业门类的上市公司数和市值看,无论在全国还是在各对比城市,制造业都是上市公司数最多的行业、市值最集中的行业,这些与中国是一个制造业大国的现实是相匹配的。虽然上市公司在制造业集中是普遍现象,但苏州上市公司在制造业的企业集中度、市值集中度均高于全国,而对比城市上市公司在制造业的企业集中度低于全国,见表4-7和表4-8。

表 4-7 苏州、对比城市和全国上市公司的行业门类分布　　　　（单位:家）

行　业　门　类	苏州	广州	杭州	南京	成都	武汉	对比城市	全国
采矿业		1	1				2	77
电力、热力、燃气及水生产和供应业	1	4	4	3	6	4	21	114

(续表)

行业门类	苏州	广州	杭州	南京	成都	武汉	对比城市	全国
房地产业	2	4	7	3	1	2	17	123
建筑业	4	2	3	2	3	5	15	100
交通运输、仓储和邮政业	5	7		4	1	2	14	107
教育							0	8
金融业	5	2	7	6	3	2	20	122
居民服务、修理和其他服务业							0	1
科学研究和技术服务业	4	4	1	3	3		11	58
农、林、牧、渔业							0	43
批发和零售业	3	3	7	11	3	10	34	170
水利、环境和公共设施管理业		1	2	3		2	8	72
卫生和社会工作		1	3				4	12
文化、体育和娱乐业	1	2	5	2	2	3	14	59
信息传输、软件和信息技术服务业	6	13	26	8	13	2	62	340
制造业	110	66	91	48	50	31	286	2 652
住宿和餐饮业		1		1			2	10
综合	2				1		1	16
租赁和商务服务业	1	6	4		2		12	57
总计	144	117	161	94	88	63	523	4 141
制造业占比（%）	76	56	57	51	57	49	55	64

表 4-8　苏州、对比城市和全国上市公司市值的行业门类分布　　　（单位：亿元）

行业门类	苏州	广州	杭州	南京	成都	武汉	对比城市	全国
采矿业		270	71				341	29 830
电力、热力、燃气及水生产和供应业	12	453	628	408	849	419	2 757	19 942
房地产业	203	1 988	373	199	141	70	2 771	19 694
建筑业	339	74	54	139	274	422	963	12 238
交通运输、仓储和邮政业	280	1 661		623	82	81	2 447	26 248

(续表)

行业门类	苏州	广州	杭州	南京	成都	武汉	对比城市	全国
教育								2 504
金融业	1 041	1 521	3 625	3 888	1 205	871	11 110	172 339
居民服务、修理和其他服务业								12
科学研究和技术服务业	127	323	27	143	325		818	8 167
农、林、牧、渔业								7 179
批发和零售业	293	574	862	1 181	173	1 505	4 295	15 385
水利、环境和公共设施管理业		82	294	102		40	518	4 424
卫生和社会工作		589	2 496				3 085	7 157
文化、体育和娱乐业	5	110	793	184	132	148	1 367	6 015
信息传输、软件和信息技术服务业	661	939	3 498	1 722	626	84	6 869	41 792
制造业	9 391	10 137	15 426	4 124	7 076	4 425	41 188	459 472
住宿和餐饮业		53		24			77	882
综合	71				61		61	847
租赁和商务服务业	336	1 764	259		196		2 219	10 827
总计	12 760	20 538	28 406	12 737	11 140	8 065	80 888	844 954
制造业占比(%)	74	49	54	32	64	55	51	54

将2015年末与2020年末苏州和各对比城市的分行业企业数、市值对比,列举在表4-9内。发现苏州制造业上市公司数量和市值占比均上升,与对比城市和全国整体趋势相同。

表4-9 2015年末苏州与对比城市、全国上市公司行业分布比较

行业门类	2015年末上市公司数量(家)			2015年末市值(亿元)		
	苏州	对比城市	全国	苏州	对比城市	全国
采矿业		1	70		78	34 818
电力、热力、燃气及水生产和供应业	1	19	98	51	3 615	20 577
房地产业	1	16	119	131	2 854	26 339
建筑业	3	9	69	462	1 086	16 828
交通运输、仓储和邮政业	4	10	85	296	2 052	18 866
教育		0	7		0	494

(续表)

行业门类	2015年末上市公司数量(家)			2015年末市值(亿元)		
	苏州	对比城市	全国	苏州	对比城市	全国
金融业	1	8	79	434	5 011	124 695
科学研究和技术服务业	2	5	24	199	336	2 235
农、林、牧、渔业		0	39		0	5 217
批发和零售业	3	29	144	310	4 410	17 963
水利、环境和公共设施管理业		4	44		474	4 974
卫生和社会工作		3	11		478	1 751
文化、体育和娱乐业	1	10	41	93	2 371	10 187
信息传输、软件和信息技术服务业	2	38	209	199	6 275	35 597
制造业	56	148	1 665	6 345	20 827	227 429
住宿和餐饮业		2	9		100	885
综合	2	1	16	240	24	1 759
租赁和商务服务业	1	8	43	84	3 498	9 171
总计	77	311	2 772	8 844	53 489	559 785
制造业占比(%)	73	48	60	72	39	41

根据表4-7、表4-8中的信息,可以计算出苏州、对比城市和全国范围内的各上市公司在企业数、市值上的赫芬达尔指数 H(3)①,描绘在图4-1内,更全面地刻画行业集中情况。

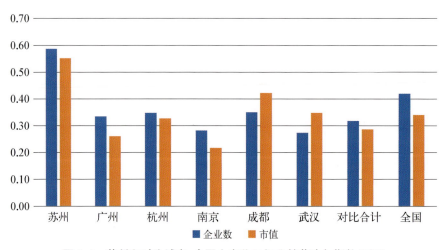

图 4-1 苏州和对比城市、全国上市公司行业赫芬达尔指数 H(3)

---

① 赫芬达尔指数是一种测量集中度的指标。它是指总体中前几位所占份额的平方和。上市企业/市值数的行业赫芬达尔指数 H(3),就是上市公司数量/市值前三多的行业,其上市公司数/市值占上市公司总数/市值的比例的平方之和,该指数越接近于1,说明分布越集中。

第四章 苏州上市公司行业结构分析

从赫芬达尔指数可以看到,无论在企业数上,还是在市值上,苏州上市公司的赫芬达尔指数都明显高于全国水平,而各对比城市的企业赫芬达尔指数均低于全国水平,部分城市的市值赫芬达尔指数高于全国水平,对比城市合计的企业和市值赫芬达尔指数也都低于全国水平。这表明,对比城市上市公司的总体集中度低于全国,而多元化程度高于全国,苏州则与对比城市正相反。

二、苏州上市公司行业先进度分析

在长期以来实行上市核准制的背景下,公司上市意味着对金融市场"资源"的使用。如果上市的公司位于一个更先进、更受金融市场欢迎的行业,能够产生更多利润、获得更高估值,那么它就能用好这张金融市场的"门票",对这个城市的同行业企业产生更强的示范效应,更多地辐射上下游企业,推动城市产业转型升级。相反,如果上市公司所在行业自身盈利能力一般、不受金融市场青睐,那么该公司的上市就是对地区金融资源的无效占用,无法提高本地上市公司的整体形象。本章希望找出分布于先进行业的上市公司,分析各城市上市公司的行业先进度,同时也需要关注一下城市是否有较多的上市公司位于落后行业。

1. 先进行业的确定

先进行业(产业)在全世界、全国并无明确的定义或范围[①]。本章讨论的行业先进性,不是纯技术层面上的,而是财务业绩和金融市场表现上的先进,所以在这里尝试根据上市公司的客观数据,自行划定先进行业范围。

先进行业应该在当前能比其他行业创造更多的增加值,在未来有更好的增长前景。在上市公司公开的数据中,盈利能力可以从侧面反映增加值创造能力,在这里仍然用总资产收益率(ROA)和净资产收益率(ROE)作为盈利能力指标;用市净率(PB)来反映企业的增长前景,若市净率较高,说明即便企业当前客观财务指标不高,但投资者仍然愿意付出较高的价格获得企业股份,即投资者看好企业的增长前景[②]。

本章按照 Wind 行业分类标准将上市公司归类。Wind 行业分类标准是 Wind 资讯在广泛借鉴国内外证券市场的行业分类标准(主要是全球行业分类系统,Global Industry Classification Standard,GICS)后,考虑中国证券市场特征后,推出的满足于市场投资研究需要的行业分类标准。目前我国上市公司分布在 24 个 Wind 二级行业,62 个三级行业里,本章的研究细化到三级行业。

每个上市公司均有个体的 ROA、ROE、PB 值,但为避免个体值算术平均易受极值影响的问题,并减少单一年度行业特定行情的影响,本章使用多年行业总量重新计算 ROA、ROE、PB 值,纳入计算样本的是 2015 年末已上市的企业,选取 2016—2020 年的总量数据进行计算。ROA 按照"行业 5 年净利润之和/行业 5 年年末总资产之和"计算,ROE 按照"行

[①] 我国目前定义工业战略性新兴产业包括节能环保产业、新一代信息技术产业、生物产业、高端设备制造产业、新能源产业、新材料产业、新能源汽车产业等七大产业;高技术制造业包括医药制造业、航空、航天器及设备制造业、电子及通信设备制造业、计算机及办公设备制造业、医疗仪器设备及仪器仪表制造业、信息化学品制造业;各地会根据其产业基础和发展目标,提出一些重点发展的行业,如苏州"十三五"期间提出的"先进制造业"就包括新一代电子信息、高端装备制造、新材料、软件和集成电路、新能源与节能环保、医疗器械和生物医药等行业,而苏州产业转型升级的目标又包括发展文化业、金融业等。但是,各地的先进产业范围并不一致,全国性的新兴产业、高技术制造业又未涵盖第三产业的各部门,且很难与上市公司所处行业一一对应。

[②] 市盈率反映的也是类似信息,但当净利润为负数时,市盈率指标就失去了意义,所以这里只使用市净率指标。

083

业 5 年净利润之和/行业 5 年年末所有者权益之和"计算,PB 值按照"行业 5 年年末总市值之和/行业 5 年年末所有者权益之和"计算。每个行业均有自己的 ROA、ROE、PB 排名名次(值最高为第 1 名),将三个排名以 1∶1∶2 的权重加权相加(即最终盈利性和成长性排名影响各占一半),得到各行业的总排名,总排名越低,视作该行业越先进。2015 年末我国上市公司共涵盖了 61 个 Wind 三级行业,将总排名的前 1/3,即前 20 个行业归类为先进行业,其数据列举在表 4-10 内①。

表 4-10　按照 Wind 行业标准分类的先进行业排名

Wind 三级行业	ROA(%)及排名	ROE(%)及排名	市净率及排名	三项排名序数加权和	总排名
饮料	13.92(1)	20.1(1)	6.94(1)	4	1
生物科技Ⅲ	8.58(2)	11.55(7)	6.07(3)	15	2
食品	7.26(3)	13.47(3)	3.85(7)	20	3
家庭耐用消费品	6.01(6)	15.51(2)	2.95(19)	46	4
医疗保健设备与用品	5.32(7)	8.49(16)	3.22(12)	47	5
航空货运与物流Ⅲ	3.75(16)	9.34(11)	3.4(10)	47	6
生命科学工具和服务Ⅲ	4.42(10)	5.97(38)	6.25(2)	52	7
制药	4.89(8)	8.12(18)	3.02(18)	62	8
医疗保健提供商与服务	3.81(15)	9.57(10)	2.85(20)	65	9
个人用品Ⅲ	4.1(11)	7.02(26)	3.04(16)	69	10
酒店、餐馆与休闲Ⅲ	3.89(14)	10.57(9)	2.6(24)	71	11
软件	3.56(20)	5.46(41)	4.62(5)	71	12
专业服务	2.78(26)	6.31(35)	3.07(14)	89	13
建材Ⅲ	6.51(4)	13.38(4)	1.54(41)	90	14
半导体产品与半导体设备	2.5(34)	5.35(42)	3.51(9)	94	15
汽车零配件	3.91(13)	7.92(21)	2.07(32)	98	16
容器与包装	3.58(19)	7(27)	2.3(29)	104	17
电脑与外围设备	3.21(23)	6.63(31)	2.54(25)	104	18
电子设备、仪器和元件	2.72(28)	6.13(37)	2.83(21)	107	19
汽车	3.6(18)	9.32(12)	1.6(39)	108	20

说明:括号内为该产业该指标的单项排名。

此外,总排名最后的 10 个行业分别是石油、天然气与供消费用燃料、建筑与工程Ⅲ、海运Ⅲ、消费品经销商Ⅲ、商业银行、能源设备与服务、多元金融服务、专营零售、航空Ⅲ、多元电信服务。本章在分析时称之为"落后行业",需要说明的是,这些行业并不一定在技术上落

---

① 到 2020 年末,我国上市公司涵盖的三级行业数是 62 个,经对比,新增行业为"办公电子设备Ⅲ",只有 2020 年上市的一家企业"中船汉光",位于邯郸市,数据较少,且不在对比城市范围内,因此不列入此统计对比。

后(如能源设备与服务),在经济运行中的地位也可能非常重要(如商业银行),只是就地区来说,这些公司上市后不一定能够获得金融市场的认可,在打造地区上市公司形象、统筹本地上市资源等方面效率不高。

2. 各地上市公司在先进行业的分布

将苏州、对比城市和全国位于先进行业和落后行业的上市公司数、5 年来新增上市公司数及其比例汇总在表 4-11 内。

表 4-11 苏州、对比城市和全国位于先进和落后行业的上市公司数量和比例

城　市	2020 年末先进行业家数	2020 年末落后行业家数	2016—2020 年新增先进家数	2016—2020 年新增落后家数	先进行业上市公司占比(%)	新增先进行业上市公司占比(%)
苏　州	57	10	31	5	40	46
广　州	42	6	18	1	36	38
杭　州	53	9	24	5	33	33
南　京	22	15	15	7	23	37
成　都	30	7	12	1	34	40
武　汉	22	7	12	2	35	60
对比城市合计	169	44	81	16	32	38
全　国	1 541	289	602	75	37	44

说明:新增先进行业上市公司数占比=新增先进行业上市公司数/新增上市公司数。

可以看到,2020 年苏州位于先进行业的上市公司占比超过了对比城市和全国总体水平,且近 5 年以来的新增上市公司中,位于先进行业的公司占比也较高。这既是苏州市支持优质企业上市政策导向的成果,也是我国科创板市场创立后,对上市企业盈利要求放宽,使得更多具备良好前景、附加值较高的企业能够在国内上市的结果①。但与此同时,苏州仍有不少上市公司位于落后行业,相对于全国和对比城市并无优势。譬如,近年来苏州新增了 4 家上市商业银行,虽然有效地增加了苏州上市公司的市值(规模相对较大),但银行本身并不是金融市场的强势行业,苏州上市银行的市值表现也只是平平。

三、苏州制造业上市公司的行业代表性分析

各城市的上市公司是各地各行业的中坚力量,代表着各地各行业能利用资本市场获得发展的那部分生产资源。如果某行业某地上市公司的营业收入占该地该行业产值比例较高,就说明该行业的生产资源已较为充分地接入了资本市场,由上市公司来代表;反之,则说明该地上市公司未能代表该行业,该行业对资本市场利用不足。

所有上市公司的营业收入都是公开数据,但现有统计数据只公布制造业产值,因此,只

---

① 我们在《苏州上市公司发展报告 2019》中曾提到,一些前期投入较大,盈利周期长,与我国 A 股上市的两年、三年盈利要求存在冲突的高科技初创企业,会选择去海外上市,如苏州的信达生物、同程艺龙等。科创板的设立能够缓解这种冲突。

有制造业的上市公司才能分析其行业代表性,由于苏州上市公司大量集中于制造业,所以针对制造业的分析还是有较强现实意义的。本章从苏州市统计局公布的《2021年苏州市情市力》中获得了苏州市2020年规模以上制造业各行业的产值,将苏州各制造行业上市公司的营业收入除以对应行业产值,得到了反映制造行业上市公司行业代表性的比率,汇总在表4-12内。

表4-12 苏州制造业上市公司营业收入与制造业产值比例关系

行　业	2020年主要数据			2019年该行业上市公司营业收入占行业产值比例(%)
	营业收入(亿元)	全市产值(亿元)	营收占产值比例(%)	
化学纤维制造业	279	841	33.2	30.5
电气机械和器材制造业	792	2 747	28.8	28.6
金属制品业	186	1 168	15.9	18.3
有色金属冶炼及压延加工业	108	759	14.2	14
医药制造业	51	517	9.9	15.5
专用设备制造业	136	1 689	8.1	7.5
计算机、通信和其他电子设备制造业	843	10 675	7.9	6.7
化学原料和化学制品制造业	131	1 685	7.8	5.9
黑色金属冶炼及压延加工业	144	2 464	5.8	5.8
通用设备制造业	160	2 893	5.5	4.9
仪器仪表制造业	27	530	5.1	3.7
橡胶和塑料制品业	59	1 362	4.3	2.2
非金属矿物制品业	20	758	2.6	1.7
文教、工美、体育和娱乐用品制造业	4	200	2.0	2.7
汽车制造业	42	1 993	2.1	1.4
纺织业	20	1 170	1.7	2.4
铁路、船舶、航空航天和其他运输设备制造业	6	352	1.7	
纺织服装、服饰业		365		
农副食品加工业		381		
食品制造业		208		
造纸和纸制品业		679		
制造业合计	3 008	33 436	9.0	8.5

2020年苏州有统计的制造业共有21个行业大类,其中,有上市公司对应的行业为17个[①]。

---

① 另外,苏州有两家上市公司分别属于木材加工和木、竹、藤、棕、草制品业和皮革、毛皮、羽毛及其制品和制鞋业,但市级的产值统计中没有出现这两个行业,在表中未做统计和对比。

2020年制造业上市公司营业收入合计约占制造业产值的8.8%。苏州上市公司的行业覆盖相对全面,产值前10位的制造行业均有上市公司,没有上市公司的制造行业为4个,行业产值合计只占苏州全市制造业产值的4.8%。各制造行业上市营收占比并不均匀,占比最高的是化学纤维制造业(33.2%),其次是电气机械和器材制造业(28.8%)、金属制品业(15.9%)、有色金属冶炼及压延加工业(14.2%),其余行业占比均在10%以下,如计算机、通信和其他电子设备制造业,虽然上市公司数量多,营业收入总量也不小,但相对于苏州庞大的该行业产值而言,上市公司营业收入只占产值的7.9%。

与2019年相比,2020年制造业上市公司营业收入占制造业产值的比例上升了0.3个百分点,有上市营收的行业增加了一个,上市营收占比靠前的行业未出现明显变化,这说明上市公司的行业代表性有了进一步提高。

四、苏州上市公司行业竞争力分析

本章从两个角度分析苏州各行业上市公司的竞争力,一是各行业上市公司的规模竞争力,用平均市值来反映,体现得到市场认可的公司规模,二是各行业上市公司的经营能力,用总资产收益率和净资产收益率这两个财务指标来反映,体现经营的最终目标即盈利。此外,本章还专门针对苏州近年来的摘牌、戴帽(ST)企业所在的行业做一些讨论。

1. 苏州主要上市行业公司的平均市值

由于包括苏州在内的多个城市,很多行业都只有1—2家上市公司,此时计算得到的平均市值主要反映公司个别情况,不宜据此对该地行业做出判断。因此,本章主要关注苏州上市公司分布相对密集的4个行业(以上市公司数达到或超过5家为标准),即制造业、信息传输、软件和信息技术服务业、交通运输、仓储和邮政业、金融业,将其平均市值、对比城市同类行业上市公司平均市值和全国同类行业上市公司平均市值都归纳在表4-13内。

表4-13 苏州、对比城市和全国上市公司主要行业2020年末平均市值 (单位:亿元)

行 业 门 类	苏州	广州	杭州	南京	成都	武汉	对比城市	全国
交通运输、仓储和邮政业	56	237		156	82	41	175	245
金融业	208	761	518	648	402	436	556	1 413
信息传输、软件和信息技术服务业	110	72	135	215	48	42	111	123
制造业	85	154	170	86	142	143	144	173

说明:各地数字中,高于苏州的用浅红底色表示,低于苏州的用浅绿底色表示,下同。

可以看到,苏州上市公司主要行业的平均市值均低于大多数对比城市,而对比城市的平均市值又多低于全国总体水平。这一方面说明,苏州各行业上市公司规模都相对较小,缺少规模竞争力;另一方面还说明,我国证券市场各行业的市值分布都集中于大企业,即便对比城市也都是经济实力较强的城市,但只要没有顶级的大企业,市值总体水平就也会偏低。

2. 苏州上市公司主要行业的收益率指标

总资产收益率(ROA)和净资产收益率(ROE)可以反映上市公司的盈利能力。同花顺数据库中给出了各上市公司的总资产收益率和净资产收益率,但若直接对各行业上市公司的收益率做算术平均,就无法反映各公司在规模上的差异,尤其是分城市、分行业的统计结果可能会被个别公司的极端数字扭曲。因此,本章在计算时,先统计分城市、分行业的2020年总资产、总所有者权益和总净利润,然后按照"ROA＝总净利润/总资产"、"ROE＝总净利润/总所有者权益"的算法,计算出苏州上市公司分布密集的4个行业的公司总资产收益率、净资产收益率,分别汇总在表4-14、表4-15中,并与对比城市、全国整体水平相比较。

表4-14　苏州、对比城市和全国主要行业2020年总资产收益率　　　　（单位：%）

行业门类	苏州	广州	杭州	南京	成都	武汉	对比城市	全国
交通运输、仓储和邮政业	0.7	−2.2		5.5	1.8	2.2	−0.8	−0.1
金融业	0.8	2.8	0.8	0.9	1.2	1.3	1.0	0.9
信息传输、软件和信息技术服务业	−0.3	−6.9	4.9	5.3	−0.4	2.8	2.2	2.1
制造业	1.7	5.6	6.4	4.6	3.8	3.9	5.3	4.2

表4-15　苏州、对比城市和全国主要行业2020年净资产收益率　　　　（单位：%）

行业门类	苏州	广州	杭州	南京	成都	武汉	对比城市	全国
交通运输、仓储和邮政业	1.2	−6.6		9.6	4.4	4.6	−2.0	−0.2
金融业	8.2	12.0	9.5	9.4	10.9	5.4	9.7	9.9
信息传输、软件和信息技术服务业	−0.4	−12.9	7.9	8.8	−0.9	5.3	3.9	3.4
制造业	3.5	9.8	13.1	9.4	7.7	7.6	10.4	8.7

可以看到,除交通运输、仓储和邮政业外,苏州市主要上市行业的公司,其总资产收益率和净资产收益率,都落后于对比城市,也落后于全国,制造业尤其明显。

3. 苏州问题上市公司的行业特征分析

2020年末的144家苏州上市公司中,有2家在2021年退市(002450康得退、002071长城退),还有一家离开了苏州(601599浙文影业,原鹿港文化),其中,康德退(康得新)财务造假强制退市一案引发了市场的强烈关注。此外,苏州目前还有三家上市公司(002499＊ST科林、300325＊ST德威、600083＊ST博信)戴着＊ST帽子,处于退市边缘。这里先梳理一下这些公司的大致问题,再从行业角度归纳一些经验教训。

康德退希望在原有新材料(光学涂膜)市场饱和的情况下,进入虚拟现实(VR/AR)、互联网金融(P2P网贷)、碳纤维等更"时髦"的领域,但长期亏损,现金流紧张,走上了财务造假的道路。

长城退的前身是张家港的江苏宏宝,主业是工具五金生产和汽配、钢管、锻造,于2006年上市,在2014年完成了资产重组,将壳资源卖给了长城影视(实控人和业务位于浙江),长城影视经营不善退市了,而宏宝集团自身的业务仍然正常开展。

＊ST德威原来也是材料行业的,经营高分子线缆材料,但在市场表现不佳的情况下,试

图转型进入氢能源领域失败；＊ST科林原来是为钢铁行业制造袋式除尘设备的企业，近几年，在钢铁去产能的大背景下，袋式除尘业务表现不佳，该企业转型光伏业务失败。

原鹿港文化本身是由纺织业上市公司"鹿港科技"转型而来的，2014年起鹿港科技进军影视行业，收购了世纪长龙、天意影视，最终形成了纺织＋影视双主业格局，公司也于2016年更名鹿港文化，但在2018、2019年严重亏损，最终在2020年引入浙江文控入股，公司也迁往浙江离开了苏州。

＊ST博信的实际业务尚不在苏州，该股票是著名的壳资源，1997年以"红光实业"身份上市，后因上市欺诈行为受到处理，几经转手，目前控股权在苏州市姑苏区国资委手中，其原主业长期空虚，实控人尚未注入新业务。

除了＊ST博信外，康德退、长城退、＊ST科林、＊ST德威、原鹿港文化的共同特点，都是在原有主营业务(制造业)饱和或衰退情况下，试图转型到资本市场更青睐、更能讲出"故事"的行业，譬如光伏、氢能源、影视、虚拟现实等，但这些行业有的并未经过长时间的市场考验，有的经营逻辑和方法与制造业迥异，所以这些公司的转型都不成功。相对来说，长城退（原股东为江苏宏宝）和原鹿港文化的原股东找到了新的投资人，重组成功，基本平安地离开了证券市场。因此，当主营业务表现不佳时，如果能够审时度势，急流勇退，趁壳资源还有价值的时候出售获得现金，也不失为苏州产业资本的一条出路；而如果要进行产业转型，则需要对新行业有更深刻了解后再审慎进入，不能盲目追赶资本市场的热点。

第三节　苏州上市公司行业结构的问题和改善策略

一、苏州上市公司行业结构的问题

1. 上市公司分布过度集中

如前所述，苏州上市公司在企业数、营业收入和市值各方面，都高度集中于制造业上，其他行业上市公司数较少，集中程度超过了全国平均水平，就赫芬达尔指数看，集中情况与发展水平、阶段相似的城市有较大的差异；从2015年到2020年，集中趋势不但未见缓解，反而有进一步加强的趋势。这种过度集中一方面不利于苏州其他行业的企业利用资本市场，另一方面，也会使苏州板块股票的价格和形象过多受制于制造业周期。

2. 位于先进行业的上市公司数量相对较多

2020年苏州先进行业上市公司占全部上市公司的比重，超过了全国和所有对比城市；近年来新增上市公司中位于先进行业的比例也很高。通过企业在A股(尤其是科创板)的上市，苏州正将更多的资源导入先进行业。但与此同时，新增上市公司中也有不少位于落后行业，这些行业的财务绩效和市场绩效都相对不佳，不利于苏州板块整体形象提升。

3. 上市行业与城市行业基础不匹配

苏州制造业有些行业上市公司营收占行业产值比例很高，有些行业却很低甚至没有，尤其是苏州制造业产值最大的计算机、通信和其他电子设备制造业，虽然上市公司已经很多了，但由上市公司完成的营收占比仍然偏低。这说明，苏州各行业的制造业利用资本市场的能力与其规模不匹配，市场对苏州板块股票的印象也会与苏州本地行业发展状况脱节。当然,出现这一现象也有其客观原因:上市公司需要一定的规模要求,部分行业的公司规模普遍过小,无法上市,有些行业的产能集中度又较高,上市一两家大企业就会带来较高的营收占比,部分行业大量产能系外商投资企业贡献,目前无法在我国证券市场上市。

4. 规模和收益竞争力均不足

2020年末苏州主要上市行业公司的平均市值、收益率不但低于多数对比城市,而且还低于全国平均水平,这表明,苏州各行业上市公司在规模和收益上相对于其他城市缺少竞争力。上市公司的市值规模是上市公司开展业务的信用基础之一,规模较小,会限制苏州上市公司在业务拓展、融资等环节的空间,尤其是不利于一些资产较轻、依靠投资者信心来获取资金的新兴行业发展;对照几年来的上市公司发展报告可以看出,苏州主要上市行业公司的收益率常年不佳,苏州的公司虽"小"却不"美",以至于出现了部分公司盲目实施转型的失败案例。

二、改善苏州上市公司行业结构和竞争力的策略

1. 升级城市行业基础

苏州上市公司行业结构的改善,主要应通过增量来实现,即增加那些存在不足行业的上市公司,而非让上市公司数量较多行业的上市公司退出。要通过增量来调整行业结构,就要有符合调整结构目标的城市行业基础:对于要增加上市企业的行业,要有一批达到上市基本要求、分布在各行业尤其是先进行业的备选企业,而为了要有这批达标企业,每个行业就要有一系列从未达标到正准备达标的企业梯队,以及为这些企业提供生态支持的周边小企业。推动城市行业基础升级转型,是匹配上市公司与城市行业基础、提高上市行业先进程度、实现上市公司行业多元化分布的根本策略。

2. 先进行业上市公司深耕主营业务

2020年苏州市位于先进行业的上市公司数量比对比城市都多,但上市公司的规模和收益率竞争力却不高。这说明,苏州的上市公司虽然已经在行业门槛上跨进了"先进",但却未能真正在竞争力上"先进"起来,不足以拉动全市上市公司的表现。这些上市公司需要不忘初心,坚持在主营业务上深耕,将行业的先进性发挥出来。因为本章的先进行业本来就是根据财务业绩和市场业绩筛选出来的,所以在先进行业深耕主营业务,也是和企业所有者的利益激励相容的。

3. 业绩不佳的上市公司理性转型

部分上市公司业绩不佳后会尝试转型或者业务多元化,但转型需要考虑公司的现有基础和市场态势,不能单纯因为资本市场青睐,而盲目进入一些新行业;如果转型风险较大,那么在价格合适的情况下,及时将壳资源转让变现,收缩原有业务,手持现金等待时机,也不失是一条可行的策略。

4. 为企业壮大提供微观激励和多层次金融支持

在苏州上市公司行业竞争力分析中发现,上市公司规模竞争力差既是苏州所有上市公司普遍存在的现象,也是各对比城市(发展阶段类似的"二线城市")所共同面临的问题。近年来随着我国经济的供给侧改革、中国制造2025计划的推进,上市公司竞争力的马太效应正逐步呈现,苏州作为二线城市,资源有限,企业的发展主要还是依靠微观主体的经营,政策引导只能发挥辅助作用:通过进一步完善产权和法治,鼓励企业积极发展壮大,并在风险可

控的情况下,建议金融机构适当为苏州本地上市公司提供多层次金融支持,使之能扩大资产规模,更好地与全国其他企业竞争。

需要说明的是,目前针对苏州上市公司行业竞争力改善的建议,基于苏州各行业上市公司竞争力不存在明显分化的前提,在未来应继续监测对比各行业上市公司的竞争力,根据情况变化而制定更有针对性的策略。

本 章 小 结

本章以苏州上市公司所处产业、行业为研究对象,研究了苏州上市公司的产业、行业分布,分析了苏州上市公司的行业集中度、行业先进度、行业代表性和行业竞争力等结构特征,将其与全国整体水平,以及广州、杭州、南京、成都、武汉等5个有可比性的城市做了对比,并对比列举了最近5年来苏州上市公司产业、行业分布和结构的变化情况。

本章发现,苏州大多数上市公司均属第二产业,且最近5年来,苏州上市公司的产业分布进一步向第二产业集中;制造业是苏州上市公司最集中的门类,制造业明显密集分布的大类主要是计算机、通信和其他电子设备制造业、电气机械和器材制造业、专用设备制造业。与对比城市相比,苏州上市公司过度集中于制造业,不利于苏州其他行业的企业利用资本市场,并使苏州板块股票的价格和形象波动受制造业周期的影响过大。

本章综合考虑了收益率和市值指标,根据我国所有上市公司最近5年来的实际表现,在61个Wind三级行业中筛选出20个行业为先进行业,10个为落后行业,发现近年来随着大量公司新增上市,苏州上市公司位于先进行业的比例稳步提高,占比已超过了全国和对比城市平均水平。本章还发现,苏州各制造行业上市公司营收占行业产值之比高低不一,上市行业与城市行业基础仍不够匹配,部分高产值行业上市公司营收占比较低。

本章发现,苏州上市公司主要行业的平均市值和竞争力都低于大多数对比城市和全国总体水平,部分上市公司盲目开展转型和多元化,成效不佳。

针对发现的问题,为改善苏州上市公司的行业结构和行业竞争力,本章立足于增量改进,提出了包括升级城市行业基础、先进行业上市公司深耕主营业务、业绩不佳的上市公司理性转型、以及为企业壮大提供微观激励和多层次金融支持等4条策略建议。

第五章

苏州上市公司再融资规模与影响分析

本章将上市公司再融资的范畴界定为：上市公司在首次公开发行股票（IPO）以后，通过证券市场以配股、增发新股、发行可转换债券或发行公司债券等方式，向投资者再次筹集资金的行为。上市公司利用证券市场进行再融资，是其能够快速扩张持续发展的重要动力源泉之一。再融资对于上市公司而言，不仅能够扩大经营规模，还可以加大研发和创新投入，有助于推动企业转型升级；对地方经济而言，再融资能够引进外部投资，带动配套资源向上市公司集中，并且辐射到上下游产业链的众多中小企业，拉动经济的整体转型和升级。本章对苏州上市公司2020年度再融资规模、结构及募集资金应用效果进行分析，对苏州地区上市公司的再融资能力进行横向对比研究，并为提高苏州地区上市公司再融资能力提出相关的对策和建议。

第一节 苏州上市公司再融资规模与结构分析

随着我国资本市场的建设及发展，我国上市公司的再融资规模不断扩大，再融资的方式也日益多样化。在目前我国资本市场持续发展的背景下，苏州地区上市公司数量不断增加，苏州地区上市公司的再融资方式也呈现出多样化的结构。苏州上市公司利用资本市场再融资，增强资金实力，进一步扩大自身的经营规模，积极进行产业转型、升级，增强上市企业的市场活力，积极助推苏州区域经济的发展。

一、我国上市公司再融资现状

我国上市公司再融资的方式可以分为股权融资与债务融资两大类。股权融资的再融资方式主要有增发、配股和发行可转换债券。上市公司向全体社会公众发售股票简称为增发，增发分为定向增发和非定向增发，增发认购股份可以以现金方式认购，也可以以资产方式认购。配股是上市公司向现有股东折价发行股票以筹集资金的行为，我国证监会成立后，配股的政策和规定陆续出台，配股融资需要具备一定的条件。可转换债券是指具有固定面值和一定存续期限的，并且持有人有权在规定期限内按照一定比例将其转换成发行公司普通股票的债务凭证。

上市公司进行债务融资的工具主要有发行企业债和公司债券。我国企业债券的发行程序中，发行企业债券需要经国家发改委审批。公司债券是指上市公司依照法定程序发行、约定在一年以上期限内还本付息的有价证券。公司债券是由证监会监管的中长期直接融资品种，发行公司债券的企业包括股份有限公司和有限责任公司，对发债主体的限制较企业债券宽松，范围较企业债券有所扩大，符合发行公司债券机构的数量远远大于发行企业债券机构的数量。发行公司债券可以以公开和非公开的方式进行。非公开发行债券不用履行核准程序，但对发行对象的选择、发行方式等方面有特定要求。非公开发行债券是公司经证券承销商或自行在证券市场上向限定的合格投资者以非公开的方式销售债券。非公开发行公司债券的公司为股份有限公司或者有限责任公司。发行的对象是应当具备相应的风险识别和承担能力，知悉并自行承担公司债券的投资风险的合格投资者，以及发行人的董事、监事、高级管理人员及持股比例超过百分之五的股东。每次发行对象不得超过200人。发行方式为非公开发行，只能针对特定少数人进行债券发售，而不能公开向不特定的一般投资者进行劝募，不得采用广告、公开劝诱和变相公开方式进行募集。非公开发行公司债券，可以申请在证券交易所、全国中小企业股份转让系统、机构间私募产品报价与服务系统、证券公司柜台发行和转让。

近些年来我国金融监管部门也积极倡导推行一些新型的债务型再融资工具，满足不同种类上市公司的多样化的再融资需求。创新性再融资工具包括可分离交易可转债、短期融资券、中期票据、集合票据。发行公司为降低债券融资的成本，或增加债券的吸引力，向债券认购者配送公司的认股权证，这种与普通可转债较为相似的金融产品就是可分离交易可转债。短期融资券是指企业依照法定条件和程序在银行间债券市场发行和交易并约定在一定期限内还本付息的有价证券；中期票据是指期限通常在5—10年的票据；集合票据是指2个以上、10个以下具有法人资格的中小企业债务融资工具，集合发行能够解决单个企业独立发行规模小、流动性不足等问题。

多样化的再融资体系所包括的再融资方式还有资产证券化，资产证券化是以特定资产组合或特定现金流为支持，发行可交易证券的一种融资形式。根据证券化的基础资产不同，可以将资产证券化分为不动产证券化、应收账款证券化、信贷资产证券化、未来收益证券化、债券组合证券化等类别。

近年来，一种新型债务融资工具在银行间债券市场兴起，在银行间债券市场以非公开定向发行方式发行的债务融资工具称为非公开定向债务融资工具（private placement note，PPN），是向特定数量的投资人发行的债务融资工具，并限定在特定投资人范围内流通转让。其发行方式具有灵活性强、发行相对便利、信息披露要求相对简化、适合投资者个性化需求、有限度流通等特点。由于采取非公开方式发行，非公开发行方案灵活，利率、规模、资金用途等条款可由发行人与投资者通过一对一的谈判协商确定。发行定向融资工具只需向定向投资人披露信息，无需履行公开披露信息义务。

根据Wind数据库的统计，2020年全年我国A股市场首发上市融资1 228.31亿元，比2019年IPO规模减少了1 304.17亿元；2020年再融资方式中的公开增发25.71亿元，相比2019年的公开增发规模下降了63.79亿元；2020年定向增发大爆发，定向增发的再融资规模达8 462.29亿元，比2019年定向增发增加了1 713.08亿元，2020年全国定向增发规模比2019年增长了25.38%；2020年配股再融资募集资金626.74亿元，是2019年配股规模的3.73倍；2020年发行可转债募集资金2 585.54亿，比2019年减少了91.35亿元；2020年A股市场发行公司债券33 697.45亿元，比2019年增加了8 540.42亿元，增长率达33.95%。将表5-1中的五种再融资方式金额合计，2020年再融资规模合计45 397.73亿元，较2019年再融资规模合计金额34 840.77亿元增长了10 556.96亿元。2020年再融资结构也发生了变化，定向增发规模在2016年高峰期后持续下降，但在2020年定向增发又出现了上升的趋势，2020年公司债券发行规模也有大幅度上升，产生变化的主要原因是证监会发布的再融资政策变化的影响。

表 5-1 我国 A 股市场近年来主要融资方式的规模状况 （单位：亿元）

年 份	IPO	公开增发	定向增发	配股	可转债	公司债
2016	1 496.08	0	17 211.92	175.94	212.52	14 898.79
2017	2 301.09	0	12 575.98	202.50	945.26	10 618.64
2018	1 378.15	0	7 641.35	188.78	774.75	16 160.94
2019	2 532.48	89.50	6 749.21	168.14	2 676.89	25 157.03
2020	1 228.31	25.71	8 462.29	626.74	2 585.54	33 697.45

注：2016—2019年数据来自同花顺数据库，2020年度数据来自 Wind 数据库。

二、我国再融资政策的变化及原因分析

我国上市公司的再融资方式及结构受到监管部门相关政策的影响，证券监管部门依据以往上市公司再融资行为的表现及影响、市场情况的变化，不断对再融资政策进行调整、修正以适应市场的变化。

2006年4月证监会颁布的《上市公司证券发行管理办法》，与2007年9月颁布的《上市公司非公开发行股票实施细则》、2014年颁布的《创业板上市公司证券发行管理暂行办法》，一起构成了我国上市公司的再融资制度体系的基本内容。这套再融资制度体系的最大特色是引入了非公开发行制度，而且对上市公司非公开发行（定向增发），除了基本的合法合规经营外，几乎不设置任何实质性的财务条件（创业板有最近两年盈利的要求）。由于发行条件宽松、定价灵活，定向增发受到了不少上市公司的青睐。这套再融资制度体系建立以后，再融资在上市公司整体融资方式中的比重就不断提高，2016年再融资规模创下历史之最，其中定向增发规模高达1.72万亿。但是部分上市公司跨界融资、频繁融资，融资规模远超实际需要量，影响了资本市场资金配置的效率。此外，大量定向增发股份解禁后，股东和机构的大规模减持也成为市场的"失血点"。2017年2月17日，证监会对《上市公司非公开发行股票实施细则》部分条文进行了修订，此次证监会对《上市公司非公开发行股票实施细则》的修订，直指定向增发过度融资、高折价利益输送以及再融资品种结构失衡，主要目的在于重构融资格局，包括再融资不同方式之间、首发和再融资之间，以期达到在满足上市公司正当合理的融资需求前提下，优化融资结构、服务供给侧改革、引导资金流向实体经济最需要的地方。2017年再融资新政出台后，主要从以下三个方面对上市公司的再融资带来了影响：一是上市公司申请非公开发行股票的，拟发行的股份数量不得超过本次发行前总股本的20%；二是上市公司申请增发、配股、非公开发行股票的，本次发行董事会决议日距离前次募集资金到位日原则上不得少于18个月。前次募集资金包括首发、增发、配股、非公开发行股票。但对于发行可转债、优先股和创业板小额快速融资的，不受此期限限制；三是上市公司申请再融资时，除金融类企业外，原则上最近一期末不得存在持有金额较大、期限较长的交易性金融资产和可供出售的金融资产、借予他人款项、委托理财等财务性投资情形。2017年5月，证监会发布了《上市公司股东、董监高减持股份的若干规定》（以下简称"减持新

规"),减持新规在减持数量、减持方式以及信息披露等方面对上市公司股东的减持股份行为作出了较为严格的要求,沪深交易所也同步出台了相关减持实施细则,意在封堵减持制度漏洞,维护市场秩序。

2017年再融资新政以及减持新规一方面对上市公司的再融资行为进行限时、限价和限量的规定,增加了上市公司定向增发的难度,促使上市公司转向发行可转债、公司债等再融资方式;另一方面使得资金提供方的资金成本和风险增加,降低了市场的流动性。2017年至2019年全年上市公司定向增发的规模从2016年度定向增发的高峰规模开始回落,2017年开始上市公司可转债的发行规模及公司债券的发行规模显著增加,从而改变了定向增发在再融资结构中一家独大的局面,债务融资比重明显上升,优化再融资结构的效果明显。再融资结构的优化,这不仅为上市公司再融资渠道和结构带来了积极变化,也从多个维度引导投资者关注价值投资而非短期逐利,明确募集资金用于实处,有助于营造健康的投融资市场,真正实现资金"脱虚向实"。但同时再融资新政和减持新规也给上市公司的经营带来了巨大的压力,上市公司为缓解日益绷紧的资金链,不断地进行股权质押,在经济下行压力加大和市场环境恶化的双重压力下,很多上市公司出现了股权质押风险。

为进一步缓解上市公司的流动性风险,2018年11月,证监会修订发布《发行监管问答——关于引导规范上市公司融资行为的监管要求》(以下简称《监管问答》),明确通过配股、发行优先股或董事会确定发行对象的非公开发行股票方式募集资金的,可以将募集资金全部用于补充流动资金和偿还债务。并且允许前次募集资金基本使用完毕或募集资金投向未发生变更且按计划投入的上市公司,申请增发、配股、非公开发行股票不受18个月融资间隔限制,但相应间隔原则上不得少于6个月。此次修订在严格控制上市公司定增再融资规模的基础上,放宽了上市公司两类再融资资金使用范围。此次政策修订标志着再融资政策有所放松,意在引导上市公司聚焦主业、理性融资、合理确定融资规模、提高募集资金使用效率,防止将募集资金变相用于财务性投资,政策导向是以扶持实体经济为重点。

2019年7月5日,证监会发布了《再融资业务若干问题解答》,共针对涉及再融资具有共性的法律问题与财务会计问题修订了30条解答,涵盖同业竞争、关联交易、公开承诺、重大违法行为核查、发行人涉诉事项、对外担保、募集资金用途、募投项目实施方式、非公开发行认购资金来源、股东大会决议有效期、大比例质押、土地问题及相关信息披露等。本次的问题解答定位于相关法律法规则准则在再融资审核业务中的具体理解、适用和专业指引,主要涉及再融资具有共性的法律问题与财务会计问题,以供各再融资申请人和相关中介机构对照使用。

2020年2月14日证监会发布《关于修改〈上市公司证券发行管理办法〉的决定》《关于修改〈创业板上市公司证券发行管理暂行办法〉的决定》《关于修改〈上市公司非公开发行股票实施细则〉的决定》(以下简称《2020年再融资新规》),修改后的再融资规则自发布之日起施行,精简再融资发行条件、优化非公开制度安排和延长批文有效期等规则,松绑主板、中小板和创业板的再融资要求,再融资政策规范与鼓励并行,定向增发市场步入了新阶段。为进一步支持上市公司做优做强,回应市场关切,证监会同步对《发行监管问答——关于引导规范上市公司融资行为的监管要求》(以下简称《再融资问答》)进行修订,适度放宽非公开发行股票融资规模限制。

《2020年再融资规则》《再融资问答》主要从增加发行对象数量、调整定价基准日、放宽发行价格折扣、放宽非公开发行股票融资规模限制、缩短股份锁定期、精简创业板上市公司再融资条件、限制明股实债等七个方面优化了非公开发行机制,主要修订内容包括:一是增加发行对象数量,将目前主板和创业板上市公司非公开发行股票发行对象数量分别不超过10名和5名,统一调整为不超过35名;二是调整定价基准日,恢复"锁价发行"定价机制。调整了主板和创业板上市公司非公开发行股票的定价基准日的规定,恢复了"锁价发行"的定价机制;三是放宽发行价格折扣,将上市公司非公开发行股票的发行价格不得低于定价基准日前二十个交易日公司股票均价的90%修改为80%;四是放宽非公开发行股票融资规模限制,将拟发行的股份数量由"不得超过本次发行前总股本的20%"修改为"原则上不得超过本次发行前总股本的30%";五是缩短股份锁定期,且不适用减持规则的规定,将锁定期由主板36个月、创业板12个月分别缩短至18个月和6个月,并且通过非公开发行股票取得的上市公司股份,其减持不适用《上市公司股东、董监高减持股份的若干规定》的有关规定;六是精简创业板上市公司再融资条件,拓宽创业板再融资服务覆盖面,取消创业板上市公司非公开发行股票连续2年盈利的条件,取消创业板上市公司公开发行证券最近一期末资产负债率高于45%的条件,取消创业板上市公司前次募集资金基本使用完毕,且使用进度和效果与披露情况基本一致的条件,将其调整为信息披露要求,将再融资批文有效期从6个月延长至12个月,上市公司有了更多的机会选择发行窗口;七是明确不得作出保底保收益承诺、提供财务资助或者补偿,上市公司及其控股股东、实际控制人、主要股东不得向发行对象作出保底保收益或变相保底保收益承诺,且不得直接或通过利益相关方向发行对象提供财务资助或者补偿。

2020年《上市公司证券发行管理办法》《创业板上市公司证券发行管理暂行办法》《上市公司非公开发行股票实施细则》及《再融资问答》的修订,旨在深化金融供给侧结构性改革,完善再融资市场化约束机制,增强资本市场服务实体经济的能力,助力上市公司抗击疫情、恢复生产,支持上市公司做优做强。

三、苏州上市公司再融资规模与结构统计

本章从同花顺数据库、Wind数据库查询苏州上市公司的再融资情况,苏州地区上市公司2016年至2020年再融资的总体情况统计,见表5-2和表5-3。

表5-2 2016—2020年苏州上市公司再融资笔数及规模

	苏州A股上市公司数量(家)	再融资公司(家)	再融资笔数(笔)	再融资总规模(亿元)
2016年	90	25	31	545.03
2017年	104	18	23	443.77
2018年	107	21	25	932.23
2019年	120	16	17	230.21
2020年	144	22	25	512.34

注1:同一家上市公司在同一年度内以同一种方式多次再融资,合并为一笔再融资统计。
注2:2016—2019年数据来自同花顺数据库,2020年度数据来自Wind数据库。

表 5-3 2016—2020 年苏州上市公司再融资规模及结构汇总表　　（单位：亿元）

年　　度	2016	2017	2018	2019	2020
增　发	398.61	213.87	701.82	5.19	151.57
配　股	0	0	0	4.94	59.86
可转债	5.1	0	90.1	48.08	17.84
公司债	26	126.80	71	43	89.5
企业债	0	0	0	0	0
可分离可转债	0	0	0	0	0
中期票据	0	54.00	14.3	0	0
短期融资券	67	44.00	27	109	178
集合票据	0	0	0	0	0
资产支持证券	48.32	5.10	28.01	0	14.57
非公开定向债务融资工具	0	0	0	20	1
合　计	545.03	443.77	932.23	230.21	512.34

注：2016—2019 年数据来自同花顺数据库，2020 年度数据来自 Wind 数据库。

2020 年苏州上市公司再融资具体情况见表 5-4。

表 5-4 2020 年苏州 22 家上市公司 25 笔再融资具体情况

公司名称	再融资方式	再融资金额（亿元）	募集资金去向
天瑞仪器	增发	1.44	1. 补充上市公司流动资金 2. 支付本次交易中介机构费用
苏州固锝	增发	3.92	1. 基于 QFN 技术的系统级封装（SiP）项目 2. 发行股份苏州晶银新材料股份有限公司 45.20% 股权 3. 新节能型表面贴装功率器件项目 4. 光伏旁路集成模块系列项目 5. 永久补充公司流动资金
华软科技	增发	9.71	发行股份购买奥得赛化学 98.94% 股权
东山精密	增发	28.92	1. 年产 40 万平方米精细线路柔性线路板及配套装配扩产项目 2. Multek 印刷电路板生产线技术改造项目 3. 盐城东山通信技术有限公司无线模块生产建设项目 4. Multek5G 高速高频高密度印刷电路板技术改造项目
怡球资源	增发	2.43	补充流动资金
科德教育	增发	3.00	1. 本次交易的现金对价 2. 发行股份购买龙门教育 50.17% 的股权 3. 重组相关费用 4. 上市公司偿还银行贷款 5. 永久补充流动资金

（续表）

公司名称	再融资方式	再融资金额（亿元）	募集资金去向
亨通光电	增发	50.40	发行股份购买华为海洋网络（香港）有限公司51％股权
华兴源创	增发	3.37	1. 本次交易的现金对价 2. 发行股份购买苏州欧立通自动化科技有限公司100％的股权 3. 上市公司补充流动资金 4. 重组相关费用
建研院	增发	1.99	1. 支付重组现金对价 2. 发行股份购买上海中测行工程检测咨询有限公司100％的股权 3. 支付中介费用等交易税费 4. 补充流动资金
晶瑞股份	增发	3.00	1. 本次交易的现金对价 2. 发行股份购买载元派尔森100％股权 3. 重组相关费用 4. 上市公司补充流动资金及偿还银行贷款 5. 载元派尔森NVP项目
东方盛虹	增发	36.10	融资收购其他资产
麦迪科技	增发	7.28	项目融资
东吴证券	配股	59.86	无公示募集资金去向
东吴证券	公司债	68	在上海证券交易所公开发行三期公司债，募集资金扣除发行等相关费用后，均用于补充公司营运资金，偿还公司有息债务等，满足公司业务发展需要，进一步优化负债结构和改善财务结构（数据来源于东吴证券2020年年报）
东吴证券	短期融资券	178	2020年度累计发行十四期，发行规模合计178亿（数据来源于东吴证券2020年年报）
斯莱克	可转债	3.88	1. 易拉罐盖及电池壳生产线项目 2. 补充流动资金
法兰泰克	可转债	3.30	1. 智能高空作业平台项目 2. 补充流动资金
苏试试验	可转债	3.10	1. 苏试试验北方检测中心项目 2. 苏州苏试广博环境可靠性实验室有限公司 3. 武汉实验室建设项目 4. 补充流动资金
春秋电子	可转债	2.40	1. 年产3 000万件消费电子精密金属构件生产线及200套精密模具智能生产线项目（一期） 2. 补充流动资金
苏州科达	可转债	5.16	1. 视频人工智能产业化项目 2. 云视讯产业化项目 3. 营销网络建设项目 4. 补充流动资金

（续表）

公司名称	再融资方式	再融资金额（亿元）	募集资金去向
常熟银行	资产支持证券	14.57	个人住房抵押贷款
苏州高新	定向债务融资	1	非公开发行"20污水债"用于防疫物资采购、疫情防控相关的升级改造及补充流动资金（摘自苏州高新2020年年报）
苏州高新	公司债	17	公开发行"20苏新01"公司债，将扣除承销费用后的募集资金16.898亿元用于置换"18苏新01""18苏新02"回售兑付资金及"16苏新债"部分本金（摘自苏州高新2020年年报）
保税科技	公司债	4	根据发行人的财务状况和资金需求情况，本期债券扣除发行费用后，拟用于补充公司流动资金和/或偿还公司有息债务
凯伦股份	公司债	0.5	本期债券募集资金扣除发行费用后，3 500万元用于高分子防水材料项目建设，1 500万元用于补充受疫情影响较大的黄冈凯伦新材料有限公司的流动资金

注：除部分数据来自上市公司年报外，其余数据来自 Wind 数据库。

四、苏州上市公司 2020 年再融资状况分析

根据表 5-2、表 5-3 和表 5-4 的内容，对苏州上市公司 2020 年再融资的总体状况作如下具体分析：

1. 2020 年再融资规模较 2019 年显著增加

2020 年苏州 144 家上市公司中有 22 家公司有 25 笔再融资行为，有再融资行为的上市公司在上市公司总数中的占比是 15.28%。2020 年苏州上市公司的再融资所筹集的资金规模比 2019 年再融资所筹集的资金规模增加了 282.13 亿元，增长幅度为 122.55%。增长的主要原因是定向增发规模明显增长，2019 年采用定向增发的苏州上市公司只有 4 家，合计定向增发募集资金总额为 5.19 亿元，而 2020 年有 12 家苏州上市公司定向增发规模合计为 151.57 亿元，2020 年苏州上市公司定向增发总规模是 2019 年定向增发总规模的 29.2 倍，定向增发增长率高到 2 820.42%。另一种股权融资方式——配股 2020 年度也显著增长，2020 年度配股规模是 2019 年度的 12.12 倍。苏州地区上市公司 2020 年可转债发行规模相比 2019 年则显著下降了 62.90%。2020 年度苏州上市公司股权形式的再融资规模显著增加，与 A 股市场 2020 年度的再融资增长情况一致，也明显受到 2020 再融资新规的影响，再融资规模增长的同时再融资结构上有明显的变化。

2. 再融资结构变化明显、股权融资的占比上升

根据表 5-3 可见，2020 年再融资方式中配股和增发较 2019 年有明显的增长，2020 年苏州地区上市公司股权融资在 2020 年全年再融资总规模的占比从 2019 年的 25.29% 上升到了 44.75%。2019 年苏州地区上市公司再融资总规模中债务融资占比高达 74.71%，其主要原因是定增发行受 2017 年再融资政策的持续性影响明显，作为替代的债务融资形式在再融

资中占比上升明显。而受2020年2月颁布的再融资新政的影响,再融资政策放松,定向增发规模增长显著,2020年苏州地区上市公司再融资总规模中债务融资占比从2019年的74.71%下降到55.25%,见表5-5。

表5-5 2016—2020年苏州上市公司股权融资与债务融资占比(%)

年　　度	2016	2017	2018	2019	2020
股权融资	74.07	48.19	84.95	25.29	44.75
债务融资	25.93	51.81	15.05	74.71	55.25

注:2016—2019年数据来自同花顺数据库,2020年度数据来自Wind数据库。

3. 东吴证券2020年再融资规模显著增长

2020年东吴证券有三种形式的再融资:配股募资59.86亿元,公司债发行规模68亿元,短期融资券发行规模178亿元,合计再融资规模305.86亿,占2020年度苏州地区上市公司再融资总规模的59.70%,2020年东吴证券再融资规模是其2019年再融资规模的10倍之多。2020年中国A股市场保持平稳运行,交易活跃度显著提升,叠加资本市场改革加速推进,证券行业经营环境和经营业绩持续改善。2020年资本市场注册制改革进一步推进,叠加证监会对再融资的持续"松绑",让作为资本市场改革重要中介机构的券商企业在投行业务方面迎来了"春天",同时使得2019年券商定增、配股再融资方式遇冷的局面出现了扭转。在资本市场改革和监管打造航母级券商的时代,及时补充资本实力成为券商实现可持续发展的重要驱动力量。

2020年以来,多家券商通过定增、配股、发行债券等方式补充资金,积极扩表。券商再融资除了在数量上出现大反弹之外,从募资用途上看,扩大投资和交易业务规模、发展资本中介业务、增资子公司为券商募资的三大重点投向,中小规模券商通过资本补充实现特色化转型发展。东吴证券积极把握改革的历史机遇,积极应对行业竞争格局,以再融资方式补充资金实力,谋求公司持续的高质量发展。

4. 再融资募集资金去向主要用于主营业务的项目投资

2020年苏州上市公司的25笔再融资中,除去东吴证券、常熟银行、苏州高新的6笔再融资,其余19笔再融资主要是由制造业类、信息传输、软件和信息技术服务业类上市公司募集资金,募集资金去向绝大部分用于新建项目投资或用于补充流动资金,说明再融资募集资金用途主要用于上市企业主营业务,这与监管部门对再融资资金的规范性引导用于主业经营保持一致。对疫情影响较大的上市企业通过再融资补充资金,保持企业活力,推动上市企业的可持续发展及支持苏州地区实体经济的发展大有裨益。

第二节　苏州上市公司再融资能力及再融资影响分析

一般认为,影响上市公司再融资能力的因素主要有:盈利能力、资本运作能力、总体获利能力、资本规模、资本结构、成长能力、公司背景、收益波动率等。

一、苏州上市公司 2020 年再融资能力状况

上市公司利用资本市场的再融资功能,可以推进上市公司快速发展、做优做强,提升上市公司质量和核心竞争力。本文提出再融资能力概念,来代表上市公司利用资本市场平台综合开展股票融资、债券融资的水平。具体而言,再融资能力的衡量用如下公式所示:

$$再融资能力 = 股票融资强度 + 债券融资强度$$

其中,股票融资强度为苏州上市公司当年发行股票与增发融资额与净资产的比例;债券融资强度为苏州上市公司当年发行债券融资额与总资产的比例。根据上述定义,2020 年 22 家苏州上市公司的再融资能力计算结果如表 5-6 所示。

表 5-6 2020 年苏州上市公司再融资能力(%)

公司简称	股票融资强度	债券融资强度	再融资能力	行　业
天瑞仪器	7.54		7.54	仪器仪表制造业
苏州固锝	18.68		18.68	计算机、通信和其他电子设备制造业
华软科技	61.72		61.72	软件和信息技术服务业
东山精密	30.15		30.15	计算机、通信和其他电子设备制造业
怡球资源	9.15		9.15	有色金属冶炼和压延加工业
科德教育	21.70		21.70	教育
亨通光电	35.30		35.30	电气机械和器材制造业
华兴源创	10.88		10.88	专用设备制造业
建研院	21.17		21.17	专业技术服务业
晶瑞股份	25.43		25.43	化学原料和化学制品制造业
东方盛虹	18.16		18.16	制造业
麦迪科技	59.28		59.28	信息传输、软件和信息技术服务业
东吴证券	21.89	23.32	45.21	金融业
斯莱克	34.64		34.64	制造业
法兰泰克	30.86		30.86	制造业
苏试试验	39.16		39.16	专业技术服务业
春秋电子	19.29		19.29	计算机、通信和其他电子设备制造业
苏州科达	65.97		65.97	计算机、通信和其他电子设备制造业
常熟银行		5.02	5.02	金融业
苏州高新		72.15	72.15	房地产业
保税科技		0.22	0.22	交通运输、仓储和邮政业
凯伦股份		2.22	2.22	制造业

注:2020 年度数据来自 Wind 数据库。

将表 5-6 中苏州发生再融资行为的上市公司,按照定义的再融资能力进行归类,信息传输、软件和信息技术服务业类公司股票融资强度较高,华软科技、麦迪科技、苏州科达三家这类公司的股票融资强度都在 50% 以上,其中苏州科达的股票融资强度最高。金融类上市公司中东吴证券再融资能力表现突出,东吴证券股票融资强度和债券融资强度较均衡,再融资能力 45.21%。

二、苏州上市公司 2020 年再融资状况的横向比较

从全国范围看,苏州地区上市公司数量增长较快,上市后保持较强的再融资能力,也是推动上市公司进一步发展的重要影响因素。下文将上海市、深圳市上市公司的同期再融资情况和苏州市上市公司再融资情况做横向比较。分别见表 5-7 和表 5-8。

表 5-7　2016—2020 年上海市上市公司再融资规模及结构(亿元)

年　　度	2016	2017	2018	2019	2020
增　发	1 204.54	669.53	556.71	531.24	659.21
配　股	0	0	0	0	2.34
可转债	0	150.33	2	586.18	183.35
公司债	532.93	80.8	1 358.43	365.25	266.88
企业债	0	0	50	0	0
可分离可转债	0	0	0	0	0
中期票据	172.2	81.8	725.5	372	193
短期融资券	1 675.25	499	2 724.3	2 403	3 180.8
集合票据	0	0	0	0	0
资产支持证券	0	0	0	155.14	235.6
非公开定向债务融资工具	0	0	0	22	15
合　计	3 584.92	1 481.46	5 416.94	4 434.81	4 736.18

注:2016—2019 年数据来自同花顺数据库,2020 年度数据来自 Wind 数据库。

表 5-8　2016—2020 年深圳市上市公司再融资规模及结构(亿元)

年　　度	2016	2017	2018	2019	2020
增　发	828.39	962.51	460.271 9	502.15	759.48
配　股	0	0	25.566 1	0	138.89
可转债	12	19	61.474 3	108.27	252.93
公司债	183.5	241.4	540.77	346.38	429.46
企业债	10	0	20	43	0
可分离可转债	0	0	0	0	0

(续表)

年　　度	2016	2017	2018	2019	2020
中期票据	193	100	256	111	268
短期融资券	495.6	228	1 236	2 913.5	576.50
集合票据	0	0	0	0	0
资产支持证券	266.35	588.21	1 066.394 7	1 839.15	895.96
非公开定向债务融资工具	0	0	0	0	0
合　计	1 988.84	2 139.12	3 666.477	5 863.45	3 321.22

注：2016—2019 年数据来自同花顺数据库，2020 年度数据来自 Wind 数据库。

将表 5-3 中苏州上市公司的再融资规模与表 5-7、表 5-8 中的同期上海、深圳地区的上市公司的再融资规模进行对比，2020 年上海地区上市公司再融资规模较 2019 年有小幅度增长，再融资募集的资金规模为 4 736.18 亿元，是苏州上市公司 2020 年再融资规模的 9.24 倍。2020 年深圳地区上市公司再融资规模较 2019 年显著下降，再融资募集的资金规模为 3 321.23 亿元，是苏州上市公司 2020 年再融资规模的 6.48 倍。同时期数据的比较说明，上海市上市公司受再融资政策的影响相对较小，保持了持续、稳定的再融资能力。从再融资结构状况看，2020 年苏州上市公司再融资总额中股权融资占比是 44.75%，而同期上海地区上市公司再融资总额中股权融资占比是 17.84%，深圳地区上市公司再融资总额中股权融资占比是 34.66%，可见苏州地区上市公司股权融资占比偏高，有明显的股权融资偏好，债务融资工具应用不足，再融资结构多样化程度不高。

通过与同期沪深地区上市公司再融资情况的横向比较发现，苏州上市公司再融资规模仍偏小，再融资方式多样化程度还不高。相比上海、深圳地区，2020 年苏州上市公司再融资规模及结构较往年变化较大，说明其再融资受政策面影响的程度更明显。

三、苏州上市公司 2020 年再融资影响分析

上市公司再融资行为对上市公司经营行为产生直接的影响，从经营规模及经营绩效方面可以看出再融资募集资金运用的效果，上市公司再融资行为对市场方面也有相关影响。本文以上市公司为研究对象，上市公司再融资行为的影响主要以上市公司的经营规模及盈利指标的变化来体现。本文选取了资产规模、营业收入、利润总额三个反映经营规模的指标，选取了净资产收益率(ROE)、总资产收益率(ROA)和投入资本收益率(ROIC)三个盈利性指标，将 2020 年的指标与 2019 年的相应指标对比，考察苏州市 2020 年有再融资行为的上市公司在再融资前后其经营规模及盈利性的变化情况。

1. 再融资对苏州上市公司经营规模的影响

2020 年有再融资行为的 20 家苏州上市公司(不包括东吴证券、常熟银行)，其 2020 年平均资产规模、平均营业收入、平均利润较 2019 年度水平都有所上升，具体而言，2020 年有再融资行为的 20 家苏州上市公司的平均资产规模增长了 20.8%，平均营业收入增长了 4.74%，平均利润总额增长了 18.95%，见表 5-9 和图 5-1。

表 5-9 2020 年苏州 20 家再融资上市公司的经营规模比较(亿元)

上市公司	资产规模		营业收入		利润总额	
	2019	2020	2019	2020	2019	2020
怡球资源	33.889 9	35.340 6	17.510 6	15.350 3	0.942 3	2.093 6
天瑞仪器	19.414 9	24.585 9	5.146 4	5.185 5	0.885	1.48
苏州科达	27.065 5	33.088 4	24.501 5	22.426 9	−0.325 2	0.240 5
苏州高新	193.132	211.112 8	91.38	100.41	0.999 1	2.495 2
苏州固锝	18.452 1	24.020 8	8.929 3	9.211 4	0.894 4	0.863 3
苏试试验	17.875 6	20.106 6	4.918 7	5.695 3	0.563 2	0.394 4
斯莱克	18.737 9	21.393 9	5.767 8	6.121 1	1.145 1	0.791 5
麦迪科技	7.846 8	15.310 7	3.217 1	2.630 9	0.569 1	0.493
科德教育	12.894 7	22.503 7	4.026 4	3.522 7	0.674 5	0.079 1
凯伦股份	19.997	32.499 5	11.593 8	20.537 3	1.401	3.171 9
晶瑞股份	9.757 3	15.567 9	2.491 5	2.649	0.066 6	0.030 1
建研院	10.352 4	12.238 6	0.31	0.264 2	0.147	0.347 4
华兴源创	21.465 5	34.636 6	12.537 1	13.316 8	2.060 5	1.826 6
华软科技	17.157 9	27.252 4	3.589 9	1.898 2	−1.478	−0.849 3
亨通光电	240.095 3	278.004 4	64.409 2	43.089 5	3.938 6	2.94
法兰泰克	17.306 9	21.325 7	6.507 1	7.948 5	0.556 5	1.382 7
东山精密	191.515 3	189.604 5	50.512 1	41.763	0.542 7	1.909 2
东方盛虹	206.849 5	290.192 9	10.449 5	33.599 2	4.963 3	2.019 2
春秋电子	17.707 4	24.949 4	8.064 6	15.044 7	0.626	0.390 5
保税科技	21.246 6	22.566 1	18.77	20.64	−0.269 7	0.576 9
平均值	56.14	67.82	17.73	18.57	0.95	1.13

注：数据来自 Wind 数据库。

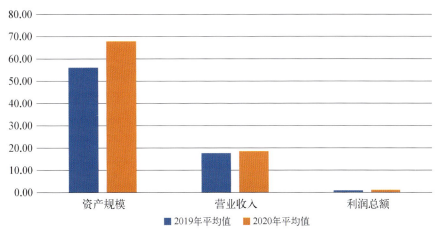

图 5-1 2020 年苏州 20 家再融资上市公司的经营规模比较(亿元)

苏州两家有再融资行为的上市金融机构经营规模变化情况如下：

根据东吴证券2020年度报告,东吴证券2020年资产规模1 054.75亿元,较2019年的962.34亿元增长了9.6%;东吴证券2020年营业收入规模为73.56亿元,较2019年的51.30亿元增长了43.39%,东吴证券2020年净利润总额17.07亿元,较2019年的10.37亿元增长了65.03%。

根据常熟农商银行2020年度报告,2020年资产规模2 086.85亿元,较2019年的1 848.39亿元增长了12.9%;2020年营业收入规模为65.82亿元,较2019年的65.45亿元增长了2.13%,2020年净利润总额18.03亿元,较2019年的17.85亿元增长了1.10%。

总体而言,通过各种方式的再融资,苏州22家有再融资行为的上市公司的资金实力得以壮大,经营规模也得以增长,营业收入增加,在2020年经济下行的宏观经济环境下,平均利润还有一定程度的增长,说明苏州地区有再融资行为的上市公司韧性较强,在经济下行期仍保持较强的活力。

2. 再融资对苏州上市公司盈利性的影响

根据表5-10,将2020年苏州市20家(不包括东吴证券、常熟银行)有再融资行为的上市公司的盈利性指标的平均值作图,由图5-2中可见,2020年20家上市公司(不包括东吴证券、常熟银行)的ROE、ROA与ROIC比2019年度水平均有所上升,具体上升情况为:ROE上升了2.93%,ROA上升了0.68%,ROIC上升了0.94%。可见,从平均值来分析,通过再融资增强了苏州上市公司的经营实力,在2020年经济下行的不利环境下,以ROA、ROE和ROIC衡量的上市公司的平均盈利水平的指标都有所上升,说明苏州有再融资行为的上市公司(金融机构类上市公司除外)的盈利水平上升。

表5-10 2020年苏州20家再融资上市公司的盈利性指标对比

上市公司	ROE(%)		ROA(%)		ROIC(%)	
	2019	2020	2019	2020	2019	2020
怡球资源	4.328 5	15.323 6	4.121 8	11.316 1	4.120 2	10.981
天瑞仪器	1.312 1	1.280 2	2.208 6	2.118 8	1.790 1	1.066
苏州科达	5.121 2	4.532 9	2.780 6	3.036	3.993 6	4.337 3
苏州高新	3.958 1	3.215 6	2.995 1	1.719 6	2.932 1	2.006 2
苏州固锝	5.782 2	4.983 9	7.556 6	5.003 4	7.450 4	5.309 7
苏试试验	10.643 1	13.222 5	6.993 3	7.958 2	8.496 9	9.66
斯莱克	9.787 7	6.320 5	7.276 4	4.984 6	7.530 6	4.912 3
麦迪科技	9.656 2	4.108 7	7.833 4	4.729 1	8.329 9	4.630 4
科德教育	10.373 9	13.233 4	13.233 6	11.136 9	13.102	10.549 5
凯伦股份	18.157 7	23.259 4	11.816 2	12.038	12.841 4	14.849 5
晶瑞股份	5.825 9	8.185 4	4.938 9	6.567 7	5.191 9	6.858 8
建研院	9.592 9	11.196 2	8.175 9	10.368 4	9.732 6	11.505 3
华兴源创	12.563 7	10.467 5	11.219	9.938 1	12.279	10.313

(续表)

上市公司	ROE(%)		ROA(%)		ROIC(%)	
	2019	2020	2019	2020	2019	2020
华软科技	−42.040 5	3.073 2	−10.745 2	4.008 5	−16.086 1	3.927 2
亨通光电	10.440 8	6.308 3	5.819	4.303 4	6.934 2	5.065 6
法兰泰克	10.848 6	14.206 3	6.434 1	7.287 2	8.377 2	10.067 8
东山精密	8.237	14.092 8	4.247 8	6.242 4	5.780 3	7.920 8
东方盛虹	11.967 9	2.004 4	8.216 4	1.831 6	8.966 5	1.667 1
春秋电子	10.613 1	14.886 4	6.870 9	8.734	8.786 1	11.656 3
保税科技	8.381	10.333 8	8.246 1	10.536 5	6.942 1	8.952 2
平均值	6.28	9.21	6.01	6.69	6.37	7.31

注：数据来自各上市公司年报。

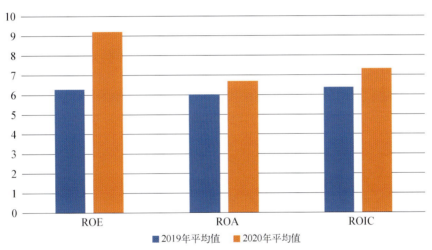

图 5-2 2020 年苏州 20 家再融资上市公司的盈利性指标平均值比较(%)

作为金融机构,东吴证券、常熟银行的盈利性指标与制造业类等上市公司的盈利性指标不适合一并进行平均值的统计,具体分析这 2 家金融机构 2020 年度盈利指标如下:

东吴证券 2020 年年报中的财务数据显示,2020 年基本每股收益为 0.46 元,较 2019 年的基本每股收益 0.33 元增加了 0.13 元;2020 年加权平均净资产收益率为 6.61%,较 2019 年的加权平均净资产收益率 5.07%,增加了 1.54%。2020 年新冠肺炎疫情蔓延全球,各国政府出台刺激政策应对疫情带来的冲击。在党中央的正确领导下,中国不仅率先控制住疫情,而且率先恢复经济正增长,全年 GDP 同比增速 2.3%,为世界经济注入信心和活力。在这一背景下,中国 A 股市场保持平稳运行,交易活跃度显著提升,叠加资本市场改革加速推进,证券行业经营环境和经营业绩持续改善。面对复杂严峻的形势,东吴证券全面统筹疫情防控和业务发展,积极把握资本市场改革的历史机遇,牢固树立"坚持根据地、融入长三角、服务中小微"的战略导向,各项工作取得显著成效,经营业绩持续上扬,有力巩固、扩大了上一年的向好态势,为实现高质量发展打下坚实基础。

常熟农商银行2020年年报中的财务数据显示,2020年基本每股收益为0.63元,较2019年的基本每股收益0.69元略有下降;2020年加权平均净资产收益率为11.52%,较2019年的加权平均净资产收益率10.34%略有上升。疫情对银行业的盈利有不利影响,常熟农商银行2020年度盈利能力略有下降。

总体而言,通过各种方式的再融资,苏州上市公司的资金实力得以壮大,经营规模也得以增长,在2020年经济受疫情影响,市场环境不稳定,一些行业发展面对困境的情况下,有再融资行为的苏州地区上市公司的盈利水平总体还有一定的上升。

第三节 苏州上市公司再融资存在的问题及对策研究

一、苏州上市公司再融资中存在的问题

从以上对苏州上市公司2020年的再融资状况、再融资能力及再融资影响的分析,可以看出苏州上市公司再融资中存在以下问题:

1. 受再融资政策影响明显,定向增发规模变化幅度大

2016年苏州上市公司定向增发规模398.61亿元,占当年再融资总规模的73.14%;2017年苏州上市公司定向增发规模213.87亿元,占当年再融资总规模的48.19%;2018年苏州上市公司定向增发规模701.82亿元,占当年再融资总规模的75.28%。受2017年再融资新政和减持新规的持续性影响,其他替代性的再融资方式没有相应的增长,叠加2019年市场因素的影响,苏州上市公司2019年定向增发规模急剧下降,2019年苏州上市公司定向增发规模是5.19亿元,仅占2019年再融资总规模的2.25%。2020年再融资新政发布之后,2020年苏州上市公司定向增发总规模151.57亿元,是2019年定向增发总规模的29.2倍,定向增发规模的增长率高达2 820.42%,而2020年全国A股市场定向增发规模较2019年的增长幅度是25.38%。通过历年数据比较可见,苏州地区上市公司的定向增发状况成为影响再融资规模变动的关键因素,而苏州地区上市公司定向增发的规模受再融资政策的影响明显,从而影响了再融资能力的稳定性。

2. 再融资结构的变化体现为股权融资占比明显上升

从表5-5可以看出,近5年苏州上市公司的再融资结构很不稳定,定向增发规模较高的年份,股权融资占比就较高。2019年由于定向增发规模下降,股权融资占比从2018年的84.95%下降到2019年的25.29%,2019年的债务融资的占比达到5年来的最高值74.71%,而2020年债务融资占比下降到55.25%,再融资结构的变化不是上市公司主动调整再融资结构的结果,而是受再融资政策影响的结果。苏州地区上市公司再融资结构的不稳定,反映出上市公司一定程度上没有建立多元化的再融资结构体系,依赖定向增发的股权融资偏好没有改观。

二、提升苏州上市公司再融资能力的对策

本文从上市公司、监管层面探讨进一步提升苏州地区上市公司再融资能力、优化上市公司再融资结构的相关对策,以促进苏州地区上市公司通过再融资方式可持续、高质量发展。

1. 上市公司要加强对 2020 年再融资新规的解读能力

近年来我国证券市场的再融资政策随着经济、市场状况和上市企业的行为调整较为频繁,上市公司要及时加强对新的再融资政策的解读能力,充分领悟监管部门政策的指导思想,掌握适用于本公司的再融资条件的具体要求,研究监管部门对再融资项目的审核要点,从而积极充分地做好再融资项目的预案,有利于提高再融资项目发行成功率,提升再融资项目募集资金满额率。

2020 年再融资新规是 2020 年 2 月 14 日证监会发布的《关于修改〈上市公司证券发行管理办法〉的决定》《关于修改〈创业板上市公司证券发行管理暂行办法〉的决定》《关于修改〈上市公司非公开发行股票实施细则〉的决定》,再融资新规自发布之日起施行。与 2019 年 11 月 8 日发布的征求意见稿相比,不变的亮点是,"定价 8 折、锁定期 6 个月、减持不限",同时新增三个亮点:一是发行规模由不超过原总股本 20% 提升至 30%;二是新老划断标准由"批文时间"改为"实施时间","新老划断"适用从由核准批文印发调整为发行完成时点。正式稿施行后,再融资申请已经发行完毕的,适用修改之前的相关规则;在审或者已取得批文、尚未完成发行且批文仍在有效期内的,适用修改之后的新规则;二是强化对明股实债行为监管,将上市公司及其控股股东、实际控制人、主要股东扩大至前述主体的关联方。从 2020 年再融资新规的修改和制定的总体思路来看,主板、创业板均贯彻大力推动上市公司提高质量、落实以信息披露为核心的注册制理念、努力提高上市公司融资效率三个原则。落实至具体规则上,科创板与主板、创业板在部分限制条件上较为一致,再融资新规较以前规则也较为宽松,市场化程度与融资效率将得到进一步提升。

2020 年再融资新规放宽了供给准入,通过提高定增股本比例上限,让创业板企业获得与主板同等的机会,将再融资批文有效期从 6 个月延长至 12 个月,提供更多发行窗口选择,增加再融资项目发行成功的概率。上市公司申请非公开发行股票的,拟发行的股份数量原则上不得超过本次发行前总股本的 20% 提升至 30%。取消创业板公开发行证券最近一期末资产负债率高于 45% 的条件;取消创业板非公开发行股票连续 2 年盈利的条件,有助于创业板亏损企业实施重大资产重组募集配套资金,优化资产配置。将创业板前次募集资金基本使用完毕,且使用进度和效果与披露情况基本一致由发行条件调整为信息披露要求。

2020 年再融资新规从五个方面的改变来提高定增项目对投资者的吸引力,包括降低定价折扣上限、缩短锁定期、减少解禁减持限制、增加发行对象数量。上市公司董事会决议提前确定全部发行对象且为战略投资者等的,定价基准日可以为关于本次非公开发行股票的董事会决议公告日、股东大会决议公告日或者发行期首日;调整非公开发行股票定价和锁定机制,将发行价格由不得低于定价基准日前 20 个交易日公司股票均价的 9 折改为 8 折,将锁定期由 36 个月和 12 个月分别缩短至 18 个月和 6 个月,且不适用减持规则的相关限制,对机构投资者的吸引力将大幅提升。主板(中小板)、创业板非公开发行股票发行对象数量由分别不超过 10 名和 5 名,统一调整为不超过 35 名,融资方可一定程度降低募资不足风险,对于投资方,单家定增份额下降有利于吸引中小规模产品直接参与定增。

2. 警惕再融资新规可能诱发的杠杆风险和市场波动风险

2020 年再融资新规改善了融资环境,提升了资本市场直接融资的灵活度,这从市场 2020 年度火爆的定增行情中得到了印证。然而从企业动机和历史经验来考虑,我们也要警惕由此扩大的套利空间和杠杆风险,及其对资本市场可能产生的负面影响。再融资新规大幅降低了发行底价,缩短了锁定期,有可能诱发企业的套利动机。通过向控股股东、实际控制人、关联方进行定向增发,相关定增对象以远低于市场价的价格获得公司股票,在较短的锁定期后抛售,可能获利颇丰。从而需要警惕定增限制放宽诱发的套利动机和杠杆风险。再融资新规取消连续2年盈利的非公开发行限制,那么定增的股票若因为公司业绩问题出现股价的大幅下滑,也会给杠杆操作的股东、一致行动人、关联方带来较大风险,并进一步反映在公司股价上,形成恶性循环。这些套利动机和杠杆风险值得监管机构和投资者关注和仔细甄别。

从对二级市场的影响看,定增新规意在盘活资本市场的流动性。持续高效的流动性优势,也有利于股票市场的持续活跃,促进股票市场投资吸引力的稳步提升。对于定增对象而言,高折价率意味着更高的安全边际和潜在定增收益。例如:假设一个询价投资者参与的定增以发行期首日为基准以80%的折价率发行,那么即使未来股价并未大幅波动,半年锁定期后仍可以获得25%的收益。对于此类定增参与者来说,即使考虑股价下跌的情况,只要下跌幅度不超过20%,投资毛收益仍将为正。假设另一个战略投资者参与的定增以董事会决议公告日为定价基准日,并按照80%的折价提前锁定价格,那么预案公布后带来的股价涨幅有望带来巨大的折价率和更高的定增收益。这一股价涨幅给战略投资者提供了更高的安全边际。然而定向增发实际稀释了股权价值,同时使得部分投资者抽调二级市场的资金参与定增,对于部分成长性并不优秀的企业而言,定增可能导致股价在二级市场的大幅下跌。因此大规模定增带来的二级市场波动风险也值得上市公司和投资者高度警惕。

3. 多渠道、多样化再融资,优化上市公司再融资结构

我国上市公司有着股权融资的偏好,但在成熟的证券市场中,股权融资并非最佳的融资方式,债务融资不仅具有抵税作用,而且还具有财务杠杆效应,能够减少由于所有权和经营权分离而产生的代理成本。因此,一方面应通过完善相关的法律法规体系,扩大企业债券或公司债券的发行规模,减少对债券市场运行的不必要的行政干预,多方面来促进债券市场的发展和完善;另一方面上市公司要摒弃股权融资偏好,积极尝试创新型再融资方式,努力做到再融资方式多样化。

上市公司过多地依赖股权投资虽然可以获得大量资金,却难以有效利用财务杠杆,也会分散企业控制权。上市公司完全可以通过以下几种方式来降低股权再融资偏好:增加营运能力;增加盈利能力;增强短期偿债能力与长期偿债能力;可采取回购的方式降低大股东持股比例,并鼓励小股东购股。上市公司在选择再融资方式时,要充分考虑公司、行业和市场环境的变化,比较不同再融资方法的优劣从而做出判断。在资产负债率较低时要充分发挥财务杠杆的作用,积极使用丰富多样的债权再融资方式。当公司具有较好的成长性、长期偿债能力比较强时可以选择可转债等融资方式。当公司资产负债率较高、盈利情况较好的时候可以考虑选择配股或者增发来进行再融资。

4. 保持上市公司的持续盈利能力是提升再融资能力的基础

2020年再融资新规实施后,随着再融资难度降低、解禁锁定期变短,"炒小炒新炒垃圾"的时代将一去不返,而真正有业绩支撑的优质公司将受到资金追捧。上市公司保持持续的盈利能力是提升再融资能力的基础。对于中小型上市公司应该把主营业务做大、做出特色,形成明显的行业竞争优势,保持主营业务收入的稳定增长,要合理控制公司的增长规模,谨慎采用多元化战略。对于产业前景不佳、资产质量不高、经营业绩较差的中小企业板上市公

司,可以通过并购、重组恢复再融资功能。对于有并购风险的上市公司,建议首先考虑在苏州地区内整合资源,在并购重组中要注意保护好本地区的"壳资源",引导一些本地区发展良好的新兴企业与本地区经营困难的中小企业板上市公司并购重组。

5. 强化上市公司治理机制的作用,规范控股股东行为

我国上市公司控股股东、实际控制人侵占上市公司利益,损害上市公司中小股东利益的相关事件时有发生。上市公司应遵循《上市公司治理准则》,披露其控股股东或实际控制人的详细资料,强化公司治理机制的作用,进一步规范控股股东行为,增强上市公司的独立性;促进独立董事、监事会等监督机制发挥更大作用,进一步提高"三会"和各专业委员会规范运作水平;积极稳妥推动股权激励试点,探索有效的上市公司激励约束机制;强化内控执行力,进一步提高内控水平;改善公司治理的外部环境,引导投资者积极参与上市公司治理;积极探索公司治理差异化模式,苏州地区各上市公司可根据控制权特征、规模大小、经营范围、行业特点等不同情况,建立符合自身特点的治理机制。充分发挥内部公司治理结构的权力制衡、科学决策的作用,充分发挥公司治理机制的积极作用,充分保护上市公司、全体股东及债权人的利益,有利于提升公司内在价值,提高对投资人的吸引力。

2020年再融资新规中关于加强对明股实债行为的监管,明确规定不得向发行对象作出保底保收益或变相保底保收益的承诺。新规规定,上市公司及其控股股东、实际控制人、主要股东不得向发行对象作出保底保收益或变相保底保收益承诺,且不得直接或通过利益相关方向发行对象提供财务资助或者补偿。这里最关键的是"通过利益相关方"资助或补偿也被严格限制,这样做的目的是尽最大努力减少非公开发行暗箱操作损害其他股民利益的可能性。

6. 上市公司需严格落实新《证券法》下的信息披露要求

上市公司再融资要获得成功必须满足两个基本前提:一是公司本身符合融资的条件,二是投资方有投资该公司的意愿,两个前提缺一不可。因此,如果要以法律法规的方式来降低上市公司再融资的难度和成本的话,就必须充分考虑这两个前提。2020年再融资新政大幅度降低上市公司(尤其是创业板公司)非公开发行股票融资的门槛,目的就是要让上市公司今后更加容易达成或满足再融资的条件;而之所以要取消《减持规定》有关条款对"减持通过非公开发行股票取得的上市公司股份"的适用,并缩短锁定期,目的也是为了有效提升投资方通过非公开发行方式购买到的股份的灵活性,进而强化投资者参与市场投资的意愿和积极性。

2020年再融资新规的出台还有一个直接的背景是《证券法》的修改,2020年3月新的《证券法》已开始实施,为适应中国资本市场快速发展的需要,更能有效保护投资者利益,促进资本市场发展,修改后的新《证券法》于2020年3月已开始实施,新《证券法》最引人瞩目的举措莫过于取消核准制,走出了全面推行注册制的第一步。注册制对于上市公司而言,在享受更加便利的融资渠道的同时,也将承担更多的义务和责任:一方面,新《证券法》强化了上市公司的信息披露义务,扩大了信息披露义务人的范围、完善了信息披露内容、规范了信息披露义务人的自愿披露行为等;另一方面,证券违法违规行为的处罚力度大大提高。以信息披露为例,公司处罚上限从30万元提高到1 000万元,个人处罚上限从30万元提高到500万元。

正是为了坚持市场化法治化的改革方向,落实新《证券法》确立的"以信息披露为核心的

注册制"理念,提升上市公司再融资的便捷性和制度包容性,证监会对上市公司再融资规则的部分条款进行了修改,也体现了上市公司再融资中信息披露工作的重要性。例如,针对创业板的精简发行条件条款将有助于拓宽创业板再融资服务覆盖面,具体看来,此次调整取消创业板公开发行证券最近一期末资产负债率高于45%的条件;取消创业板非公开发行股票连续2年盈利的条件;将创业板前次募集资金基本使用完毕,且使用进度和效果与披露情况基本一致由发行条件调整为信息披露要求。

上市公司再融资需要就前一次募集资金的使用进度和效果,依照国家相关规定履行信息披露义务。因此上市公司严格落实新《证券法》下的信息披露要求,也是保证再融资顺利完成的重要基础性工作。

本 章 小 结

受2020年再融资新规的影响,2020年苏州地区上市公司再融资总规模较2019年有大幅度的增长,再融资结构也有明显的变化。与上海、深圳地区上市公司同时期再融资情况相比,苏州上市公司再融资规模偏小,再融资方式多样化程度还不够,苏州上市公司再融资能力还有待提高。上市公司再融资行为的影响主要以上市公司的经营规模及盈利指标的变化来体现,2020年苏州市20家有再融资行为的上市公司其经营规模的平均水平均有所上升,盈利性指标平均水平也有所上升,再融资资金的利用效率有一定程度的提升。

我国资本市场的改革持续推进,上市公司长期可持续的发展离不开再融资,为进一步提高苏州上市公司的再融资能力,推动苏州地区上市公司高质量发展,可以从上市公司加强对2020年再融资新政的解读能力,警惕再融资新规可能诱发的杠杆风险和市场波动风险,提升上市公司经营管理水平,加强公司治理,提升上市公司信息披露质量等方面采取对策。

苏州上市公司发展报告（2021）

第六章

苏州上市公司并购重组及其影响分析

并购与重组（Merger & Acquisition，M&A）指两个以上公司合并、组建新公司或相互参股。通过并购重组,上市公司可以增强企业经营实力,扩大企业规模;实现规模经济和范围经济;获取技术、人才或其他特殊资源;进入新的行业;实现买壳上市。企业并购重组是一项复杂性与技术性并存的专业投资活动,近年来已成为解决期限错配、结构错配或方向错配的资产的有效手段,在当前加快供给侧结构性改革的背景下,通过并购重组可以借助资源的重新配置与调节,提高金融资源的配置效率,恢复经济结构平衡、巩固经济发展基础、提高经济运行效率,以此促进地区经济发展,实现经济和产业的转型升级。本章将分析2020年苏州市上市公司并购重组的规模、影响,探讨提升苏州上市公司并购绩效的对策。

第一节 上市公司并购的政策完善

2020年,针对早先的并购重组规定存在的问题,证监会对并购重组政策做了相应的规范和调整。

一、进一步规范上市公司并购重组政策

为全面落实新《证券法》等上位法规定,进一步深化"放管服"改革,提高监管透明度,明确市场主体预期,释放并购重组市场活力,证监会将涉及上市公司日常监管及并购重组审核的监管问答进行清理、整合,并以《〈上市公司重大资产重组管理办法〉第二十八条、第四十五条的适用意见——证券期货法律适用意见第15号》《监管规则适用指引——上市类第1号》重新发布,自发布之日起施行,原监管问答同步废止。

此次清理、整合,对不符合《证券法》等上位法精神的以及重复上位法规定的内容予以废止;对明确相关规章适用的问答进行合并,以证券期货法律适用意见发布,包括重组方案重大调整、发行价格调整机制等内容;对涉及同类问题的各项问答整理合并,对不适应市场发展、监管导向更新的问答做相应修改,完善体例、统一编号、优化结构、科学分类,以监管规则适用指引发布,包括募集配套资金、业绩补偿承诺及奖励、内幕交易核查要求、分类审核安排等16项内容。

二、修改完善并购重组政策相关条款

本次调整中,证监会将原来以监管问答形式对外公开的《上市公司重大资产重组管理办法》第二十八条、第四十五条规定的理解适用问题进行了完善,以证券期货法律适用意见形式发布,提高了法律层级。相较于原监管问答,《监管规则适用指引——上市类第1号》主要

是对存量问答的修改完善。主要有六项修改内容：

一是拓宽并购重组"小额快速"审核通道。本次修订取消募集配套资金金额不得超过5 000万元的要求,同时取消不得构成重大资产重组的要求。拓宽"小额快速"审核通道,为交易金额小、发股数量少的小额并购交易构建更加畅通的审核机制,激发市场活力,提升监管效能。

二是统一募集配套资金用于补流的比例。原监管问答对配套募集资金的用途进行了明确,并要求一般重组中"募集配套资金用于补流、偿债的比例不得超过交易作价的25%,或不超过配募总金额的50%"。重组上市中"募集配套资金用于补充公司流动资金的比例不应超过交易作价的25%;或者不超过30%"。本次修订,对重组上市配募资金用于补流、偿债的一并适用"不得超过交易作价的25%,或不超过配募总金额的50%"的比例要求,以支持重组上市企业进一步促进资本形成、获得发展壮大所需的资金支持。

三是明确并购重组中业绩奖励对象范围。目前监管规则允许重组方案中设置业绩奖励,奖励对象可以是标的资产交易对方、管理层或核心技术人员。考虑到大股东对标的资产的操控能力较强,如设置业绩奖励,可能进一步助长大股东操纵业绩的动力,引发道德风险,实践中一般不予支持。为便于市场理解,本次修订明确大股东注资的重组不得对上市公司控股股东、实际控制人及其关联人进行业绩奖励。

四是明确业绩承诺及奖励适用新会计准则的监管要求。根据财政部发布的新收入准则要求,境内上市公司自2020年1月1日起执行新收入准则,上市公司并购重组实施完成后,标的资产应与上市公司保持一致。对于有业绩补偿承诺及奖励等安排,且相关期间包含新收入准则首次执行日之后期间的,目前交易双方就相关计算基础适用新旧收入准则的问题大多未明确约定,为避免存在争议影响业绩补偿实施,损害上市公司利益,本次修订增加对标的资产业绩承诺、业绩奖励期适用的会计准则发生变更的监管要求。

五是放宽发行股份购买资产的交易对象数量限制。在新《证券法》下,上市公司发行股份不论发行对象数量多少,均构成公开发行。为便利企业并购,本次修订明确发行股份购买资产的交易对象可以超过200人。同时要求发行股份购买资产应在上市公司首次董事会披露预案时有确定的发行对象。以并购新三板公司为例,如首次董事会时标的公司的股东确定且不会发生变化,则可以采用发行股份购买资产的方式;如标的公司股票处于持续交易中、股东在不断变化,则可以采用吸收合并方式。

六是完善并购重组内幕交易核查相关要求。证监会一直对内幕交易防控非常关注,要求上市公司在披露重组报告书时披露自查报告及中介机构核查报告。有市场主体反映,实践中上市公司首次披露报告书时,中介机构难以完成核查工作。为进一步明确各阶段责任,本次修订分阶段明确要求:上市公司首次披露报告书时,中介机构应对内幕信息知情人登记制度的制定和执行情况发表核查意见;在相关交易方案提交股东大会之前,上市公司完成自查报告,中介机构进行核查并发表意见。

第二节　苏州上市公司并购重组规模与结构分析

2020年,尽管面临"新冠"疫情的不利影响,苏州上市公司积极通过并购重组调整经营结构,拓展经营领域,提升经营效率。中国证监会上市公司监管部并购重组委2020年共召

第六章 苏州上市公司并购重组及其影响分析

开 54 次会议,审批上市公司发行股份进行并购重组活动。受"新冠"疫情影响,2020 年申请并购重组的公司数量大大减少。其中,苏州共有 3 家公司先后提出并购申请,有 2 家有条件通过,通过率达到 2/3。此外,2020 年苏州市涉及上市公司并购的活动共有 83 家次[①]。

一、并购公司数量

根据中国证监会上市公司监管部并购重组委审核的结果,2020 年以下 3 家苏州上市公司先后提出并购重组申请,并得到审核,见表 6-1。

表 6-1　并购重组委审核的公司

上会时间	公司名称	有无条件	公司代码	并购身份
2020.8.20	华软科技	有条件	002453	收购方
2020.8.26	苏州固锝	有条件	002079	收购方
2020.9.24	风范股份	未通过	601700	收购方

2020 年,3 家提交证监会并购审议的公司中,2 家有条件通过,占总数的 66.67%,1 家未通过,见图 6-1。有条件收购案例有金陵华软科技股份有限公司和苏州固锝电子股份有限公司。

案例一审议结果:金陵华软科技股份有限公司发行股份购买资产的方案,被要求结合标的资产的核心竞争力,进一步补充说明预测期维持较高产品毛利率、实现营业收入大幅增长的合理性。请独立财务顾问和评估师核查并发表明确意见;补充披露标的资产报告期业绩大幅增长的原因及预测业绩的可实现性。请独立财务顾问核查并发表明确意见。要求金陵华软科技股份有限公司逐项予以落实,并在 10 个工作日内将有关补充材料及修改后的报告书报送上市公司监管部。

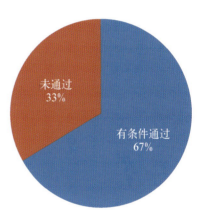

图 6-1　苏州市上市公司通过并购重组的类型

案例二审议结果:苏州固锝电子股份有限公司发行股份购买资产的方案,结合光伏行业发展情况、标的资产产品技术优势和市场需求,说明此次交易的必要性,并补充披露标的资产预测期收入和毛利率的可实现性。请独立财务顾问核查并发表明确意见。该公司被要求予以落实,并在 10 个工作日内将有关补充材料及修改后的报告书报送上市公司监管部。

未通过的是常熟风范电力设备股份有限公司发行股份购买资产的案例,常熟风范电力设备股份有限公司未充分说明标的资产的核心竞争力、本次交易估值的合理性,未充分披露本次交易有利于提高上市公司资产质量,不符合《上市公司重大资产重组管理办法》第四十三条的规定。

从全国范围来看,2020 年,证监会并购重组委共召开了 54 次审核会议,审核了 79 家公司上会。其中,审核通过 64 家,未通过 15 家,通过率仅 81%,较 2019 年 83% 的通过率进一

---

① 资料来源:Wind 资讯。

步下降。

从苏州市来看,与2019年相比,苏州上市公司申请发行股票进行并购重组的数量明显下降,通过比例(含有条件通过)也由2019年的100%下降到2020年的66.67%,而且没有公司无条件通过。由此可见,在全市场并购情况恶化的背景下,2020年苏州市上市公司申请发行股票进行并购重组的情况有大的下滑。

二、并购规模

2020年苏州上市公司的并购规模差异较大,以下分别从并购价格区间、是否属于重大资产重组和并购公司的规模来考察。

在2020年苏州全部47起成功并购事件中,有40起披露了交易价格,另有7起未作披露。这40起并购平均价格低于2019年。其中,并购价格超过10亿元的有1起(2019年有5起),在1亿至10亿的有17起,在5000万至1亿的有5起,在1000万至5000万的有11起,低于1000万的有6起。与2019年相比,2020年的平均并购价格有所下降。2020年平均并购价格为2.56亿元,完成并购的平均并购价格为1.59亿元,而2019年平均并购价格为2.68亿元,完成并购的平均并购价格为2.12亿元。2020年全国平均并购价格为4.82亿元,完成并购的并购价格平均为3.36亿元。2020年,苏州全部并购的平均价格和完成并购的平均价格都低于全国水平。图6-2显示了苏州40起披露交易价格的已完成并购事件的并购价格区间。

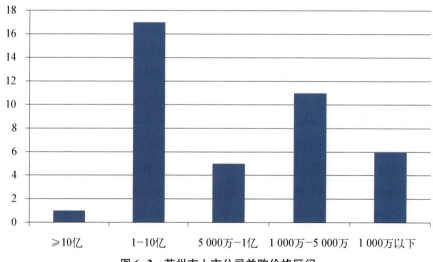

图6-2 苏州市上市公司并购价格区间

三、区域比较

为了更全面地反映苏州上市公司在全国城市中的地位,表6-2列出了上海、北京、天津、重庆、深圳和杭州等主要城市上市公司并购重组情况,同时也列出了全国上市公司并购重组数据。

由表6-2可见,2020年全国上市公司并购重组事件共4997起,比2019年减少853起,完成并购重组2660起,失败97起,有2240起正在进行中。其中,与2019年相比,完成并购

第六章 苏州上市公司并购重组及其影响分析

表 6-2 公司参与并购情况的区域比较

	苏州	上海	北京	天津	重庆	深圳	杭州	全国
总次数	83	411	265	132	83	245	96	4 997
完　成	47	202	149	63	41	121	46	2 660
进行中	35	202	111	69	40	117	46	2 240
失　败	1	7	5	0	2	7	4	97

数量减少 673 起,失败数量减少 221 起,进行中的数量增加 41 起。在 7 个城市中,上海上市公司并购次数遥遥领先,一枝独秀,属于并购重组的第一阵营。北京和深圳低于上海,但明显高于其他城市,基本属于上市公司并购重组的第二阵营。在其他城市中,天津高于杭州,杭州又高于重庆和苏州。苏州的并购总次数和重庆相同,杭州相比于 2019 年下降最为显著。苏州市作为一个地级市,并购重组数量和直辖市重庆相当,反映了苏州上市公司在并购重组方面已经走在全国城市的前列。但是,与 2019 年相比,苏州上市公司并购重组的数量也有明显下降,相对于重庆和天津已无优势,说明疫情对苏州上市公司并购重组的影响较大。

从上市公司并购行为的进度看,不同地区公司并购活动也存在很大差异,如图 6-3 所示。苏州市上市公司并购活动中,已完成的占 57%,进行中的占 42%,失败的仅占 1%。苏州上市公司已完成并购的比重在七个城市中位居前列,高于其他城市,比全国平均水平高了

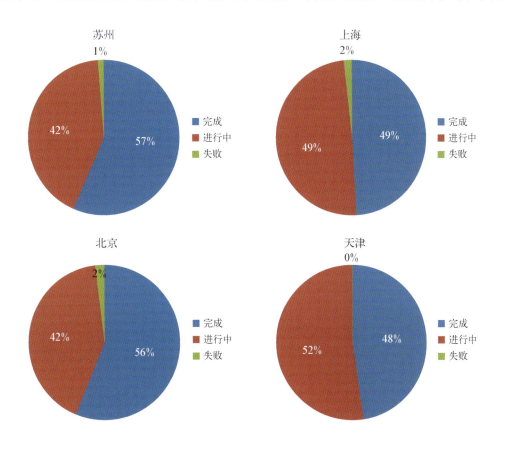

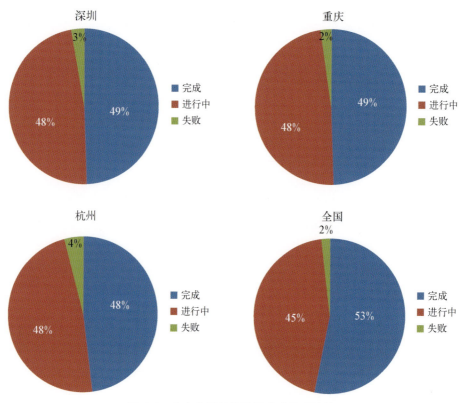

图 6-3　上市公司并购重组完成情况比较

4%。进行中的并购活动比重在七个城市中偏低,仅略高于北京,说明苏州市上市公司并购还有进一步提高的空间。与其他城市相比,苏州上市公司并购失败的比重较低,低于全国水平,也低于苏州市 2019 年的水平,说明苏州市上市公司在并购过程中的成效有了明显改善。

第三节　苏州上市公司并购重组的影响分析

上市公司并购重组是公司重大战略行为,必然会影响公司的规模、业绩、扩张能力、海外竞争力和转型升级。

一、公司经营业绩

公司并购会影响公司的营业收入,进而影响净利润。但是,由于并购发生时,发起并购的上市公司必须支付巨额的并购费用,其短期内的净利润将会受到复杂的影响。

2020 年,苏州市共有 2 家上市公司顺利通过证监会并购重组委的审议。图 6-4 显示了这 2 家上市公司并购前后的净利润情况。这 2 家公司的总利润和平均利润均显著高于 2019 年的水平。在 2020 年受到疫情严重影响的情况下,这两家上市公司的净利润仍然逆势上扬,一方面是疫情背景下相关政策带来的扩张性效应,另一方面也说明并购重组产生了积极影响。

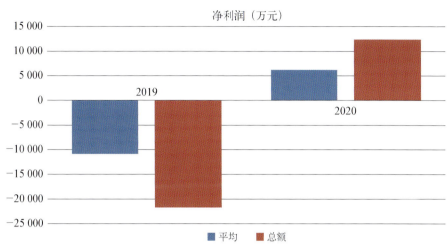

图 6-4　两家公司并购前后的利润

二、扩张能力

并购重组会引起上市公司资产规模的扩张,增强公司的扩张能力。一般来说,收购了其他企业或项目的公司的规模将会扩大。图 6-5 显示了完成并购的 2 家上市公司并购前后资产总规模和平均规模的变化情况,并购带来了上市公司资产规模的扩张,提升了公司的扩张能力。

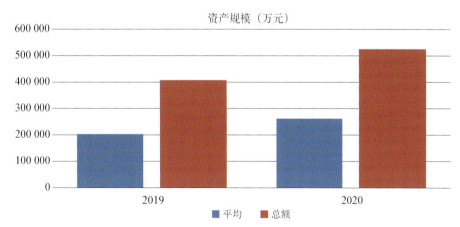

图 6-5　两家公司并购前后的资产规模

图 6-6 显示了苏州 2 家上市公司并购前后的营业收入总额及平均值的变动情况。并购后,这 2 家上市公司的营业收入总额从并购前的 46.16 亿元降至 45.44 亿元,平均营业收入也从并购前的 23.08 亿元下降到 22.72 亿元。与 2019 年相比,平均营业收入有显著下降,说明 2020 年苏州市参与并购的上市公司规模相对较小,甚至并购没有提升企业的经营规模。

公司资产规模和营业收入的变动表明,2020 年的并购活动扩大了苏州市上市公司的经营规模,但是对营业收入并未产生相应的扩张效应。

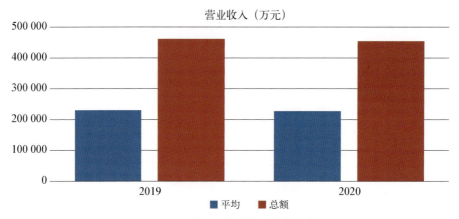

图 6-6　两家公司并购前后的营业收入

三、推动绿色发展

苏州市上市公司并购重组的一个显著特征是通过并购，顺应国家发展战略，推动公司的技术升级，获得了新的利润增长点。

2020 年，公司实施了发行股份购买资产项目，发行股份 4 089.32 万股购买控股子公司苏州晶银新材料股份有限公司的少数股权。2020 年 11 月，公司完成了对晶银新材的收购项目，晶银新材正式成为公司的全资子公司。同时晶银新材在异质结太阳能电池银浆（HIT）技术上实现突破，全年出货达 1.61 吨。公司充分顺应国家"碳达峰、碳中和"的战略目标，全力推动全资子公司晶银新材的浆料在新厂房的第一期 500 吨产能建设和销售，扩大异质结电池银浆（HIT）及太阳能电池背面银浆的出货量。保持晶银新材作为银浆国产化的领跑者，不断扩大市场占有率。

四、完善产业链

苏州市上市公司还通过并购积极进行产业结构调整，拓展自身的产业链。

以华软科技并购北京奥得赛为例，2020 年 9 月 18 日取得中国证监会印发的《关于核准金陵华软科技股份有限公司向吴细兵等发行股份购买资产并募集配套资金的批复》（证监许可[2020]2233 号），核准公司本次发行股份及支付现金购买资产并募集配套资金暨关联交易事项。2020 年 10 月 23 日，奥得赛化学 98.94% 的股权过户至华软科技名下的工商变更登记手续办理完毕，奥得赛化学成为公司控股子公司。本次收购的完成，向公司注入了新的优质化工资产，进一步充实并加强了公司的化工业务，扩大了精细化工业务，化工产品主要包括造纸化学品、医药/农药中间体、荧光增白剂、电子化学品等。

第四节　苏州上市公司并购重组存在的问题与对策

一、苏州上市公司并购重组存在的主要问题

通过以上分析，可以发现苏州上市公司并购重组过程中主要存在以下问题。

1. 并购活动不活跃

受疫情等众多因素影响,2020年苏州市涉及上市公司的并购活动达到83次,比2019年减少了48次,说明多数公司并没有通过并购重组来调整自身的发展战略,仅仅是对自身业务做出的小幅调整。在当前技术创新速度加快的背景下,并购重组是本地企业转型升级的重要手段,重大并购重组少,本地上市公司在借助并购重组提升自身创新能力方面还有进一步提升的空间。

2. 缺乏有影响力的并购

除并购活动总体不活跃之外,2020年苏州市也缺乏有影响力的并购重组活动。苏州市上市公司通过证监会并购重组委审批的并购案例仅3例,获准仅2例,与2019年的6例相比有了较大幅度下降,达到了近年来的最低点。这一方面是疫情影响的结果,另一方面也与苏州上市公司规模普遍偏小有着密切的关系。

3. 并购重组绩效不佳

2020年苏州上市公司并购重组对公司绩效的提升作用还有待进一步提升。从2020年苏州2家经证监会并购重组委审议的上市公司并购前后的情况来看,并购绩效仍存在不足。并购对公司规模、主营业务和利润的提升作用并不明显,部分指标在并购之后甚至有一定程度的下降。

二、相关对策分析

从苏州上市公司2020年并购历程可见,要提高并购重组能力,就必须做到以下几点。

1. 提高对经营环境的敏感度

当前,我国社会经济发展进入了一个"两个一百年"的历史交汇期,2021年也是"十四五"开局之年。随着我国明确了"双碳目标",绿色科技和绿色金融等相关行业的发展会面临更大的机遇。与此同时,"新冠"疫情的影响仍未结束,在全球疫情和国际经济环境的影响下,苏州上市公司发展面临一个全新的环境。苏州上市公司在并购过程中,首先应当加强对中央政策的解读,跟踪并购政策的变化,针对新的政策导向确定并购战略,更加偏向公司技术升级、绿色发展方面的并购重组,提高并购重组的成功率。

2. 明确并购目的

公司必须明确并购目的,根据公司发展的实际需要确定并购对象。公司并购的目的很多,比如借壳上市或买壳上市、扩大企业规模、获得特殊资源、多元化经营的需要等。为了提高并购绩效,公司在并购前应注意两个方面问题。一是并购要与企业整体发展战略相匹配。上市公司发展战略是一切经营行为的指导思想,发展战略决定着企业的命运,因此必须在企业总体发展战略的要求下实施并购,将并购作为实现企业发展战略的重要手段。二是要考虑并购对企业长远利益的影响。企业更应该看清自身的优势和劣势,确定并购对自己长远的发展是否有正面的影响。公司并购决策应从长远利益出发,而不应仅仅追求财务、股价等短期效应。总而言之,公司在并购前必须根据公司发展战略明确并购目的。

3. 选择合理的并购策略

为提升并购绩效,苏州上市公司在并购过程中应立足自身特点,着眼于长远发展战略,制定科学合理的并购交易策略。从并购类型上看,横向并购可以扩大公司生产规模,实现规模经济效应。同时,横向并购过程中,并购公司和目标企业处于同一行业,信息较为充分,公司可以通过同行业的整合来增强竞争力。纵向并购可以为公司在产业链上获得更大优势，实现范围经济，但由于公司对上下游企业熟悉程度相对较差，并购中面临的不确定性也很大。混合并购虽然可以避免原来所处行业的经营风险，可以提高潜在的获利机会，但是在实施混合并购前要审慎决策，不能盲目地进行多元化扩张。

4. 设计有效的并购方案

在明确并购目的和并购策略后，苏州上市公司需要制定有效的具体的并购方案。并购方案包括对并购对象、并购时机、并购策略的具体分析和实施步骤，需要从公司所处的行业、生命周期、行政区域以及公司股权结构等方面慎重论证并购交易的可行性，做到专业化和科学化。从国外成熟市场的并购事件来看，并购方案大多是通过投资银行来策划完成的，投资银行积累的丰富的并购重组经验，市场敏感度高，具备高素质的专业化人才，对于整个并购事件的把握要强于收购公司。因此并购重组活动的成败以及后期的绩效改善状况很大程度上取决于收购公司所选择的投资银行对于并购重组活动的设计方案。

5. 注重并购后的整合

苏州上市公司必须重视并购之后的整合，才能改善并购绩效。并购的根本目的是通过并购交易为公司创造价值，增加股东财富。并购的成败在很大程度上取决于并购后的整合，通过整合将并购双方融为一体，其中涉及企业资源、流程以及责任等多方面的调整，对并购后企业绩效的提升至关重要，因此公司应注重并购后的整合问题。人力资源的整合、财务及资产的整合、组织制度及生产的整合、文化的整合等都是并购后整合的主要内容。只有在整合上取得成功，才能取得并购的最终成功。因此，苏州上市公司必须在发展战略的指导下，制定系统的整合计划，有效地执行整合计划。

本 章 小 结

并购重组是能够扩大上市公司的规模，为上市公司获得新的资源，同时还能促进上市公司的多元化经营，实现上市公司的长期发展战略。受"新冠"疫情等多方面因素的影响，苏州市上市公司在2020年的并购重组活动比2019年有所下降，经证监会并购重组委审核的并购活动减少更是明显。从苏州市上市公司2020年并购重组情况来看，公司在选择并购对象、并购手段时，需要加强对行业的关注，选择最优并购手段，制定科学的并购策略和并购方案，降低并购成本，加快并购过程中企业文化的整合。

第七章

苏州新三板挂牌企业分析

自 2012 年开板以来,新三板市场迅速发展,在稳定运行的基础上,改革创新措施层出不穷。2020 年是新三板市场的改革大年:"精选层"顺利推出并成功开市,新三板市场多层次发展的市场结构愈发完善;转板上市制度正式落地,2020 年 11 月,沪深交易所分别公布了新三板挂牌公司向科创板、创业板转板上市的实施细则,新三板与 A 股市场正式接轨。一系列重大改革措施的落地,将极大调动企业挂牌新三板的积极性和基础层企业申请创新层和精选层的积极性,为新三板市场注入了活力,见图 7-1。

图 7-1 调整后的新三板分层结构

挂牌总数量方面,截至 2020 年末,新三板挂牌企业总数量从 2019 年末的 8 953 家减少到 8 187 家,净减少 766 家,净减少比例 8.56%。具体来说,2020 年新挂牌企业数量为 135 家,摘牌公司数量 901 家。

分层分类方面,截至 2020 年末,新三板精选层、创新层、基础层挂牌企业数量分别为:41 家、1 138 家、7 008 家,基础层挂牌企业数量较 2019 年末净减少 1 278 家,创新层合并精选层数量净增加 512 家。创新层和精选层企业数量占比不断上升,结构优化明显,见表 7-1。

表 7-1 截至 2020 年末新三板挂牌企业分层数量统计 (单位:家)

	2019 年末	挂牌企业数量	2020 年末	挂牌企业数量
所属分层	基础层	8 286	基础层	7 008
	创新层	667	创新层	1 138
			精选层	41
合　　计		8 953		8 187

注:精选层为 2020 年新增板块,2019 年无数据。

截至 2020 年末,江苏省内共有 986 家新三板挂牌企业,占全国挂牌总量的 12.05%,占比相对较高;苏州大市范围内共有 311 家新三板挂牌企业,占江苏省挂牌企业总数量的 31.54%,在江苏省内举足轻重。

第一节　苏州新三板挂牌企业发展状况

一、苏州新三板挂牌企业总体状况

苏州地区的企业首次挂牌新三板市场开始于2014年，当年1月24日共有24家苏州企业成功挂牌，占当时江苏省内挂牌总量的55.81%。自2017年开始，新三板挂牌企业总数量出现下滑，2020年仍然延续着这一趋势。全市场数据和江苏省及苏州市的数据均呈现一样的趋势。截至2020年末，苏州大市范围共有311家新三板挂牌企业，较2019年末减少15家，减少比例4.60%，减少幅度低于全国平均水平，略高于江苏省平均水平；苏州大市挂牌企业数量占江苏省挂牌企业总数量的31.54%，占比约三分之一。

表7-2和图7-2展示了全国、江苏省、苏州市新三板挂牌企业数量的统计数据。

表7-2　全国、江苏省、苏州市新三板挂牌企业数量统计表

	2017年	2018年	2019年	2020年	近一年变动比例
全　国	11 151	9 964	8 953	8 187	−8.56%
江苏省	1 364	1 187	1 023	986	−3.62%
苏州市	446	391	326	311	−4.60%

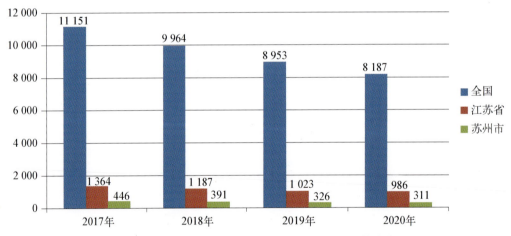

图7-2　全国、江苏省、苏州市新三板挂牌企业数量统计

挂牌企业数量的减少是市场主体主动选择的结果，主要原因有以下方面：

1. 挂牌审核门槛提高，降低了新增速度

相较于新三板发展初期，股转系统对拟挂牌公司的审核更严格，不仅是财务数据，各项合规要求也与IPO趋同。推荐券商出于质量控制的需要，承接项目更加严格，收费标准也有所提高。

2. 后续维持成本高，融资功能不健全，摘牌数量增加

近年来新三板再融资政策未有重大突破，融资功能缺失，同时做市商制度并未能增强股

权的流动性,市场活力欠佳,很多企业认为挂牌未能解决融资需求,实现提高股权流动性的初衷,同时还需承担持续督导费、审计费、挂牌托管费等各项成本,继而选择摘牌退市。

3. 科创板、注册制及创业板改革推进

科创板的推出以及注册制带来的各项利好,使得原先选择新三板的优质企业转而投身申报科创板及创业板。

以上这些原因共同造成了新三板挂牌企业数量的不断减少。

根据 2020 年年度财务数据,苏州地区 311 家挂牌企业的营业总收入和净利润分别为 573.53 亿元和 34.02 亿元,占同期全国挂牌企业营业总收入和净利润的比重分别为 3.45% 和 5.48%,比 2019 年 3.34% 和 5.03% 的占比有所提高;占同期江苏省内挂牌企业营业总收入和净利润的比重分别为 31.22% 和 29.67%,比 2019 年的 31.31% 和 34.47% 略有下滑,见表 7-3。

表 7-3 截至 2020 年末新三板挂牌企业财务数据统计

地 区	挂牌数量	占 比	营业总收入（亿元）	占 比	净利润（亿元）	占 比
全 国	8 187	100.00%	16 641.92	100.00%	620.48	100.00%
江 苏	986	12.04%	1 837.1	11.04%	114.68	18.48%
苏 州	311	3.80%	573.53	3.45%	34.02	5.48%

综上分析,从苏州新三板挂牌企业总体状况来看,挂牌企业数量逐年下降,下降趋势与全国和江苏省基本一致。从省内相对情况来看,苏州挂牌企业数量占全省比重始终在 30% 左右,而营业总收入和净利润等主要的财务指标总量,占比也在 30% 左右。可以得出结论,苏州新三板挂牌企业数量和规模在省内仍有重要地位,数量和质量均处于发展的相对稳定期,发展速度居于全省发展的平均水平。

二、江苏省新三板挂牌企业比较

在新三板扩容之前,挂牌企业主要来自北京中关村、上海张江、武汉东湖以及天津滨海等园区的相关企业,扩容之后,挂牌公司如雨后春笋,区域分布迅速扩大,目前挂牌企业基本覆盖各省、自治区、直辖市及辖区内各地,对区域经济发展作出重要贡献。虽然近年来挂牌企业数量呈下降趋势,但新三板挂牌企业数量和规模已相当可观。从省级区域分布来看,广东、北京和江苏位居前三。广东省居于首位,拥有挂牌企业 1 181 家,占比 14.43%。北京位列其次,拥有挂牌企业 1 073 家,占比 13.11%。江苏地区拥有挂牌企业 986 家,位列第三。数据统计情况详见表 7-4。

表 7-4 2020 年末新三板挂牌企业数量前三省份数据统计表

地 区	挂牌数量	数量占比（%）	总股本（亿股）	总资产（亿元）
广 东	1 181	14.43	666.80	3 076.57
北 京	1 073	13.11	961.24	3 836.13
江 苏	986	12.04	572.19	3 369.88

截至2020年末,江苏省内区域新三板挂牌企业数量苏州、南京和无锡位居前三,分别为311家、162家和150家,苏州遥遥领先,数量上相当于南京和无锡的总和。根据2020年年度财务数据,苏州市新三板挂牌企业的营业总收入为573.53亿元,净利润总和为34.02亿元,营业总收入和净利润总和也位于江苏省首位,反映出苏州新三板企业的发展质量与数量一样,在省内属于龙头地位,这与苏州强劲的区域经济地位相匹配。数据统计情况详见表7-5。

表7-5 2020年末江苏省各地级市新三板挂牌企业数据统计表

地 区	挂牌数量	数量占比(%)	营业总收入(亿元)	净利润(亿元)
苏州市	311	31.54	573.53	34.02
南京市	162	16.43	327.71	19.11
无锡市	150	15.21	234.89	10.67
常州市	105	10.65	221.05	21.95
南通市	61	6.19	143.82	14.54
扬州市	50	5.07	86.18	3.29
镇江市	32	3.25	55.72	−0.95
盐城市	30	3.04	34.00	2.60
徐州市	21	2.13	42.95	1.23
泰州市	20	2.03	39.48	3.09
淮安市	16	1.62	17.77	0.88
连云港市	14	1.42	30.16	1.56
宿迁市	14	1.42	29.84	2.69
合 计	986	100	1 837.1	114.68

三、主要城市新三板挂牌企业比较

本部分将苏州与全国主要城市新三板挂牌企业情况作比较分析。

与国内直辖市相比,截至2020年末苏州新三板挂牌企业数量明显少于北京(1 073家)和上海(644家),明显超过天津(147家)和重庆(101家)。营业总收入和净利润也均高于天津和重庆地区。

与国内计划单列城市相比,截至2020年末苏州新三板挂牌企业数量仅次于深圳(426家);营业总收入及净利润也仅低于深圳市,且明显高于厦门、宁波、青岛和大连等地。

与部分重点省会城市相比,苏州地区挂牌公司数量和发展质量也显示出了较为明显的领先优势。从数量来看,广州(299家)、杭州(218家)、南京(163家)和成都(165家)挂牌家数均少于苏州。从财务数据上来看,营业总收入苏州地区低于杭州地区,但净利润苏州地区明显高于杭州地区。广州地区挂牌企业数量略低于苏州,净利润总和甚至为负数,且有超过100家挂牌企业净利润为负数。数据统计情况详见表7-6。

表 7-6　2020 年末国内部分城市挂牌企业数据统计表

地　　区		挂牌数量	数量占比（%）	营业总收入（亿元）	净利润（亿元）
直辖市	北　京	1 073	13.11	2 123.24	10.50
	上　海	644	7.87	1 973.39	51.49
	天　津	147	1.80	190.74	7.25
	重　庆	101	1.23	242.32	5.83
计划单列市	深　圳	426	5.20	908.50	41.17
	厦　门	116	1.42	189.82	17.69
	宁　波	91	1.11	410.60	18.35
	青　岛	68	0.83	135.19	6.53
	大　连	65	0.79	93.05	8.39
部分省会	广　州	299	3.65	548.52	−6.12
	杭　州	218	2.66	663.90	26.42
	南　京	163	1.99	332.70	19.12
	武　汉	198	2.42	296.61	10.45
	成　都	165	2.02	240.32	10.71
苏　州		311	3.80	573.53	34.02

通过上述分析得出结论，苏州新三板挂牌企业的数量及发展质量在全国主要城市中也处于优势地位。

第二节　苏州新三板挂牌企业的特征分析

一、苏州新三板挂牌企业的区域分布分析

苏州有发达的特色县域经济，四大县级市经济综合实力排名均位列全国百强县前十。通过分析企业注册地，两年来，新三板挂牌企业分别有 58.28%（190 家）和 62.70%（195 家）属于市辖区，41.72%（136 家）和 37.30%（116 家）属于县级市。苏州市辖区除姑苏区定位为历史文化名城保护区之外，高新区、工业园区、相城区、吴中区均形成了自身特色的产业集群，吴江区在撤市建区前也是传统工业重镇。截至 2020 年末，昆山市挂牌企业数量为 49 家，占比 15.76%；张家港市挂牌企业数量为 34 家，占比 10.93%。此外，常熟市和太仓市挂牌企业数量为 22 家和 11 家，占比分别为 7.07% 和 3.54%。各县级市的新三板挂牌企业数量与各县级市百强县排名顺序是一致的，反映出资本市场作为区域经济晴雨表的特点。数据统计情况详见表 7-7。

表 7-7 苏州市新三板挂牌企业分地区数据统计

地 区	2019 年末		2020 年末	
	挂牌数量	占比(%)	挂牌数量	占比(%)
苏州市区①	190	58.28	195	62.70
昆山市	56	17.18	49	15.76
张家港市	43	13.19	34	10.93
常熟市	24	7.36	22	7.07
太仓市	13	3.99	11	3.54
合 计	326	100.00	311	100.00

① 苏州市区范围包含姑苏区、吴中区、相城区、工业园区、高新区(虎丘区)、吴江区。

二、苏州新三板挂牌企业的市场分层分析

1. 苏州新三板挂牌企业分层状况

截至 2020 年末,苏州 311 家新三板挂牌企业中,创新层有 43 家,占总挂牌企业数的 13.83%,创新层企业较 2019 年末增加 18 家,增幅 72%,体现出苏州挂牌企业整体质量的大幅提升。基础层 265 家,较 2019 年下滑 36 家,降幅 12%。

经营业绩方面,苏州创新层企业在总股本、资产总值、营业收入及净利润方面分别占比 23.81%、37.58%、27.57%和 31.45%,几项占比均远高于挂牌家数占比(13.83%),这反映出苏州新三板创新层企业平均规模和经营状况相比基础层企业明显优质,数据统计情况详见表 7-8 和表 7-9。

表 7-8 截至 2020 年末苏州新三板企业分层数据统计(绝对数)

市场分层	2019 年挂牌家数	2020 年挂牌家数	总股本(亿股)	资产(亿元)	营业总收入(亿元)	净利润(亿元)
基础层	301	265	118.69	492.65	402.44	21.88
创新层	25	43	37.89	305.85	156.99	10.70
精选层	—	3	2.58	15.33	10.02	1.44
合 计	326	311	159.16	813.83	569.45	34.02

表 7-9 截至 2020 年末苏州新三板企业分层数据统计(相对数)

市场分层	2019 年挂牌家数占比	2020 年挂牌家数占比	总股本占比(%)	资产占比(%)	营业总收入占比(%)	净利润占比(%)
基础层	92.33	85.21	74.57	60.54	70.67	64.32
创新层	7.67	13.83	23.81	37.58	27.57	31.45
精选层	—	0.96	1.62	1.88	1.76	4.23
合 计	100.00	100.00	100.00	100.00	100.00	100.00

第七章 苏州新三板挂牌企业分析

2020年7月27日,新三板精选层正式推出,首期挂牌精选层的32家企业中,江苏企业有5家,其中苏州企业有3家,分别是同享科技、苏轴股份和旭杰科技。精选层挂牌数量仅次于北京,位于全国第二,体现出苏州强大的工业经济实力。基本情况统计详见表7-10。

表7-10 新三板精选层挂牌苏州企业基本情况统计

代 码	名 称	精选层挂牌日期	所 处 行 业	2020年末总市值(亿元)
839167.OC	同享科技	2020.7.27	有色金属冶炼和压延加工业	17.19
430418.OC	苏轴股份	2020.7.27	通用设备制造业	8.72
836149.OC	旭杰科技	2020.7.27	非金属矿物制品业	4.62

精选层挂牌的三家苏州企业基本情况如下:

(1)苏轴股份

苏轴股份前身为苏州轴承厂,成立于1958年,主营业务为滚针轴承及滚动体的研发、生产及销售。改革开放后,苏轴股份始终专注于滚针轴承细分领域,牢牢占据龙头地位,公司不断创新发展,于2008年被认定为国家高新技术企业。公司2019年实现营业收入4.32亿元,归属于挂牌公司股东的净利润为6 633万元,2017—2019年营业收入和净利润复合增速分别达到12.31%和7.57%,呈稳定增长趋势。

2014年1月苏轴股份挂牌新三板;苏轴股份于2015年2月开始做市交易;2016年5月,苏轴股份完成定向发行股票400万股,募集资金4 000万元。2020年6月,苏轴股份精选层挂牌申请过会;2020年7月27日正式挂牌精选层。截至2020年末,公司市值为8.72亿元。

苏轴股份是上市公司创元科技的控股子公司,实际控制人是苏州国资委,这也是国资及上市公司子公司公开发行并进入精选层的典型案例。

(2)同享科技

同享科技成立于2010年,公司主营业务为高性能光伏焊带产品的研发、生产和销售。2019年,公司实现营业收入4.09亿元,同比增长17.28%,净利润为3 407.89万元,同比增长84.86%。

公司于2016年9月成功挂牌新三板基础层,2018年5月进入创新层,并在2020年7月22日在精选层顺利挂牌交易,同日发行股票1 200万股,募集资金1.22亿元。截至2020年末,公司市值为17.19亿元。

(3)旭杰科技

旭杰科技成立于2006年,深耕装配式建筑行业十余年,江苏省建筑产业现代化示范基地、国家高新技术企业。其主营业务为建筑装配化的研发与设计咨询、相关预制部品的生产与销售、施工安装以及工程总承包。

2016年3月旭杰科技挂牌新三板,同年进入创新层;2016年4月、2016年12月、2017年6月旭杰科技先后完成三次定向发行;2017年7月、10月旭杰科技在上海证券交易所分别发行双创债和双创可转债;2020年6月30日旭杰科技精选层挂牌申请过会,7月27日正式挂牌精选层。

旭杰科技的营业收入从挂牌前6 000多万发展到2019年的2.84亿,2017年至2019年营业收入年均复合增长率达52.59%,呈高速增长趋势。截至2020年末,公司市值为4.62亿元。

2. 与全国主要城市分层情况比较

本节通过分析对比苏州与主要城市创新层和精选层挂牌企业的数量及质量,反映出苏州挂牌企业的整体资质情况。

(1) 精选层

苏州企业精选层挂牌数量3家,仅次于北京7家,位居全国第二,显示了苏州企业的出色实力。但平均股份数、平均总资产、平均营业收入、净利润均低于国内可比城市。可见虽然数量占优,但平均规模仍然较小,优质企业做大做强的压力仍然明显。国内部分城市精选层企业基础数据统计情况如表7-11所示。

表7-11 截至2020年末国内部分城市精选层企业数据统计表

地 区		挂牌数量	平均股份数（亿股）	平均总资产（亿元）	平均营业收入（亿元）	平均净利润（亿元）
直辖市	北 京	7	3.22	20.94	11.50	0.72
	上 海	2	1.25	6.72	2.92	0.49
	天 津	—	—	—	—	—
	重 庆	1	3.06	9.95	7.03	0.93
计划单列市	深 圳	1	4.85	106.56	44.52	4.95
	厦 门	—	—	—	—	—
	宁 波	1	2.08	17.35	20.78	0.82
	青 岛	—	—	—	—	—
	大 连	1	2.31	36.51	18.55	3.80
部分省会	广 州	1	2.73	8.04	3.33	0.80
	杭 州	—	—	—	—	—
	南 京	—	—	—	—	—
	武 汉	1	1.24	5.83	1.96	0.60
	成 都	—	—	—	—	—
苏 州		3	0.86	5.11	4.70	0.48

(2) 创新层

表7-12中列示了国内部分城市创新层企业基础统计数据。截至2020年末,苏州创新层挂牌企业家数为43家,仅低于北京(151家)、上海(91家)、深圳(58家)和广州(51家)等一线城市,数量上仍居全国主要城市领先地位。

从创新层挂牌家数占各城市新三板挂牌企业总数的比例来看,截至2020年末全国平均水平为13.90%,在选取的14个城市中有7个城市该比例超过全国水平,苏州该比例为13.83%,略低于全国平均水平,而2019年时苏州该比例高于全国平均水平。主要原因是:

表 7-12　截至 2020 年末国内部分城市创新层企业数据统计表

地　区		挂牌数量	占比（%）	平均总股份数（亿股）	平均总资产（亿元）	平均营业收入（亿元）	平均净利润（亿元）
直辖市	北　京	151	14.06	1.22	6.09	6.60	0.23
	上　海	91	14.13	1.27	10.87	12.65	0.28
	天　津	17	11.56	0.68	3.09	2.39	0.12
	重　庆	11	10.89	0.70	3.94	5.49	0.39
计划单列市	深　圳	58	13.62	1.01	8.65	4.44	0.30
	厦　门	11	9.48	0.62	3.00	3.19	0.13
	宁　波	9	9.89	1.20	6.58	13.04	0.65
	青　岛	12	17.65	0.72	5.01	5.31	0.29
	大　连	4	6.15	1.36	10.10	7.92	0.89
部分省会	广　州	51	17.06	1.43	6.44	3.90	0.25
	杭　州	40	18.35	1.21	15.26	9.57	0.46
	南　京	31	19.02	1.10	5.23	6.21	0.35
	武　汉	24	12.12	0.99	6.18	2.36	0.23
	成　都	23	13.94	0.69	5.88	3.96	0.16
苏　州		43	13.83	0.88	7.11	3.65	0.25

一方面苏州基础层企业摘牌数量相对较少，另一方面也显示苏州企业基本面相对稳定，而全国与重点城市的结构在悄然发生变化。

从平均总股本、平均总资产体现的规模指标，可以看到苏州企业平均总股本在可比城市中排名靠后，平均总资产处于中游水平，说明苏州挂牌企业平均规模较小。从平均营业收入和平均净利润维度来分析创新层企业财务表现，平均营业收入在可比城市中排名靠后，但平均净利润排名相对靠前，说明苏州企业都符合"小而美"的特点，不可否认的是做大做强压力仍然明显。

通过上述比较分析得出结论：从数量上比较，截至 2020 年末苏州市精选层挂牌企业数量仅次于北京，位居全国第二，创新层挂牌数量仅低于北京、上海、广州、深圳几个一线城市，居于全国重点城市上游水平，具备明显的数量优势。

从财务指标上看，苏州地区精选层企业和创新层企业都有明显的"小而美"特点，平均股本数、资产规模、收入、利润等指标相对较小，未来存在较大的做大做强的压力。

三、苏州新三板挂牌企业的行业分布分析

1. 全国新三板挂牌企业行业分布概况

从行业分布情况来看，我国新三板挂牌企业基本覆盖了各个行业，旗帜鲜明地支持实体经济发展，不少挂牌企业是所属细分行业内的领军企业，特色鲜明，创新动力强劲，成长性良好。

根据Wind行业分类标准,我国新三板挂牌企业共有工业、信息技术、可选消费、材料、医疗保健、日常消费、金融、公用事业、能源、房地产和电信服务这11类行业。截至2020年末,共有2 492家挂牌企业属于工业行业,占比30.44%;其次为信息技术行业,共有2 301家挂牌企业,占比28.11%;可选消费行业共有1 137家挂牌企业,占比13.89%;材料行业共有987家挂牌企业,占比12.06%;医疗保健行业共有455家挂牌企业,占比5.56%;日常消费行业共有447家挂牌企业,占比5.46%。该6类行业合计占比超过95%,在整体市场中发挥着重要的影响力。在总股本、营业收入和总资产方面,上述6类行业的合计占比分别为79.33%、90.38%和81.04%,均低于数量占比。基本情况统计详见表7-13。

表7-13 我国新三板挂牌企业行业分布数据统计

	挂牌数量	占比(%)	总股本(亿股)	营业收入(亿元)	总资产(亿元)
材料	987	12.06	667.83	2 498.63	126.93
电信服务	22	0.27	9.96	21.11	0.66
房地产	60	0.73	23.61	89.12	5.31
工业	2 492	30.44	1 391.62	4 657.93	135.35
公用事业	90	1.10	151.90	224.14	12.54
金融	116	1.42	857.73	1 019.25	91.63
可选消费	1 137	13.89	565.80	1 798.94	8.27
能源	80	0.98	79.84	247.69	7.68
日常消费	447	5.46	313.02	1 276.02	36.01
信息技术	2 301	28.11	1 106.59	4 096.64	143.11
医疗保健	455	5.56	265.07	724.15	53.91
合计	8 187	100.00	5 432.97	16 653.63	621.39

注:以Wind行业分类为准。

2. 苏州新三板挂牌企业行业特征分析

根据Wind行业分类,苏州地区新三板挂牌企业共涉及工业等9类行业分类,主要集中在工业、信息技术、材料、可选消费以及医疗保健这5类行业,分别有122家、70家、43家、43家和18家,数量合计占比95.19%。在总股本、营业收入和总资产方面,上述5类行业的合计占比分别为85.90%、89.87%和81.26%,均低于数量占比。在总股本、营业收入、总资产方面,工业类企业居于首位,领先优势较为明显。基本情况统计详见表7-14。

表7-14 苏州市新三板挂牌企业分行业数据统计

	挂牌数量	占比	总股本(亿股)	营业收入(亿元)	总资产(亿元)	净利润(亿元)
材料	43	13.83	19.41	94.95	91.86	9.03
房地产	1	0.32	0.20	1.20	1.48	0.28

(续表)

	挂牌数量	占比	总股本（亿股）	营业收入（亿元）	总资产（亿元）	净利润（亿元）
工业	122	39.23	64.35	250.54	362.35	12.88
公用事业	2	0.64	0.88	2.19	3.24	0.27
金融	5	1.61	17.70	40.58	136.90	−0.66
可选消费	43	13.83	16.37	58.23	66.24	4.23
日常消费	7	2.25	3.67	14.15	10.89	1.38
信息技术	70	22.51	24.99	92.49	107.82	4.55
医疗保健	18	5.79	11.59	19.20	33.06	2.07
合计	311	100.00	159.15	573.53	813.83	34.02

注：以 Wind 行业分类为准。

财务数据方面，2020年苏州地区工业类新三板挂牌企业合计营业收入为250.54亿元，占比43.68%；合计净利润为12.88亿元，占比37.86%。信息技术企业的营业总收入为92.49亿元，占比16.13%；合计净利润为4.55亿元，占比13.37%。材料类企业的营业总收入为94.95亿元，占比16.56%；合计净利润为9.03亿元，占比26.54%。可选消费类企业的营业总收入为58.23亿元，占比10.15%；合计净利润为4.23亿元，占比12.43%。医疗保健类企业的营业收入为19.20亿元，占比3.35%；合计净利润为2.07亿元，占比6.08%。相对而言，材料类企业、可选消费类企业、医疗保健类企业和信息技术类企业的盈利能力较强。

四、苏州新三板挂牌企业的股票转让方式分析

1. 全国新三板挂牌企业股票转让方式概况

2020年2月，为全面推进新三板深化改革工作，满足挂牌公司公开发行、精选层股票交易方式确定及变更等新业务需要，全国股转公司发布修改后的《全国中小企业股份转让系统股票交易方式确定及变更指引》和《全国中小企业股份转让系统证券代码、证券简称编制管理指引》，同时配套制定《全国中小企业股份转让系统股票交易方式确定及变更业务办理指南》。文件明确，新三板股票可以采取做市转让方式、协议转让方式或竞价转让方式进行转让。挂牌公司提出申请并经全国股份转让系统公司同意，可以变更股票转让方式。

新三板精选层推出之前，挂牌企业股票转让方式主要有两种：集合竞价转让和做市转让，实行"二选一"。精选层股票实施连续竞价交易，区别于基础层、创新层（可采取做市交易或集合竞价交易），与沪深市场接轨。连续竞价是指对买卖申报逐笔连续撮合的竞价方式，成交依照价格优先、时间优先的原则。这种方式一方面兼具交易效率和定价效率，另一方面也已经过沪深市场多年实践，可降低投资者学习成本。

从全国挂牌企业统计来看，截至2020年末，基础层和创新层中集合竞价转让方式占绝对主导地位，数量有7 654家，占比达到93.49%，做市转让方式有479家，占比5.85%。可见基础层和创新层挂牌企业中，集合竞价转让方式为绝对主流。采取连续竞价方式交易的有

54家,占比0.66%,由于仅限于精选层公司和拟申报精选层的公司,所以数量较少。基本情况统计详见表7-15和图7-3。

表7-15 截至2020年末全国新三板挂牌企业股票转让方式分布①

方　式	挂牌数量	数量占比(%)
集合竞价转让	7 654	93.49
做市转让	479	5.85
连续竞价	54	0.66
合　计	8 187	100.00

2. 苏州新三板挂牌企业股票转让方式分析

苏州新三板市场的股票转让方式同样有集合竞价转让、做市转让和连续竞价转让三种。主要分布情况表现为,集合竞价转让数量最多,有294家,占比达到94.53%,为绝对主力。做市转让有14家,占比4.50%。采取连续竞价转让方式的为精选层3家。整体数据分布与全国市场情概况类似。基本情况统计详见表7-16和图7-4。

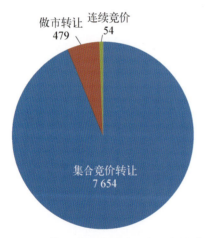

图7-3 截至2020年末全国新三板挂牌企业股票转让方式分布图

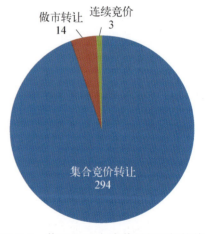

图7-4 截至2020年末苏州新三板挂牌企业股票转让方式分布图

表7-16 截至2020年末苏州新三板挂牌企业股票转让方式分布

方　式	挂牌数量	数量占比(%)
集合竞价转让	294	94.53
做市转让	14	4.50
连续竞价	3	0.96
合　计	311	100.00

① 截至2020年末,有11家申报精选层的创新层企业交易方式变更为连续竞价,为方便统计,均按照连续竞价统计。

3. 新三板挂牌企业股票转让方式评述

在新三板做市商制度实施初期，市场普遍认为选择做市转让是挂牌企业提升交易活跃度的重要手段，甚至在一定程度上是优质企业的身份象征。由协议转让变更为做市转让成为大量挂牌企业的共同选择，做市企业数量及占比不断攀升。截至 2015 年末，实施做市转让的新三板挂牌企业占比达到 21.74%。而 2016 年以来，新三板做市热潮逐渐退去，做市指数持续低迷，做市成交额不断萎缩，选择做市转让的新挂牌企业越来越少，甚至许多优质的已做市企业纷纷回归协议转让。截至 2016 年末，实施做市转让的新三板挂牌企业占比回落至 16.27%。2017 年，新三板做市企业数量出现了更严重的负增长，截至 2017 年末，实施做市转让的挂牌企业占比仅为 11.55%。截至 2020 年末，实施做市转让的挂牌企业占比仅有 5.85%。同时，优质做市标的的离去也加速了新三板做市商的退出。

2020 年 8 月，股转公司发布《混合交易业务及信息发布优化相关技术文档的通知》，明确做市商可参与公开发行业务，参与精选层挂牌公司股票的交易，并优化信息发布内容。

混合做市能够有效解决市场流动性不足的问题，是精选层制度的完善。做市商可以网下投资者的身份参与询价，询价与申购的要求与其他网下投资者要求一致。同时，做市商可以网上投资者的身份参与申购，申购的要求与其他网上申购投资者的要求一致。而且，做市账户可以不用申报对应的适当性类别。

本次股转公司修改的混合做市内容主要是针对精选层混合做市制定的，明确了做市商在自行控制报价价差、时长等条件下，既可以参与公开发行业务，又可以参与精选层连续竞价股票交易。未来新三板精选层交易活跃度有望进一步提升。

第三节 苏州新三板挂牌企业发展存在的问题与提升策略

一、苏州新三板挂牌企业存在的问题

苏州新三板挂牌企业当前主要存在以下问题：

1. 整体规模偏小，亮点企业少，做大做强压力大

从数量上看，无论是江苏省内还是与全国其他省会城市、计划单列市等相比，苏州新三板挂牌企业数量均有明显优势，但从平均总股本、平均总资产等规模角度，苏州企业排名相对处于中下游，说明苏州挂牌企业平均规模较小。数量大但平均规模小，表明大量企业即使挂牌新三板后仍未能起到提升品牌影响力，增强股权流动性的目标，数量虽多，但亮点企业少，使得挂牌后仍然埋没在茫茫市场中。这将会导致新三板市场逐步失去吸引力，引起摘牌浪潮，这也是近年来新三板面临的显著问题。

2. 摘牌企业越来越多，造成市场资源浪费

近年来，苏州企业挂牌后再摘牌的企业大部分是主动摘牌，只有少数是因为成功转板或被并购而摘牌；企业经过了长期的辅导、规范等流程进入新三板市场，付出了各种成本，而如此多的公司特别是优质公司，挂牌后再离开资本市场，对于社会是一种巨大的资源浪费，也可能使得这类公司重新回到不透明、不规范的倒退道路上。新三板作为多层次资本市场的重要组成部分，有向更高层级的资本市场输送优质企业的使命，作为主板市场的后备军，把

优质后备军留在资本市场需要各级政府的智慧和决心。

3. 融资方式相对单一，未发挥资本市场应有功能

目前新三板企业的融资渠道主要有定向增发、股权质押和发行"双创债"融资三种方式。其中定向增发是主要的融资渠道，股权质押近些年发展较快，但其属于间接融资，仍然无法摆脱对银行等传统金融机构的依赖。债券融资方面，"双创债"融资的门槛比较高，不仅无法满足大量基础层企业的融资需求，而且创新层的企业也不是都满足发行"双创债"的条件。苏州地区发行过债券融资的新三板企业也屈指可数。融资渠道的单一局限了新三板市场的进一步发展壮大，而且也无法实现其解决中小企业融资问题的初衷。

二、提升苏州新三板挂牌企业市场表现的策略

建议从以下方面提升苏州新三板企业市场表现：

1. 通过并购等方式实现产业链整合，做大做强

并购已成为现代公司做大做强的普遍路径。从股权并购，到购买产品线等方式不一而足。苏州新三板企业普遍存在小而美的特点，企业都处在产业链上的某一环节或生产某一产品，通过并购方式实现产业链整合，扩大规模，节约内部成本，能够更好地实现协同效应。新三板企业财务相对透明，信息披露相对规范，给新三板企业之间的并购创造了良好的基础条件。应争取在新三板市场培育出一批技术先进、产业链成熟的优质企业，利用转板升板，谋求更好的发展。

2. 鼓励提升板块档次，给予政府补贴或奖励

目前，新三板市场已形成"基础层—创新层—精选层"这一"能上能下"的流动机制，符合条件的精选层企业还可能实现转板上市。苏州市政府应积极鼓励挂牌企业"争上游"，基础层向创新层发展，创新层争取进入精选层，精选层积极争取转板上市，对于成功提升板块档次的企业给予政府补贴或奖励，将极大地鼓励企业努力提升绩效，维护市场形象，积极主动做大做强。市政府应积极制订提升板块计划，发掘有能力、有意愿升板的企业，在各个方面给予优惠政策。

3. 发展区域股权交易中心，安置好拟摘牌企业

面对苏州近年来越来越多的摘牌企业，如何控制这一浪潮，以及摘牌后如何避免回到不透明不规范的老路，需要完善的制度设计。科创板向新三板的降板制度已有规定，且有主板、创业板的先例可循。新三板向区域股权交易中心的降板制度却较为缺乏，可考虑在经济发达、法制完善的苏州地区试点建立区域股权交易中心与新三板降板企业的对接机制，为摘牌企业安排好退路，避免优质企业资源的浪费。

本 章 小 结

本章主要分析了国内以及苏州新三板企业的发展现状，区域内企业的区域分布、市场分层分布、行业分布、股转方式等方面的特征，分析了苏州新三板企业存在的突出问题，进而提出助推新三板企业提升市场表现的策略。

总体来看，从数量上比较，截至2020年末苏州市精选层挂牌企业数量仅次于北京，位居全国第二；创新层挂牌数量仅低于北京、上海、广州、深圳几个一线城市，居于全国重点城市

上游水平,具备明显的数量优势。

从财务指标上看,苏州地区精选层企业和创新层企业都有明显的"小而美"特点,未来存在较大的做大做强的压力;苏州创新层企业占比略低于全国平均水平,2019年时苏州该比例高于全国平均水平;区域分布方面,苏州新三板企业主要分布于市辖区,县域相对较少。

从行业分布上看,主要分布于工业、信息技术、材料、可选消费和医疗保健这5类行业,材料类企业、可选消费类企业、医疗保健类企业和信息技术类企业的盈利能力较强;股票转让方式上,超过90%企业采用集合竞价转让,做市转让较少;精选层和拟申请精选层企业采用连续竞价方式,并推出混合交易制度,提升市场交易活跃度。

整体而言,苏州新三板挂牌企业突出存在以下问题:① 整体规模偏小,亮点企业少,做大做强压力大;② 摘牌企业越来越多,造成市场资源浪费;③ 融资方式相对单一,未发挥资本市场应有功能。我们提出以下策略,提升苏州新三板挂牌企业市场表现:① 通过并购等方式实现产业链整合,做大做强;② 鼓励提升板块档次,给予政府补贴或奖励;③ 发展区域股权交易中心,安置好拟摘牌企业。

第八章

苏州拟上市预披露公司分析

预先披露制度是指拟申请首次上市发行股票(IPO)的企业依法向证监会报送有关申请文件,并在其受理后,将有关申请文件向社会公众披露的制度。预披露环节是当前企业上市的必经之路,参与预披露的公司是未来上市公司的后备军。证监会从2014年4月起陆续对已向证监会报送相关申请文件的拟上市公司开展预披露工作,截至2020年12月底,预披露公司总数达到5 000多家。2019年科创板正式上市以来日趋成熟,2021年4月主板中小板正式合并,故本章将主板、创业板和科创板统一做比较分析。对拟上市公司开展预披露工作被认为是新股发行机制改革的一项重要举措。在2020年IPO预披露中,苏州共有85家公司披露了申报表,而其中25家公司现已成功上市,本章即以剩余60家苏州拟上市公司作为预披露研究对象。

第一节 苏州预披露公司数量分析

一个地区上市公司的数量规模和分布结构反映了这个地区的经济实力和发展潜力。苏州经济发展成果无论是与长三角其他城市相比,还是与全国主要城市相比都是令人瞩目的。本节将以苏州此次预披露的60家公司为分析对象,和各直辖市、计划单列市、2020年GDP排名前10位(含苏州)城市、江苏省内其他城市作比较。

一、与各直辖市比较

直辖市在我国行政建制中属于省级行政单位,是我国最为重要的顶级城市。直辖市人口众多,且通常在政治、经济和文化等各方面具有相当重要的地位。在2020年底前的IPO预披露中,四大直辖市北京有127家、上海101家、天津15家、重庆12家拟上市公司披露了申报稿,见表8-1。

表8-1 苏州预披露公司数量与各直辖市比较

城 市	公司数量(家)	
	2019年	2020年
北 京	94	127
上 海	73	101
天 津	11	15
重 庆	12	12
苏 州	46	60

资料来源:据中国证监会资料整理而成。

与苏州的 60 家预披露公司相比,北京和上海的预披露公司数量远超苏州,分别为 127 家和 101 家,这反映了北京和上海作为我国政治中心和经济中心无可取代的经济实力。另一方面,虽然同为直辖市,天津和重庆的预披露公司数量远落后于苏州,分别为 15 家和 12 家。同 2019 年相比,四大直辖市中北京、上海和苏州预披露公司数量均有大幅增加,重庆维持不变,天津少量变动,这反映了苏州行政级别与直辖市相比虽然较低,但经济实力和发展潜力却不容小觑,优质公司资源也较为丰富。

二、与各计划单列市比较

计划单列市通常是一些规模较大的城市,享有省一级的经济管理权限,而不是省一级行政级别。其财政收支直接与中央挂钩,由中央财政与地方财政两分,而无须上缴省级财政。目前,全国仅有 5 个计划单列市,分别是辽宁大连、山东青岛、浙江宁波、福建厦门、广东深圳。从经济发展水平、人口数量、政治地位、区位优势上来看,苏州均满足设立为计划单列市的条件。

截至 2020 年底 IPO 预披露中,深圳预披露公司数量共 109 家,位居各计划单列市榜首,并且超过上海,稳居全国第二。这反映了深圳作为老牌经济特区强大的实力和发展潜力,也反映出深圳良好的创业、创新环境和对全国优质资源的凝聚效应。其他四个计划单列市预披露公司数量与苏州相比,宁波和厦门的预披露公司数量较 2019 年变动不大,远低于苏州,青岛预披露公司数量为苏州的五分之一,而大连仅有 5 家,见表 8-2。这反映了苏州虽然不是计划单列市,但是经济实力和优质公司资源要优于大多数计划单列市。在未来,苏州为了实现更高水平的发展,积极寻求城市行政层次的升级将是必然选择。

表 8-2 苏州预披露公司数量与各计划单列市比较

城 市	公司数量(家)	
	2019 年	2020 年
辽宁大连	4	5
山东青岛	9	12
浙江宁波	21	21
福建厦门	17	18
广东深圳	76	109
苏 州	46	60

资料来源:据中国证监会资料整理而成。

三、与 GDP 排名前十位城市比较

上市公司数量往往与一个地区经济地位正相关。根据国家统计局公布的 2020 年各地区国内生产总值(GDP)数据,排出了位居前十位的地级以上城市,并分别统计了这十个城市此次预披露的公司数量。苏州 GDP 排名稳定在全国第 7 位,预披露公司数量排名位列第 5,首次超过广州,位列杭州之后,预披露公司数量排名超过了经济实力排名,这反映出苏州公司的经济实力较经济发展水平更加突出。此外,这十个城市中除了苏州是地级市以外,其

他均为直辖市和副省级城市(计划单列市和省会城市),但这并没有影响苏州预披露公司数量的相对优势地位,预披露公司总数仍超过成都、重庆、武汉等城市。详细数据见表8-3和图8-1。

表8-3　2020年GDP排名前十位地级以上城市预披露公司数量　　　　（单位：家）

按GDP排名	城　　市	公司数量	按公司数量排名
1	上　海	101	3
2	北　京	127	1
3	深　圳	109	2
4	广　州	52	6
5	重　庆	12	10
6	天　津	15	9
7	苏　州	60	5
8	成　都	34	7
9	武　汉	22	8
10	杭　州	61	4

资料来源：据国家统计局、中国证监会资料整理而成。

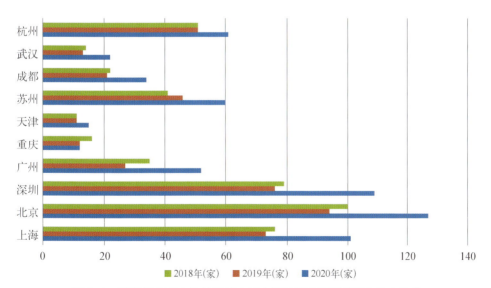

图8-1　GDP排名前十位地级以上城市预披露公司数量三年动态比较

从2018—2020年GDP排名前十位地级以上城市预披露数量来看,北京、深圳和上海一直处于绝对领先地位,这三个城市的预披露公司数量是排名第4位杭州的两倍左右。2018—2020年苏州的预披露公司数量排名第五,仅次于杭州。武汉、天津、重庆这三年来预披露公司数量基本持稳。

四、与江苏省内其他城市比较

苏州经济总量一直稳居江苏省的首位,是江苏省名副其实的经济中心。苏州已上市公司数量占据绝对优势地位,稳居全省首位,远超省内其他城市。从地域分布来看,江苏的上市公司资源主要集中在苏南地区和省会南京,苏中和苏北的上市公司资源相对缺乏,这也符合经济发展水平和优质公司资源之间正向互动的关系。苏南片除苏州外,南京预披露公司数量29家超过无锡,位列全省第二,苏南第三大城市常州预披露公司数量为16,稳居全省第四位。而将2020年底进行IPO预披露的公司数量与2019年对比后可以发现,苏州预披露公司数量始终保持在全省第一位,体现了苏州上市公司充足的后备力量,详细数据见表8-4。

表 8-4 江苏省各市预披露公司数量 (单位:家)

城 市	预披露公司数量		已上市公司数量(A股)	
	2019年	2020年	2019年	2020年
南 京	18	29	88	95
苏 州	46	60	114	144
无 锡	23	25	77	91
常 州	17	16	42	48
镇 江	6	9	13	16
南 通	9	14	35	35
扬 州	5	4	13	15
徐 州	1	1	10	10
淮 安	1	4	2	3
连云港	0	0	6	7
泰 州	1	4	8	10
盐 城	3	6	6	5
宿 迁	5	2	4	6
总 数	135	174	418	485

资料来源:据中国证监会资料整理而成。

总体看来,苏南地区预披露数量总和超出江苏省预披露公司数量的一半,这显示出苏南地区雄厚的经济实力和丰富的优质企业资源。此外,苏中片南通2020年有14家预披露公司和35家已上市公司,仅次于苏南常州。苏北各市2020年的排名依旧靠后,这也是苏北经济发展水平相对落后的体现。

第二节 苏州预披露公司区域分布和市场结构分析

本节将以苏州此次预披露的60家公司为分析对象,从区域分布和市场结构两个角度,

分析苏州预披露公司的区域分布特点和内在发展趋势。

一、区域分布分析

苏州大市共辖5个市辖区[姑苏、苏州高新区(虎丘区)、吴中区、相城区、吴江区],1个县级行政管理区(苏州工业园区)以及4个县级市(常熟、张家港、昆山、太仓)。由于高新区和工业园区是苏州两大相对独立的特色经济板块,故将高新区和工业园区单独划分出来。此外,吴江2012年9月撤市设区,现在仍处于合并过渡期,其产业特色和经济地位仍保持原先的特点,故仍将吴江区与其他县级市并行列示,不纳入苏州市区的范围。详细数据见表8-5和图8-2。

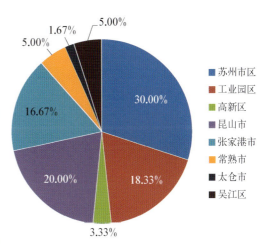

图8-2 苏州预披露公司区域分布图

表8-5 苏州预披露公司和已上市公司区域分布   （单位:家)

地 区	预披露公司数量		已上市公司数量	
	2019年	2020年	2019年	2020年
苏州市区	10	18	18	26
工业园区	11	11	21	30
高新区	0	2	14	15
昆山市	15	12	14	21
张家港市	4	10	20	21
常熟市	1	3	10	10
太仓市	1	1	4	4
吴江区	4	3	13	17
合 计	46	60	114	144

资料来源:由中国证监会资料整理而成。

从统计数据可以看出,"市区"2020年预披露公司数量(18家)较2019年上升,跃居苏州市第一。"市区"涵盖姑苏区、吴中区、相城区三个市辖区,且发展较早,在预披露公司数量和已上市公司数量上拥有绝对优势。昆山市(12家)和工业园区(11家)分别位居全市第二第三,这三个区域不仅大幅领先其他区市,还超过省内很多地级市和国内其他大城市。昆山是江苏去上海的必经之路,基于地理优势以及廉价的土地和劳动力,昆山成为很多企业的落户首选。苏州工业园区是改革创新的试验田,多年来大力引导和扶持科技企业,凭借政策优势和区位优势,培育了一批科技含量高和发展潜力大的企业。

张家港市预披露公司数量位列第四,已上市公司数量(21家)与昆山并列第三,发展较为稳定。此外,高新区2020年有2家预披露公司,近几年发展后劲相对不足,已上市公司数相比前几年排名也靠后。剩余其他区域预披露公司分布与苏州已上市公司分布基本一致,体现出苏州经济核心板块实力依然强劲,显示了苏州地区经济的雄厚实力以及上市公司的可持续发展特色。

二、市场结构分析

这两年政府针对市场结构做了一定调整,主板与中小板合并,创业板实行注册制,科创板新设以来渐趋成熟。因此,本小节中市场结构主要分为主板、创业板和科创板三个部分。详细数据见表8-6和图8-3。

表8-6 苏州预披露公司和已上市公司市场结构

板 块	预披露公司数(家)	占比(%)	已上市公司数(家)	占比(%)
主 板	17	28.33	86	59.72
创业板	28	46.67	38	26.39
科创板	15	25.00	20	13.89
合 计	60	100.00	144	100.00

资料来源:由中国证监会资料整理而成。

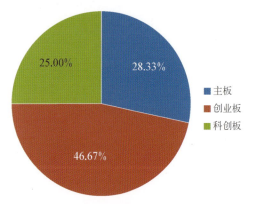

图8-3 苏州预披露公司市场结构图

从表8-6的数据来看,本次预披露的苏州企业申请主板和创业板的分别有17家和28家,已上市公司数量分别为86家和38家,前期主板累计的上市公司较多。但是创业板注册制的实行放开了企业申请上市的门槛,即使主板与中小板合并,创业板预披露公司数量也远超主板。此外,科创板(15家)虽然实行时间较短,但是板块的开放性和行业定位受到政策的支持,未来发展潜力无限。

从各板块财务指标看,主板预披露公司的平均总资产、平均总负债和平均净利润均高于已上市公司,而已上市公司的平均营业总收入是预披露公司的两倍。创业板与科创板的已上市公司平均总资产、平均总负债和平均营业总收入远高于预披露公司,但是这两个板块预披露公司的平均净利润高于已上市公司,体现了创业板和科创板的预披露公司未来盈利能力可观。详见表8-7。

表8-7 苏州预披露公司和已上市公司分市场规模与绩效对比 (单位:亿元)

	平均总资产		平均总负债		平均营业总收入		平均净利润	
	预披露公司	已上市公司	预披露公司	已上市公司	预披露公司	已上市公司	预披露公司	已上市公司
主 板	193.13	175.88	163.64	133.88	26.19	51.98	3.68	1.10
创业板	6.94	20.57	2.67	9.63	5.54	10.51	0.77	0.44
科创板	7.01	13.24	3.39	4.54	5.74	8.63	0.98	0.79

注:表中数据均来自各公司2019年年度财务报表。

另外,从板块间对比来看,创业板和科创板财务数据相近,各项指标均远低于主板,这是因为主板目前采用核准制,要求企业连续几年盈利,势必对财务指标的考核要求更高,市场结构改革以后,具有盈利优势的企业主要流向主板,因此,主板的预披露公司财务数据表现更出色,再加之昆山农商银行作为金融机构具有强大的资本实力,各财务指标均领先。相应的创业板和科创板实行注册制,允许没有盈利的企业上市,单从财务指标来看,和主板的预披露公司发展前景比较不够全面。

从60家预披露公司的财务统计数据来看,苏州瑞博生物技术有限公司(以下简称"瑞博生物")是唯一一家2019年净利润为负的公司。该公司于2020年12月29日申请科创板IPO获上交所受理,公司专注于小核酸药物的研究、开发和生产。截至招股说明书签署日,瑞博生物开展了十余款产品的研究,主要围绕糖尿病、肿瘤、眼科疾病、乙肝、高血脂等疾病领域开展。与大多数生物技术创新公司一样,由于研发周期长,投入资金大,瑞博生物公司处于连年亏损状态,目前公司主要依靠外部融资来维持经营现金流。根据招股书,2017年、2018年和2019年公司归属于母公司股东的净利润分别为-7 341.14万元、-9 866.04万元、-13 435.41万元。科创板的引入以及注册制的实行,为很多生物技术类创新公司,提供了未来发展的出路,但是除去财务指标盈利能力来说,对于此类公司有其他严格的审核标准。总体来说,预披露公司的盈利能力比较强,利润创造能力并不比已上市公司差,反映出预披露公司拥有良好的发展前景。

第三节　苏州预披露公司行业分布和产权性质分析

根据前文,可以看出苏州预披露公司的区域分布特点和各市场板块公司规模与业绩情况。本节将从行业分布和产权性质两个角度展开,进一步分析苏州预披露公司的行业分布特点与变化。

一、行业分布分析

三大产业分布是行业分布的基础,也能最为概括地说明苏州上市公司的行业分布情况。从苏州预披露公司的产业分布来看,苏州这三年均没有第一产业的预披露公司,第二产业占绝对比重,并且逐年递增,第三产业在数量上处于相对落后状态,详见表8-8。

表8-8　苏州预披露公司三大产业分布　　　　　　　　　　(单位:家)

产　　业	2018年	2019年	2020年
第二产业	34	40	49
第三产业	7	6	11
总　　计	41	46	60

资料来源:据中国证监会资料整理而成。

将行业细化来分析,预披露的苏州企业行业分布较为集中,主要分布在工业类、材料类两个行业,占比总计为总披露公司数量的80%以上。工业类企业主要以各类机械设备、专用设备制造类企业为主。从行业分布格局来看,苏州预披露公司依然以工业制造业为主,与已上市公司的行业分布格局相似,行业分布非常集中。但是从企业预披露材料中可以看出一个明显的变化就是:苏州制造业企业也在不断向高端、高科技方向转型升级,很多专用设备制造的技术水平和科技含量走在全国前列。此外,昆山农商行参与了此次预披露,体现了金融机构的强大实力,反映了苏州地区良好的经济发展水平和金融生态环境。2020年预披露公司与已上市公司行业分布基本一致,但是信息技术行业预披露公司数量占比仅为11.67%,而已上市公司数量占比为30.22%,位列第二,反映了该行业近年发展势头减弱。此外,可选消费在本年度预披露公司数量为1,而已上市公司数为15家,位列第四位,体现了该行业发展后劲不足,详见表8-9。

表8-9 苏州2020年预披露公司和已上市公司行业分布 （单位：家）

行 业	预披露公司数	占比（%）	已上市公司数	占比（%）
材 料	14	23.33	20	14.39
工 业	35	58.33	53	38.13
信息技术	7	11.67	42	30.22
可选消费	1	1.67	15	10.79
金 融	1	1.67	5	3.60
能 源	1	1.67	2	1.44
公共事业	0	0.00	1	0.72
房 地 产	1	1.67	1	0.72
合 计	60	100.00	139	100.00

资料来源：据中国证监会资料整理而成。

从2018—2020年三年行业变动情况来看,工业和材料行业始终占据领先地位,数量在2020年再次增加。2019年苏州银行上市以后,金融行业的预披露公司只有昆山农商行一家,能源行业自2018年以来只有协鑫智慧能源股份有限公司（以下简称"协鑫智慧能源"）一家,总体来说第三产业在苏州发展相对薄弱。在全球能源革命变革及中国电力体制改革的双重推动下,国内智慧能源产业涌现创新热潮,能源互联网建设进入全新的提速期。协鑫智慧能源从能源生产商向综合能源服务商转型,在能源供给侧、输配侧、用户侧等领域大胆实践,走在行业前列。虽然公司目前还未上市,但从行业分布来说,协鑫智慧能源的出现意味着苏州预披露公司逐渐从单一依靠制造业向高科技、节能减排等全新的行业转变。2020年新增一家可选消费行业单位,这使得苏州预披露公司行业分布更为多样化。详见图8-4。

二、产权性质特点分析

从已上市公司数据来看,超过80%的苏州上市公司是民营企业。从此次预披露的公司来看,民营企业依旧独占鳌头,60家预披露企业中的46家是民营企业,占总数的76.67%,体现了新时期苏州民营资本在良好的区域经济环境下不断地发展壮大的历程,详见表8-10。

第八章 苏州拟上市预披露公司分析

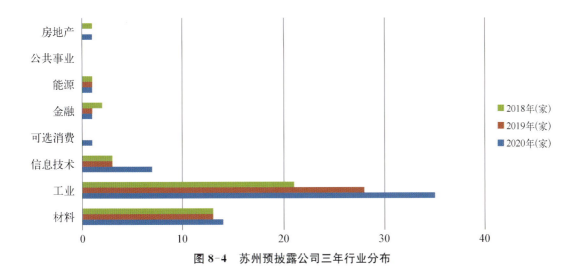

图 8-4 苏州预披露公司三年行业分布

表 8-10 苏州预披露公司和已上市公司产权性质分布 （单位：家）

产权性质	预披露公司数	占比（%）	已上市公司数量	占比（%）
民营企业	46	76.67	118	81.94
国有企业	2	3.33	13	9.03
外资企业	12	20.00	13	9.03
合　计	60	100.00	144	100.00

资料来源：据中国证监会资料整理而成。

2020年，预披露公司中国有企业有2家，外资企业预披露公司上升至12家，已上市公司数量与国有企业数量均为13家，发展成果显著，体现出苏州与世界各地的经济合作规模不断扩大，程度不断加深。我们发现国有资本通过股权安排的形式在注册资本占比并不高的情况下实现了对拟上市公司的控制，而较大份额的股权由分散的民营资本持有但不享有控制权，这种趋势符合了新时期国有资本战略性调整的要求，详见图8-5。

图 8-5 苏州预披露公司产权性质分布

第四节　苏州、深圳、杭州深度对比

根据前文各直辖市预披露公司数量对比，虽然苏州预披露公司数量超过大部分直辖市，但与北京和上海的差距依然很大。从计划单列市的比较结果来看，除深圳外，苏州预披露公司数量远超其余四个计划单列市，深圳作为经济发展特区有其独特的政策和地理发展优势，但是其发展模式对于苏州有着一定的借鉴意义。在GDP排名前10的地级以上城市中浙江省会城市杭州GDP排名位列苏州之后，但是其无论已上市公司数量还是预披露公司数量均超过苏州。深杭两市在各个方面都存在充分比较意义，有助于更好探索苏州经济发展的未来。

一、数量比较

首先比较2016年来苏州与杭州、深圳预披露公司数量。深圳的预披露公司数量一直领先于杭州，虽然在2019年略有下滑，但是2020年得益于科创板等相关政策的支持，预披露公司数量显著增加。近五年来苏州预披露公司数量持续增加，与杭州的差距不断在缩小，2020年杭州的预披露公司数量仅比苏州多1家，显现了苏州经济发展的可持续能力，详见图8-6。

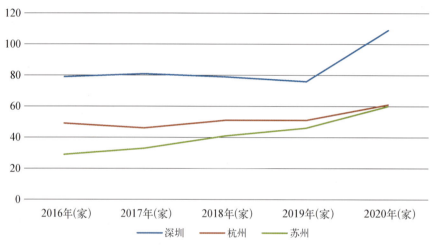

图8-6　苏州、杭州、深圳预披露公司数量比较

同时，对苏州与杭州、深圳2020年科创板预披露公司数量进行比较，苏州以15家的数量位列第一，深圳（14家）仅比苏州少一家，杭州（12家）略落后于苏州和深圳。科创板的新设为苏州企业上市提供了更多的机会，相应地也有助于带动苏州科技创新型企业的深度发展。详见图8-7。

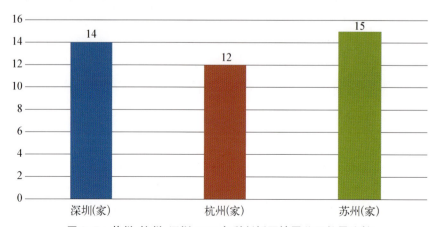

图8-7　苏州、杭州、深圳2020年科创板预披露公司数量比较

二、规模比较

从预披露公司的平均总资产来看,苏州拟上市公司的平均总资产基本持稳。2019年由于苏州银行的上市使得平均总资产规模下降,但是历年仍大于深圳平均总资产规模,2019—2020年苏州平均总资产规模均超过杭州位列第一,显示了苏州上市公司后备梯队的优质潜力。这五年中,杭州预披露公司规模变化不稳定,2017年浙商银行和2018年南华期货的加入,使得预披露公司平均总资产表现突出,远高于苏州和深圳的平均总资产规模。

相比于苏州和杭州,深圳预披露公司的平均总资产规模均处于较低的数值,但在2020年三个城市的预披露公司平均总资产规模相近,见图8-8。

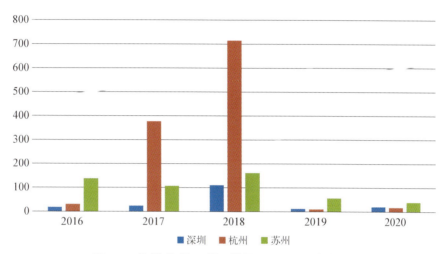

图8-8 苏州、杭州、深圳预披露公司平均总资产比较

公司规模不能完全解读为公司的资质,2019—2020年苏州、杭州和深圳的平均总资产规模相比往年均有下降。以苏州的江苏灿勤科技股份有限公司(简称"灿勤科技")为例,其作为华为的基站滤波器核心供应商,在2019年实现净利润暴增11倍的同时,还获得了华为旗下哈勃投资的青睐。在60家预披露公司的数据对比中,灿勤科技的平均总资产并不属于前列企业,但是2019年的净利润位列第三,公司凭借自身的技术优势成为全球5G通信产业链上游重要的射频器件供应商,与爱立信、大唐移动等通信设备生产商建立了广泛的业务合作,2019年还参与到中国移动的5G联合创新中心项目。

从苏州、杭州和深圳预披露公司的平均净利润来看,无论是所有预披露公司的平均净利润还是科创板预披露公司的平均净利润,苏州始终位列第一,杭州紧随其后,深圳科创板预披露公司平均净利润为负,这意味着2020年苏州预披露公司总体资产规模和盈利情况均表现优异。详见图8-9。

三、行业比较

将2020年苏州、杭州、深圳三地的预披露公司所属行业相比较,可以发现苏州预披露企业几乎都集中在第二产业,其中制造业占比过大,且超过杭州,第三产业预披露公司较少。而杭州、深圳两地预披露企业行业分布较广,且在科学研究和技术服务业,水利、环境和公共设施管理业,文化、体育和娱乐业等行业均有优秀企业参与预披露,特别是杭州预披露公司

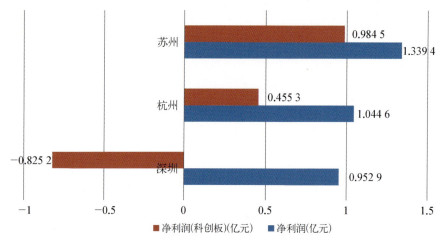

图 8-9　苏州、杭州、深圳预披露公司平均净利润比较

分布的行业更广,显示了深、杭两地新兴行业发展迅速,预披露公司行业分布更为合理。

由此可见,深圳、杭州已经逐渐实现了城市发展的转型升级,大量的战略性新兴产业的公司进行预披露,显示了深、杭两地强大的自主创新能力,完成了从以投资驱动发展为主到以创新驱动发展为主的转变。与之相比,苏州还处在转型的关键期,预披露公司行业层次单一,见图 8-10。

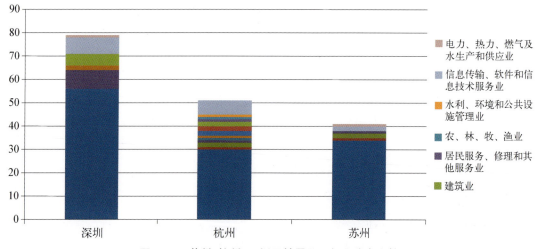

图 8-10　苏州、杭州、深圳预披露公司行业分布比较

第五节　苏州预披露公司现存问题与展望

一、苏州拟上市公司现存问题

1. 城市地位与实力不匹配,抑制经济发展速度

从预披露公司数量分析来看,苏州预披露公司数量依然处于国内领先地位,在地级以上

城市中排名靠前,超过了部分直辖市、计划单列市和其他副省级城市,这反映出苏州雄厚的经济实力和丰富的优质公司资源。但是,苏州与个别城市之间仍有差距,除了领跑全国经济的北京和上海,2010年上半年苏州GDP曾超越深圳,位居全国第四,之后排名几乎以每年一个台阶的速度在下滑,随后几年相继被天津和重庆超越,2014年下滑到了全国第七,之后四年苏州GDP一直处于全国第七。在政治地位决定经济实力的游戏规则下,苏州城市地位滞后于经济实力,较低的城市地位势必会限制苏州综合竞争力的提升。

纵向对比后可以发现,随着注册制日渐成熟,2020年苏州的预披露公司数量较往年大幅增加,与杭州的预披露公司数量几乎相近,但是与深圳依然存在较大差距。从城市相关政策和资源匹配度来看,深圳作为经济发展特区,拥有政策扶持和资金配套,又地处广州和香港之间,能够吸引更多人才和创新型优质公司,未来发展潜力无穷。虽然江苏省与浙江省是经济比肩的大省,但杭州拥有省会优势,包括省内中心度以及浙江全省资源聚集,在经济发展的各个方面拥有更多自主权,苏州想要保持长久领先地位存在一定的难度。

2. 区域发展不平衡,产业分布单一

从预披露公司区域分布来看,2020年苏州50%以上的预披露公司集中在苏州市区、昆山市和苏州工业园区。高新区已上市公司数量可观,然而2020年预披露公司数量只有2家。当前,苏州市区一直是城市发展的核心,多年来预披露公司数量始终保持前列,昆山市借助于先天地理优势和政治扶持发展强劲,而苏州工业园区的各项数据均表现良好,园区模式形成品牌效应。但是区域间预披露公司数量差距较大,侧面反映了各区域间经济发展程度存在较大差异。

从行业分布来看,苏州预披露公司集中在第二产业,近年均以制造业为主,其他行业涉及较少。目前,苏州具有一定的产业规模,但主要集中在制造业领域,制造业是苏州产业的核心,推动了苏州经济的快速增长。然而,原有的经济发展模式使得苏州经济的发展遇到瓶颈,希捷、日东电工等世界500强企业撤出苏州。苏州制造业自主品牌少,附加值低,效益不高,制造业的增加值率、利润水平、利税能力等普遍偏低。此外,从苏深杭行业对比中可见,尽管三者都以制造业为主,而深圳和杭州预披露公司行业分布明显优于苏州。这两个地区均有各自行业发展特色,深圳集中于电子信息产业,杭州集中于信息技术行业。苏州以高端制造产业为主,产业分布单一,缺乏多样化发展。

3. 缺乏核心竞争力,自主创新动力不足

在苏深杭深度对比中,虽然三个城市均以制造业为主,但是深圳与杭州的行业分布更广。深圳与苏州GDP相近,但是深圳一直是科技创新型城市的代表,集结了华为智能芯片与通讯设备、腾讯移动社交平台和比亚迪电动车等优秀企业,分别代表着现代科技产业三大领域IT硬件创新、移动互联网和新能源智能汽车的顶尖水平。杭州依托原有的阿里生态圈到网易、海康威视、大华股份等龙头企业,在互联网领域开辟新路径,打造"互联网+"创新创业中心,信息技术产业发展相对成熟。早期苏州经济的崛起得益于重工业和制造业的迅猛发展,使得长期以来重工业企业和制造业企业等劳动密集型产业在经济结构中长期占据主导地位,特别是互联网与IT行业,远远落后于杭州与深圳。尽管从科创板预披露公司的各项数据对比中可见,苏州领先于杭州和深圳,但是多数企业仍处于孕育和发展阶段,深入发展压力较大。因此苏州目前来说,整体城市产业缺乏核心竞争力,经济结构面临改革的高压,后续发展略显薄弱。

二、相关策略分析

1. 克服城市规模局限,发挥城市间联动作用

一个城市可以凭借更高的行政级别吸引更多的资源,营造更好的经济发展环境。苏州作为长三角经济发达城市的一员,要克服城市规模的局限,精准定位区域角色。合理利用"长三角"城市群的竞争与合作经验,发挥更高层次政府的治理能力,协调一定区域范围内产业发展主体的竞争与合作,实现城市间资源共享与合作共赢。从历年研究数据来看,昆山一直享受着上海经济的辐射,整体经济地位在苏州市内不断提升。因此,苏州应借鉴昆山的发展经验,利用与上海之间的地理区域优势,实现协调发展、错位竞争,突出差异化发展,重视优势产业竞争力的提升,构建"苏沪同城",发挥城市间联动作用。

2. 均衡区域发展,加快产业转型升级

从长期政策来看,工业园区一直是市政府关注的重点区域,促进人才和优质企业的进入是前期规划的目标,近年来工业园区也逐渐形成区域品牌形象,领跑苏州经济。但是,实现苏州经济从高速发展阶段过渡到高质量发展阶段,离不开各个区域的协同共进:一方面要明确各个区域的发展定位,充分发挥"张家港精神""昆山之路""园区经验"等已有的产业升级果实,在有限的发展空间内激发苏州经济发展的潜能;另一方面要实现区域间的均衡发展和统筹规划,促进生产要素自由流通,加快苏州经济一体化发展。

优化调整产业结构、实现产业升级是艰辛且缓慢的过程,首先要实现原有产业的转型升级,利用科创板搭建起科技创新和资本之间的桥梁,主要聚焦高新技术、战略性新兴产业。从以单一的高端设备制造业为主,向生物医药、纳米技术、人工智能等先导产业进军,助推苏州科技创新企业在科创板上市,有利于苏州分享新一轮资本市场改革制度红利,助推苏州产业转型升级,构建现代产业体系。

3. 构建良好的营商环境,拓宽国际合作渠道

2020年3月,苏州市制定《苏州市优化营商环境创新行动2020》,提出实施更高标准、更高质量、更高效率的政务服务,推动营商环境进一步优化。积极营造良好的创新、创业、营商环境,优化促进创新型企业快速成长的生态环境。同时,营造"宽容失败"的创新创业文化,通过"政府扶持+市场驱动+金融支撑",推动资本市场与创新企业结合,为优质公司的发展壮大并登陆资本市场提供条件,特别是注册制的实施和科创板的设立,有利于苏州更好地壮大预披露公司队伍,提高整体经济发展水平。

新时期市场经济环境下,苏州经济的发展必须坚持"走出去"的发展路径,扩大经济开放程度,实现本地化产品的国际化新升级。利用制度鼓励本地企业开展对外贸易,使得苏州本地企业更多地参与到国际贸易当中。重视企业品牌形象的塑造,解决传统代加工生产模式产品增值不足的难题。同时,拓宽国际合作渠道,引入更多优质的外资企业,发挥优质创新企业的带头作用,利用更积极的经济发展态度,实现产业价值的全新呈现。

4. 提升核心竞争力,增强自主创新动力

推动技术创新,掌握核心技术是增强企业竞争力的关键,特别是科创板相关企业,科技创新能力是决定企业成败的关键。当前苏州制造业的发展现状,针对在创新投入和创新产出方面的不足,苏州应立足产业规模和数量的优势,推动制造企业向信息化、科技化的方向转型发展。苏州若要在预披露公司排名中保持前列,就必须加强企业的自主创新能力,提高

第八章 苏州拟上市预披露公司分析

核心技术竞争力。此外,人才是城市经济发展的不竭动力,积极引进领军型创新创业团队,增加城市自主创新动力,最终将促进资本市场"苏州板块"的发展壮大并使其成为实现苏州经济转型升级的强大推动力。

本 章 小 结

通过对苏州预披露公司的分析,可以得出以下结论:从绝对数量上,苏州预披露公司数量依然排在全国前列,体现了苏州强大的经济实力。从区域分布来看,昆山市、工业园区和苏州市区预披露公司数量形成一定规模,远超省内其他城市,体现经济核心板块竞争力。从市场结构来看,此次预披露公司以申请创业板和科创板上市的企业较多,企业规模较小,但更具有成长性与较强盈利能力,这体现了苏州拟上市企业未来良好的发展前景。从行业分布来看,虽然预披露公司仍以制造业为主,但有明显的向高端、高科技设备制造转型的趋势。从产权性质来看,民营企业依然独占鳌头,体现了苏州地区民营经济强大的生命力。从苏深杭预披露公司比较来看,苏州预披露公司数量与深圳、杭州差距逐渐缩小,其预披露公司规模处于一个稳步上升的状态,并且科创板预披露公司的数量领先于杭州和深圳。而分析已过会公司数量可以发现,截至2020年年底,苏州共有60家预披露公司,25家已上市,1家过会,体现了苏州地区企业质量上乘,有良好的发展前景。此外,苏州外资企业较多,出口依存度高,2020年的疫情势必对苏州外向型经济造成打击。但是在此冲击下,苏州预披露公司数量仍逆势增加,足见苏州超强经济潜力和抗压实力,发展前景可观。

预披露公司作为上市公司的后备军,无论最后能否被证监会核准上市或注册上市,都已按照上市公司标准在股权结构、公司治理、组织架构、合法合规和内部控制、财务与税务等方面进行了规范,是极其优质的公司资源,具有良好的持续发展能力,对促进苏州区域经济发展和产业升级起到排头兵的作用。如果能成功上市,将依托资本市场实现公司更大的发展。所以,苏州应当大力扶持拟上市公司,利用多重优惠鼓励政策,加速其实现成功上市。

第九章

苏州上市公司『十四五』发展展望

"十三五"以来,面对国内外复杂形势,苏州市在市委、市政府的正确领导下,锚定目标、稳扎稳打,支持企业上市、支持上市企业,推动苏州市企业利用境内外资本市场做强做优,助推全市上市工作稳步健康发展。"十三五"期间,苏州市全市地区生产总值从2016年的15 475.09亿元增加至2020年的20 170.45亿元,苏州上市企业队伍也快速扩容,从2015年底的100家,增加到2020年末的181家,累计募集资金3 655.2亿元,全市境内上市公司总市值12 753亿元(如表9-1所示)。"苏州板块"在设立科创板、新三板开设精选层、创业板实施注册制等资本市场改革重大时点,均实现"首板有我",为"十四五"进一步推进全市上市工作高质量发展奠定了良好基础。

表 9-1 苏州市上市工作统计表(2020 年末)

上 市 地	家 数	融资额(亿元)
一、上市企业		
上交所主板	40	1 307.6
上交所科创板	20	202.9
深交所主板	3	188.4
深交所中小板	43	1 167.5
深交所创业板	38	344.0
境外上市	37	444.7
本年累计新增上市公司	29	269.5
本年累计再融资	21	354.2
上市公司总数	181	3 655.2
二、申报企业	53	/
三、辅导企业	70	/
境内上市公司市值(12月31日)	12 753	
四、新三板		
累计挂牌企业总数(家数)	311	
五、全部挂牌企业总数(家数)	553	

数据来源:苏州市地方金融监督管理局。

第一节 "十三五"期间苏州企业上市工作成就

"十三五"期末,苏州市共有境内外上市公司181家,较"十二五"期末大幅增加81家,其中A股上市公司144家,位列全国第五,全市科创板上市公司达20家,位列全国第三。全市累计新三板挂牌企业553家,较"十二五"期末增加324家,挂牌数量位列全国第四。"十三五"期间通过IPO、上市公司再融资、新三板融资、发行公司债等方式从资本市场募集资金4 571.3亿元,达到"十二五"期间(约920亿元)的五倍左右。

一、注重激励企业上市

"十三五"期间,苏州市政府出台《苏州市促进企业利用资本市场实现高质量发展的实施意见》《苏州市加快推进产业资本中心建设行动计划(2020—2022年)》等政策,围绕打造产业资本中心不断优化政策环境,支持企业上市、支持上市企业,推动苏州市企业利用境内外资本市场做强做优,助推苏州市经济高质量发展。

截至2020年底,全国共有A股上市公司4 140家,合计总市值为844 517亿元,苏州地区共有A股上市公司144家,合计总市值为12 753亿元,上市公司数量和总市值国内占比分别为3.48%和1.51%。从城市排名看,A股上市公司数量前五位的城市分别为北京(377家)、上海(338家)、深圳(333家)、杭州(161家)、苏州(144家)。江苏共有A股上市公司481家,A股上市公司数量前三位的城市分别为苏州(144家)、南京(94家)、无锡(90家)。

从表9-2可以看到,"十三五"期间苏州上市企业数量持续增加。企业积极抢抓国家全面深化资本市场改革机遇,2020年苏州企业上市数创历史新高,全年新增境内外上市公司29家(其中境内A股上市公司25家、境外上市公司4家)。同年8月24日,创业板实施注册制改革,首批18家企业集中挂牌,苏州企业占据一席之地。

表9-2 "十三五"期间苏州市境内A股上市公司变动情况 (单位:家)

	主 板	中小板	创业板	科创板	合 计
2016年末	27	38	25	—	90
2017年末	35	39	30	—	104
2018年末	37	39	31	—	107
2019年末	39	42	33	6	120
2020年末	43	43	38	20	144

注:2020年7月,鹿港文化(601599)被浙江文投控股,并更名为浙文影业(601599)。2021年3月公司公告将注册地改为浙江省杭州市。

二、形成苏州板块特色

苏州按照"五个一批"总体工作思路,持续优化上市后备企业培育,推动更多优质企业上市,推动了资本市场"苏州板块"的稳步壮大,形成了极富特色的资本市场"苏州板块",在设立科创板、新三板开设精选层、创业板实施注册制等资本市场改革重大时点,均实现"首板有我",资本成为促进实体经济发展的重要助推器。

从市场来看,2020 年新增的 29 家苏州上市企业中,上交所主板 4 家,上交所科创板 14 家,深交所中小板 2 家,深交所创业板 5 家,港交所上市 4 家,上市板块全面开花。表 9-2 显示在苏州境内上市的 144 家企业中,主板、中小板、创业板和科创板上市公司数量分别占比 29.86%、29.86%、26.39%、13.89%,由此可见主板、中小板和创业板三个板块的上市公司数量相对均衡,苏州企业与多层次资本市场体系合理对接。

从区域来看,苏州各地区全面发展。2020 年昆山新增 8 家上市企业,位列苏州第一,苏州工业园区新增 7 家上市企业,紧随其后,吴江区、相城区、吴中区、高新区和张家港市上市企业的新增数量则分别为 4 家、3 家、3 家、2 家和 2 家。

三、企业盈利能力稳定

近年来苏州上市公司盈利能力整体有所提高,高收益上市公司数量增加。2016 年至 2017 年,苏州上市公司的盈利能力保持强劲增长势头,净资产收益率平均值分别达到了 8.75% 和 9.44%,2018 年至 2019 年有所回落,但 2020 年苏州上市公司反映公司盈利能力、成长能力的财务指标较 2019 年又有所提高,并且由于上市公司注重资本积累,反映上市公司股本扩张能力的每股公积金指标达到了历史最高 3.3 元。此外,2020 年苏州上市公司中净资产收益率为正的公司占比 85.2%(扣除两家退市公司),净资产收益率在 10%—20% 之间以及大于 20% 的上市公司数量增加,高收益公司占比明显上升。

分行业来看,近五年来苏州上市公司中电子和机械设备行业盈利能力稳定,电气设备行业的盈利能力提升迅速,净资产收益率从 2019 年的 −2.16% 提高到 2020 年的 9.24%。2020 年苏州电子和电气设备、非银金融、国防军工、公用事业、钢铁、房地产、计算机、家用电器、汽车、商业贸易、有色金属和综合行业的行业净资产收益率平均值均高于 A 股市场相关行业的净资产收益率平均值,表现出良好的盈利能力。

四、再融资总规模增加

"十三五"期间,受政策松紧程度的影响,再融资市场的规模表现也有所不同。2014 年创业板定增的放宽,极大地激发了市场的热情,再融资市场规模出现连续三年的快速扩张时期。2017 年再融资细则的修订和减持新规的落地导致再融资市场开始收缩,同时提升了债务融资比重,优化了再融资结构。随着 2020 年再融资新规的发布,A 股再融资市场进入新一轮的宽松期。随着苏州经济的快速发展以及金融机构体系建设的日益完善,苏州地区上市公司数量不断增加,苏州地区上市公司的再融资总规模呈现扩大的趋势,再融资方式也更加多样化。

2020 全年苏州在资本市场再融资总规模达 512.34 亿元,其中通过发行短期融资券融资 178 亿元、通过定向增发融资 151.57 亿元,此外还通过发行公司债、配股、发行可转债等途径募集资金 182.77 亿元,苏州上市公司的再融资方式呈现出多样化的结构。根据表 9-3 对比"十二五"期间与"十三五"期间的再融资总规模,可以看出"十三五"期间的再融资总规模明显增加。2018 年苏州 A 股上市公司再融资总规模达到 932.23 亿元,呈现爆发式增长,其中定向增发达到 701.82 亿元,2019 年定增回落,再融资总规模也随之降低。2020 年苏州 A 股上市公司再融资所筹集的资金规模大幅增长,较 2019 年增加了 282.13 亿元,增长幅度为 122.55%。面对疫情冲击,苏州企业积极通过再融资补充资金,保持企业活力,推动上市企业的可持续发展。

表 9-3　2011—2020 年苏州 A 股上市公司再融资笔数及总规模

年　度	再融资笔数（笔）	再融资总规模（亿元）	年　度	再融资笔数（笔）	再融资总规模（亿元）
2011	6	29.48	2016	31	545.03
2012	12	66.35	2017	23	443.77
2013	14	65.61	2018	25	932.23
2014	20	223.71	2019	17	230.21
2015	28	402.93	2020	25	512.34

五、科创板取得突出成果

"十三五"期间,苏州高度重视高科技企业培育和区域科技创新生态系统功能提升,积极抢抓资本市场改革机遇,着重加快培育推进企业科创板上市。2020 年 3 月 2 日,苏州市政府出台了《苏州市科创板上市后备企业培育计划》,进一步优化、细化科创板后备企业培育机制。同时,苏州政府不断深化与上交所的战略合作——设立上交所苏南服务基地,以"一基地、多站点"形式开展对苏州市上市后备企业的精准培育。同年 9 月 22 日,科创板企业培育中心(苏南)落户苏州,为科创企业对接资本市场搭建了一个综合服务平台。

自 2019 年 7 月 22 日科创板推出以来,截至 2020 年底全国共有 215 家公司成功在科创板上市,总市值 34 916.98 亿元。苏州地区共有科创板上市公司 20 家,合计总市值为 2 448.71 亿元,上市公司数量和总市值国内占比分别为 9.30% 和 7.01%。从城市排名看,苏州科创板挂牌数量位列全国第三,仅次于上海(37 家),北京(34 家)。2020 年全年全国科创板 IPO 达 145 家,江苏新增科创板上市公司 30 家,苏州市新增科创板上市公司 14 家,苏州新增科创板上市公司数量国内占比 9.66%,江苏省内占比 46.67%。将行业细化来分析,已在科创板上市的苏州企业行业分布较为集中,分布在信息技术类(8 家)、工业类(7 家)两个行业。苏州在科创板取得的成绩,代表了苏州当前转型升级取得的良好进展。

六、推进新三板快速增长

回顾"十三五"规划,新三板市场规模在 2015—2017 年中经历了"扩容"过程,2017 年以后又经历了"收缩"过程,新三板已经从过去的增量改革逐步进入到深化改革中。苏州市政府在推进企业挂牌上市方面开展了一系列的宣传、培训和对接活动,并修订出台了相应的扶持政策,使创新型、创业型、成长型中小企业靠前对标上市要求,及时解决了影响企业挂牌进展的各种问题,全市新三板挂牌工作已经形成了"梯次推进、持续发展"的良好格局。

截至 2020 年底,全市累计新三板挂牌企业 553 家,较"十二五"期末增加 324 家,挂牌数量位列全国第四,见表 9-4。2020 年 7 月 27 日,新三板首批 32 家企业集中晋层挂牌精选层,苏州同享科技、旭杰科技、苏轴股份三家企业名列其中,苏州是除北京之外,首批晋级新

三板精选层企业数量最多的城市。截至2020年末,苏州新三板挂牌企业数位列全国第四,存量挂牌企业311家。上市后备企业梯队稳步培育壮大,有在交易所审核、证监会审核企业46家,报江苏证监局辅导企业72家。

表9-4　我国主要城市新三板挂牌数量与占比(2020年底)

城　市	挂牌公司数量(家)	全国挂牌总量占比(％)
北　京	1 074	13.12
上　海	644	7.87
深　圳	426	5.2
苏　州	311	3.8
广　州	299	3.65

第二节　苏州企业上市工作存在的不足

一、上市公司规模偏小

截至2020年底,苏州共有A股上市公司144家,位居全国第五,但是苏州上市企业的总体市值规模与其他主要城市仍有较大差距。

表9-5展示了截至2020年末,我国主要城市上市公司的平均市值规模。从公司平均市值来看,苏州144家上市公司的平均市值为88.61亿元,相对以前年度有所下降。苏州上市公司数量增速大,但是新上市公司的规模整体偏小,2020年全年苏州新增A股上市企业25家,其中中小型企业有15家,占比60％,在科创板上市的有14家,占比56％。截至2020年末,苏州上市公司的平均市值规模,仅相当于北京市平均数的19.00％,上海的39.34％,深圳的28.90％,杭州的50.11％。

表9-5　我国主要城市上市公司平均市值规模(2020年末)

主　要　城　市	上市公司数量(家)	上市公司市值(亿元)	平均市值(亿元/家)
北　京	377	177 227.74	466.39
上　海	338	76 367.54	225.27
深　圳	333	102 093.3	306.59
杭　州	161	28 470.25	176.83
苏　州	144	12 760.31	88.61

表9-6显示,2020年苏州全年实现地区生产总值20 170.45亿元,同比增长4.86％,位列全国第六。从数量上看,苏州A股上市公司总数位列全国第五,与第四名杭州相近,但与第三位深圳相差巨大,不足深圳的半数。苏州与深圳从GDP总量上看,都突破了两万亿大关,人口数量也相当,但苏州的A股上市公司数量远低于深圳,平均市值规模也不及其三分之

一。这与苏州和深圳的区位优势差异、国家政策支持等因素有关,但主要原因还是在于苏州以中小民营企业为主体。

表 9-6　2020 年我国主要城市 GDP 排行

排名	城市	GDP(亿元)	同比增长率	人口(万人)	A 股上市公司数量(家)
1	上海	38 700.58	1.43%	2 428	338
2	北京	36 102.55	2.07%	2 154	377
3	深圳	26 927.09	2.76%	1 344	333
4	广州	25 019.11	5.88%	1 531	117
5	重庆	25 002.79	5.92%	3 124	56
6	苏州	20 170.45	4.86%	1 075	144
7	成都	17 716.68	4.14%	1 658	88
8	杭州	16 106.00	4.77%	1 036	161

二、市场绩效总体偏低

苏州率先指数于 2013 年 12 月 12 日正式发布,是全国首家以城市命名并公开挂牌的股票指数。苏州率先指数精选了 30 家苏州 A 股上市公司以客观全面地反映苏州经济的发展,是分析苏州上市公司的市场绩效的重要参考。

2020 年全年苏州率先指数上涨 18.51%,通过与沪深板块市场的横向对比可以看出苏州率先指数年涨幅仅高于上证指数,弱于所有深市重要指数。图 9-1 显示 2020 年苏州率先指数的涨跌幅在上半年与市场整体持平,在下半年则落后于沪深市场。从苏州率先指数与山东指数、江苏指数和浙江指数的对比结果中也可以发现苏州率先指数在 2020 年整体表现并不突出,落后于周边省份,市场绩效总体偏低。苏州上市公司中,中小板上市的公司数量占比近 30%,是发展重心。但是 2020 年我国中小板指数全年上涨 31.55%,苏州中小板样本股价格仅平均上涨 5.55%,苏州中小板上市公司绩效下降明显,这与这些企业规模普遍较

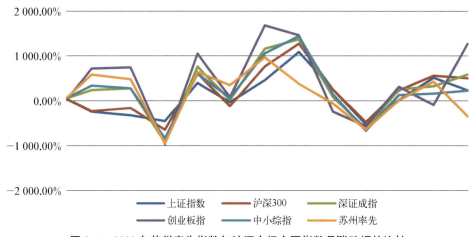

图 9-1　2020 年苏州率先指数与沪深市场主要指数月涨跌幅的比较

小、业绩表现不稳定有关。

三、行业分布不够合理

苏州的上市公司集中在第二产业,截至2020年底,在苏州上市公司中,属于第二产业的公司共有115家,属于第三产业的有29家,无第一产业上市公司。"十三五"期间,苏州第二产业新增上市公司数量是第三产业的4.58倍,由此可见,近5年来苏州上市公司集中于第二产业的趋势日益明显。通过与广州、杭州、南京、成都、武汉等主要城市的横向对比,发现苏州上市公司在制造业的企业集中度、市值集中度均偏高,不利于苏州其他行业的企业利用资本市场。

从行业分布来看,截至2020年底,苏州市144家上市公司主要集中在工业类、信息技术类、材料类和可选消费类,分别有52家、42家、20家和16家,合计占比90%以上。其中占比最高的工业类平均市值仅有74.93亿元,低于苏州上市公司平均市值水平,这表明苏州工业类上市公司的市值规模较小,相比金融、信息技术等类别缺少竞争力。业绩不佳的公司应当在考虑公司情况和市场态势的基础上尝试业务多元化或者升级转型,见表9-7。

表9-7 苏州市上市公司行业分布(2020年末)

行 业	上市数量(家)	占比(%)	平均市值(亿元)
工 业	52	36.11	74.93
信息技术	42	29.17	117.38
材 料	20	13.89	130.08
可选消费	16	11.11	141.78
金 融	5	3.47	185.68
医疗保健	5	3.47	89.22
能 源	2	1.39	101.23
公用事业	1	0.69	11.21
房 地 产	1	0.69	52.5
合 计	144	100.00	97.74

注:本表按Wind行业分类。

四、企业治理仍需完善

近年来苏州上市公司总体运营能力有所降低。自2018年起,苏州上市公司的总资产周转率平均值开始逐年降低,在2019年和2020年更是低于市场平均水平。2020年苏州主要行业除了电子和电气设备行业总资产周转率平均值略有增长,其他主要行业总资产周转率平均值均有所下降。通过和A股市场相关行业平均值比较,2020年苏州电子、化工、通信三个主要行业的总资产周转率平均值偏低,说明苏州主要行业的营运能力有待进一步提高。分市场来看,2020年除科创板以外,其他市场上市公司总资产周转率平均值均低于相应市场该指标平均值。

苏州上市公司的成长能力总体较弱且分化明显。与北京、上海、重庆、深圳、杭州等主要城市对比,2019年和2020年苏州上市公司的营业收入增长率平均值在所有城市比较对象中均为倒数,远远低于市场平均水平。2020年机械设备、化工、电气设备、通信等行业成长能力低于A股市场平均水平,但在非银金融、国防军工、钢铁、家用电器、银行等行业展现出较强的成长能力,行业之间分化明显。此外,受宏观环境变化、业绩下滑、负债增加等因素影响,化工、传媒、建筑材料、交通运输等行业的上市公司偿债风险加剧,需要加强公司治理,重视偿债风险,优化融资结构。

五、再融资能力需提升

将苏州市上市公司2020年的再融资状况与上海、深圳进行横向比较发现,苏州上市公司再融资规模偏小,股权融资比例高于上海和深圳地区的上市公司,苏州上市公司再融资能力仍需要提高,见表9-8。

表9-8　2020年主要城市上市公司再融资规模　　　（单位:亿元）

	上海市	深圳市	苏州市
增　发	659.21	759.48	151.57
配　股	2.34	138.89	59.86
可转债	183.35	252.93	17.84
公司债	266.88	429.46	89.5
企业债	0	0	0
可分离可转债	0	0	0
中期票据	193	268	0
短期融资券	3 180.8	576.50	178
集合票据	0	0	0
资产支持证券	235.6	895.96	14.57
非公开定向债务融资工具	15	0	1
合　计	4 736.18	3 321.23	512.34

从图9-2可以看出,近5年苏州上市公司的再融资结构不稳定。2019年由于定向增发规模下降,股权融资规模从2018年的791.92亿元下降到2019年的58.21亿元,相应的股权融资占比就从84.95%下降到25.29%。2020年随着定向增发上升,股权融资规模又上升至44.75%。再融资结构的不稳定,反映出苏州上市公司一定程度上没有建立多元化的再融资结构体系,过于依赖定向增发的股权融资,导致企业控制权分散,也不利于有效利用财务杠杆。

六、并购重组不够活跃

在当前创新引领发展的背景下,公司之间进行并购重组有利于企业提升经济实力,获取先进技术与人才,跨入新的行业,推进企业的转型升级。受国际形势变动、疫情和公司规模

第九章 苏州上市公司"十四五"发展展望

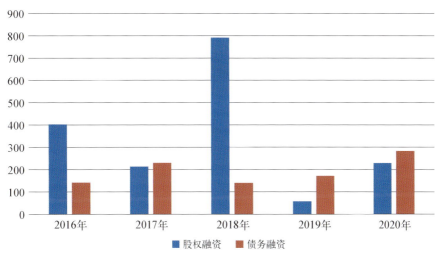

图 9-2 "十三五"苏州上市公司股权融资与债务融资规模（单位：亿元）

普遍偏小等众多因素影响，苏州上市公司参与并购活动不够活跃。2020年苏州仅有3家公司先后提出并购申请，是2019年的半数；2020年苏州市涉及上市公司并购活动的共有83起，比2019年减少了49起。此外，苏州上市公司的并购规模差异较大，平均并购价格呈现出逐年降低的趋势。在2020年苏州全部47起成功并购事件中，并购价格超过10亿元的仅有1起，缺乏有影响力的并购。

如表9-9所示，将苏州市企业2020年的并购情况与上海、北京、天津、重庆等城市相比较，苏州上市公司并购的总次数仅与重庆持平，低于其他城市，这表明苏州多数公司并没有选择通过并购重组来调整自身的发展战略。

表 9-9 2020 年主要城市公司参与并购情况比较

	苏州	上海	北京	天津	重庆	深圳	杭州
总次数	83	411	265	132	83	245	96
完 成	47	202	149	63	41	121	46
失 败	1	7	5	0	2	7	4

第三节 "十四五"期间企业发展的机遇与挑战

"十四五"期间，苏州经济发展将面临更加复杂的形势。当前，世界多极化、经济全球化、文化多样化、社会信息化深入发展，全球新一轮科技革命和产业变革蓬勃兴起；而我国正加快构建以国内大循环为主体、国内国际双循环相互促进的新发展格局，深入实施一系列重大发展战略，长江经济带、长三角一体化发展及上海建设社会主义现代化国际大都市，有利于苏州在更大格局中谋划特大城市现代功能，自贸试验区苏州片区、苏南自主创新示范区、昆山和苏州工业园区现代化试点等改革加快推进，为苏州转型升级、提高国际竞争力提供了新的发展机遇，但也面临着一定的挑战。

一、发展优势

1. 战略区位优势

苏州地处长江三角洲中部,毗邻上海,背靠无锡、常州等地区,是长江三角洲地区中心城市之一。改革开放以来,苏州承接以上海为主的资源溢出,以"亚洲四小龙"为主的产业转移,创建包括苏州工业园区在内的众多开发区,成为在全国乃至全球都颇具影响力的制造业基地。当前,苏州正全力以赴融入长三角一体化战略,依托上海建设科技创新中心带来的"雁阵效应"以及长三角巨大的腹地市场,聚焦大产业、聚力大创新、聚合大发展,再次站上了"风口"。

2. 开放创新优势

苏州现拥有国家级开发区 14 家、省级开发区 6 家、综合保税区(保税港区)8 家,还拥有外资地区总部超 350 家,集聚有国际化背景的重大创新团队 30 个、科技领军人才 5 000 名。另一方面,加快融入全球创新网络,引导优势企业围绕先导产业、战略性新兴产业、先进制造业和现代服务业"四路纵队",支持企业通过海外并购扩大市场渠道、获得关键技术、打造国际品牌,向设计、研发、营销等高附加值环节延伸,已成为全国开放载体最为密集、功能最全、发展水平最高的地区之一。

二、发展劣势

1. 劳动力问题

从劳动力供给角度看,老龄化以及少子化成为苏州劳动力面临的最重要的两大问题,随着人口红利优势的减退,养老负担不断加重。外来人口比重大,素质不高以及存在结构性矛盾,给苏州发展带来了瓶颈。从劳动力质量看,同上海、北京、南京等城市相比,苏州地区高校较少,自身的劳动力数量和质量等不具有优势。特别是中高端人才的紧缺将成为苏州企业发展的重要制约,人才的短缺与人才的积压同时并存。政府应当通过采取措施提高生育率、提升劳动者素质、完善社会保障制度和转移农村剩余劳动力,为苏州企业的未来发展夯实基础。

2. 周边地区挤出效应

苏州毗邻上海,在过去的发展中,借助上海,利用其辐射和集聚效应,是苏州外向型经济崛起的关键之一。但上海的政策优势可能对苏州现有存量优质项目产生"虹吸效应",对增量项目产生"挤出效应",并且由于苏州对外开放程度高、邻近上海,经济联系紧密,上海可能会对苏州经济发展产生"溢出效应"和"协同效应"。

另外,苏州地处长江三角洲地区,从区域一体化发展现状看,地区间无论是在现代服务业还是在先进制造业的项目协作抑或产业合作的机制尚未形成。各地未能完全基于自身比较优势的差异和产业结构升级的规律进行产业布局,而是竞相追逐那些利大税高的企业,甚至出现引资项目的恶性竞争,有的还会通过各种手段阻碍生产要素的跨行政区流动,产业结构高度雷同、自成体系,城市之间的产业分工和特色难以体现,苏锡常产业同构率高达 90%以上,不利于苏州企业的长足发展。

三、发展机遇

全球新一轮科技革命和产业变革蓬勃兴起,科技创新带来产业发展新机遇,新一代基础

第九章　苏州上市公司"十四五"发展展望

设施建设、数字化赋能等带动传统产业升级，能够推动苏州企业创新升级，为推动苏州经济高质量发展提供新引擎新动能。扭住扩大内需这个战略基点，引领服务构建新发展格局，有利于苏州更好地驾驭两个市场、善用两种资源，巩固提升开放型经济发展新优势。

根据国家部署，未来一段时间长三角将打造世界级城市群，苏州作为长三角具有世界级水平的重要中心城市，商务、金融等特大型城市功能将更加全面完善，有利于苏州在更大格局中谋划特大城市现代功能，促进各类要素高效集聚。自贸试验区苏州片区、苏南自主创新示范区、昆山和苏州工业园区现代化试点等改革，有利于苏州率先描绘社会主义现代化新画卷，探索新时代对外开放新路径，保持高质量发展始终走在最前列，为苏州企业的发展提供更为广阔的空间。

四、面临挑战

"十四五"期间，国际国内环境日趋复杂，不稳定性、不确定性因素明显增加，苏州经济发展面临诸多考验。

从国际来看，全球产业链供应链重组，核心技术和关键环节受制于人，实体经济特别是制造业成长壮大挑战增多。苏州作为以外向型经济为主的城市，在未来国际形势下，中新、昆台等金融开放合作试点落实和突破难度加大，政策红利无法充分释放。另外，全球经济复苏仍不稳定不平衡，货币宽松政策衍生的长期风险不容忽视，制造业面临着发达国家"高端回流"和发展中国家"中低端分流"双重挤压，实体经济积累的深层次风险存在向金融领域传导的风险。

从国内来看，区域竞争日益加剧，创新资源、优质资本和高层次人才等加快重组，投资和出口增速明显放缓，全要素生产率出现下滑，产能过剩有所加剧。苏州企业发展压力也在不断增大。

第四节　"十四五"期间苏州上市公司发展目标

依据苏州市十六届人大五次会议审议通过的《苏州市国民经济和社会发展第十四个五年规划和二〇三五年远景目标纲要》（苏府〔2021〕29号）和相关行业发展规划系列文件精神，"十四五"期间，苏州经济社会发展目标已经确定，据此进一步确定苏州上市公司发展目标。根据相关法律法规可归纳出以下几点。

一、"十四五"苏州经济发展重点

1. 加快建设现代产业体系

打响"苏州制造"品牌。持续壮大新一代信息技术、生物医药、纳米技术应用、人工智能等四大先导产业，加快打造生物医药产业地标，全年新增15家生物医药潜力地标企业。落实半导体和集成电路、智能制造装备等十条重点产业链"链长制"，补齐补强产业链。加快提升产业基础能力，滚动实施一批工业强基项目。对标国内外先进水平，加快培育一批首台（套）高端装备。推进质量强市建设，开展"苏州制造"品牌认证。深化资源集约利用综合评价，加大低端落后产能淘汰力度，加快传统产业改造提升。

加快数字化发展。促进实体经济与数字技术融合发展，大力推动数字产业化、产业数字化，加快发展数字贸易、智慧农业、智能建造、数字金融、数字文旅，积极打造数字经济发展高地。推进全市新型基础设施建设(新基建)和新型城市基础设施建设(新城建),夯实数字经济发展基础,累计建成 5G 基站 2.7 万个。支持发展基于互联网的文化、旅游、健康、体育、养老等数字经济新兴业态,培育新的经济增长点。

2. 深入实施创新驱动发展战略

加快重大创新平台建设。持续推进材料科学姑苏实验室建设,积极推动纳米真空互联实验装置尽早进入国家重大科技基础设施行列。加快省部共建放射医学与辐射防护国家重点实验室建设,全力推进国家超级计算昆山中心、国家先进功能纤维创新中心、第三代半导体、生物医药技术创新中心建设,积极推进太湖科学城建设。深入推进苏南自主创新示范区建设,加快全市高新区争先进位,进一步加强要素集中、产业集聚、政策集成,推进高新区加快建设成为集知识创造、技术创新和新兴产业培育于一体的创新核心区。深化国际科技合作,争取布局建设海外离岸创新中心 15 家左右。

强化企业创新主体地位。加快建立产学研紧密结合的技术创新体系,支持企业牵头组建创新联合体,承担科技重大专项和科技计划项目。推动大企业开放供应链资源,探索发展供应链金融模式,加大对中小微企业技术创新和专业化发展的支持力度。实施高新技术企业培育"小升高计划",加快培育一批核心技术能力突出、集成创新能力强的创新型领军企业、独角兽企业和瞪羚企业。实施企业研发机构高质量提升计划,支持创新型领军企业牵头建设国家产业(技术)创新中心和制造业创新中心,鼓励有条件企业组建行业研究院、建设自主品牌大企业和领军企业先进技术研究院,提升共性基础技术研发能力。到 2025 年,全市高新技术企业数量累计突破 2 万家。

3. 增创开放型经济新优势

开放引领发展动力持续强化。对外开放持续扩大,发布"开放再出发"30 条政策举措,中国(江苏)自由贸易试验区苏州片区获批建设并实现良好开局,中国(苏州)跨境电子商务综合试验区、中日(苏州)地方发展合作示范区成功获批,昆山深化两岸产业合作试验区扩大至昆山全市,昆山获批国家进口贸易促进创新示范区,中德(太仓)创新合作加快推进,各级各类开发园区创新转型迈上新台阶。

加快推进江苏(苏州)国际铁路物流中心口岸和苏州(太仓)港口型国家物流枢纽建设,强化中欧班列(苏州)国际物流重要通道作用。积极参与"一带一路"交汇点建设,开展多层次多元化对外合作,提高境外经贸合作园区发展水平。完善高水平开放平台功能,擦亮中新、中日、中德和海峡两岸等对外开放金字招牌,推进苏州自贸片区试点经验集成创新。精心研究 RCEP(区域全面经济伙伴关系协定)、CPTPP(全面与进步跨太平洋伙伴关系协定)等国际经贸新规则,用好有关制度和便利化举措,加快构建开放型经济新优势。

未来,苏州需实施更大范围、更宽领域、更深层次对外开放,建设更高水平开放型经济新体制、更高能级开放平台,构建陆海内外联动、东西双向互济的开放新格局,巩固提升开放型经济发展新优势。

4. 深挖现代服务业增长潜力

推动制造业服务化发展。促进制造业向创意孵化、研发设计、金融服务、市场营销、售后服务、数据服务、供应链管理等产业链两端延伸,建立产品、服务协同盈利新模式,不断提升制造业服务收入占比。积极培育一批管理服务商,引导和支持有条件的企业由设备供应商向提供包括设计咨询、设备制造及采购、施工安装、维护管理在内的一体化服务集成总承包

第九章 苏州上市公司"十四五"发展展望

商转变,由提供产品向提供整体解决方案转变。支持领军企业面向全行业提供市场调研、研发设计、工程总包和系统控制等服务。支持张家港市开展国家级先进制造业和现代服务业深度融合试点。

打造生产性服务业标杆。实施生产性服务业供给能力提升行动,围绕信息技术服务、研发设计、检验检测认证服务、知识产权服务、节能环保服务、商务服务、供应链管理、金融服务、人力资源服务等九大领域,推动生产性服务业专业化、高端化发展。加大工业软件研发力度,向"中国软件特色名城"头阵迈进。加快产业链上下游集聚发展,创建特色鲜明的省级、国家级生产性服务业集聚示范区和现代服务产业园,打造高水平生产性服务业公共服务平台。主动承接上海在生产服务功能上的转移溢出,加快推动苏州成为与上海服务功能互补的重要区域性生产服务中心城市。围绕产业链部署服务链,强化生产性服务业在研发设计、生产和供应链管理、知识产权、资本运作、市场营销等方面对先进制造业的全产业链支撑作用,探索"群对群"(制造业群和服务业群)的融合发展模式。

5. 统筹城乡协调融合发展

引导要素城乡双向流动。建立健全城市"双创"人员、科技人才和其他各类人才入乡的激励政策,促进城市人力资本向农村流动。深化农村承包地、宅基地和集体产权制度改革,完善承包地和宅基地"三权分置"制度,健全承包地流转、农民闲置宅基地和农房利用的配套政策,总结推广苏州高新区土地承包经营权有偿退出试点经验,指导昆山等地有序开展农村闲置宅基地和闲置农房盘活利用,创新村集体经济实现形式和运行机制。鼓励各类金融机构参与乡村基础设施建设、公用事业和产业发展,引导工商资本、社会力量通过新建、重组、入股农业企业等方式进入"三农"领域,促进城市金融资本入乡。建立健全统一的城乡市场,构建公平有序的市场体系,促进城乡要素自由流通。

推动城乡经济有机融合。有序推进浒墅关绿色技术小镇、黎里国际生态文旅示范小镇、望亭稻香小镇等特色小镇、吴中国家农村产业融合发展示范园、北太湖城乡融合发展示范区、苏州生命健康小镇以及一批特色乡村旅游名村等典型城乡融合项目建设,培育共建一批联结城乡的科技、商贸流通、生活服务等功能性平台,实现城乡要素的跨界流动与合理配置,培育壮大乡村旅游、农村康养、农村电子商务、文化创意等新经济增长点,推进农民持续增收。

开展新型城镇化补短板行动。优化调整乡镇布局,深化经济发达镇行政管理体制改革和基层整合审批服务执法力量改革,依法放权赋能减负,构建简约高效顺畅的基层管理体制。规范推动特色小镇高质量发展,放大"人地钱"挂钩配套政策激励效应。系统支持重点乡镇公共服务基础设施配套建设,统筹推进城乡交通运输发展,探索全域公交,提升农村物流服务水平。妥善处置被撤并乡镇遗留问题,方便群众生产生活。发展符合资源禀赋的优势产业,改善人居就业环境,达到"以产兴城""产城融合""就地市民化"。

二、企业上市工作总体要求

继续打造高质量的资本市场"苏州板块"。大力推动上市公司做优做强,持续壮大行业龙头上市公司阵营,打造以先进制造业、战略性新兴产业等为特色的上市公司集群。持续优化上市后备企业培育,推动更多优质企业上市,全市上市挂牌企业数量在全国大中城市保持前列。坚持规范与发展并举,强化上市公司主体责任,引导上市公司规范发展,多方合力持续压降企业风险。依法打击各类违法违规行为,切实保护投资者利益,维护好发展好苏州在资本市场的良好信誉和形象,积极建设上市公司高质量发展示范区。

三、企业上市工作总体目标

依据《苏州市金融业发展"十四五"规划》,在企业上市工作中,提出了明确的目标:境内外上市公司超过 300 家、千亿市值上市公司总数超过 5 家、上市公司总市值达 1.5 万亿元。

第五节 进一步推进企业上市工作的政策措施

依据《关于推进苏州金融业高质量发展的指导意见》《关于推进苏州金融业高质量发展的若干措施》《市政府关于进一步提高上市公司质量的实施意见》(苏府〔2021〕32 号)等文件要求,"十四五"时期,苏州金融业面临良好发展机遇,也肩负重大责任。要做好苏州企业上市工作,须做好以下工作:

一、着力加强上市后备梯队建设

1. 培育上市后备资源

鼓励符合条件的拟上市企业自愿加入上市后备企业梯队,动态优化苏州上市后备企业信息系统功能。大力发展天使投资、创业投资等股权投资机构,增强政府产业基金引导带动效应,发挥社会资本对企业上市的支持、推进作用。推动各市(区)建立领导挂钩服务机制,为拟上市企业提供融资对接、推荐指导、协调推进等服务。针对企业上市过程中涉及的合规证明出具、环评、规划、历史沿革确认等事项,各相关部门应持续优化流程、提升工作效率。深入发挥上交所苏南基地、深交所苏南服务基地、新三板江苏服务基地等实体化合作载体和东沙湖基金小镇、苏州金融小镇等基金集聚区的服务作用,为苏州企业近距离提供精准培育服务。

2. 推动优质企业上市

坚持量质并举,在提升企业利用资本市场实现发展意愿同时,着力提升拟上市企业规范化治理水平。围绕资本市场全面深化改革,抢抓推行注册制改革、发行上市标准优化等重大机遇,鼓励"独角兽(高成长创新型)"企业、专精特新"小巨人""头雁"等企业登陆资本市场,支持生物医药、光通信、软件和信息服务、智能制造装备、新型医疗器械等苏州市重点产业、新兴产业、特色产业中的优质企业融资上市。支持符合国家政策的红筹企业、特殊股权结构企业、混合所有制改革试点企业在境内上市。加强拟上市企业知识产权布局与管理,指导企业进行知识产权管理规范贯标。发挥苏州市上市企业知识产权服务中心作用,为企业上市提供知识产权风险排查和解决方案。发挥财政资金引导作用,对符合条件拟上市公司、上市公司和保荐券商及时按照相关政策兑付奖励补助。

二、大力推动上市公司做优做强

1. 拓宽多元化融资渠道

引导上市公司根据自身发展战略和生产经营需求,理性融资、合理确定融资规模、优化融资结构,提高资金使用效率。支持符合条件的上市公司再融资及发行优先股、永续债、可转债、REITs 等创新融资产品。引导金融机构创新推出知识产权质押贷款、投贷联动等产品

和服务,提升对上市公司融资服务的精准度。鼓励融资担保公司对上市公司融资项目提供担保。发挥江苏自贸试验区苏州片区制度创新优势,运用各类金融创新政策为上市公司跨境融资、境外融资提供便利。

2. 促进市场化并购重组

引导上市公司重点围绕主业和产业链关键环节开展境内外投资并购和产业整合,在产品竞争、市场开拓、渠道布局等方面取得快速突破。鼓励行业龙头上市公司对面临阶段性困难但有发展前景的企业兼并重组,实现互利共赢。发挥证券市场估值、资产评估结果在国有资产交易定价中的作用,支持辖内国有企业依托资本市场开展混合所有制改革,提高国有企业资产证券化水平。充分发挥苏州市并购母基金作用,撬动社会资本助力苏州上市公司开展投资并购,鼓励各类股权投资基金、银行等为上市公司并购重组提供优质服务和融资支持。增进上市公司实控人对警惕恶意收购、慎重转让股权的认知认同,遏制盲目跨界重组和"忽悠式"重组,营造理性、科学、规范开展市场化并购重组的良好氛围。

3. 完善体系化支持环境

为上市公司提供要素配置、财政税收等政策支持,推动上市公司在完善产业链、引领科技创新等方面发挥龙头作用,带动地方产业集群共同发展。激发上市公司提升质量和建设品牌的内生动力,在"苏州制造"品牌建设中发挥引领作用。健全高端技术人员职业教育和职业培训体系,支持上市公司申报国家、省、市各级人才计划。发挥中国(苏州)知识产权保护中心作用,健全上市公司知识产权协同保护机制。落实上市公司股权激励相关税收优惠政策,按规定适当延长个人所得税纳税期限。支持上市公司发行股份购买符合国家政策规定的境外优质资产,进一步提升国际竞争力。

三、积极引导上市公司规范发展

1. 提高上市公司治理水平

配合证券监管部门指导上市公司依法履行信息披露义务,提升信息披露质量。督促上市公司健全完善并严格依法执行内控制度,增强内部控制有效性,积极主动做好投资者关系管理;严格执行企业会计准则,提升财务信息质量。总结梳理上市公司治理和内部控制最佳实践和警示案例,充分发挥正面示范引领和反面警示教育作用。科学界定国有控股上市公司治理相关方权责,规范国有股东履职行为,完善以管资本为主的国有资产监管体制,推动健全国有控股上市公司治理机制,支持符合条件的国有控股上市公司引入战略投资者。支持上市公司实施更为灵活有效的股权激励、员工持股计划。

2. 解决上市公司突出问题

针对上市公司实际控制人、控股股东、董事、监事、高级管理人员等"关键少数",分类分层开展培训,规范其在公司治理和内部控制中的行为。控股股东、实际控制人及相关方不得以任何形式侵占上市公司利益。按照"依法监管、分类处置"的原则,配合证券监管部门对已形成的资金占用和违规担保等公司治理失效问题,督促上市公司控股股东、实际控制人及相关方限期予以清偿或化解;对限期未整改或新发生的资金占用、违规担保问题,配合证券监管部门予以严厉查处,构成犯罪的依法追究刑事责任。依法依规认定上市公司对违规担保合同不承担担保责任。上市公司实施破产重整的,应当提出解决资金占用、违规担保问题的具体方案,保障上市公司和投资者的合法权益。

3. 营造资本市场健康文化

培育打造与上市公司高质量发展相匹配的高素质专业化金融干部队伍、高精专资本市场中介队伍和企业家队伍。各行业主管部门和行业协会及时发布行业信息，引导上市公司把握所处产业位置、行业周期、技术阶段。各级政府及相关部门引导上市公司实控人及经营团队增强风险意识，防范因过度融资、多元盲目投资等造成严重流动性风险。实施民营上市公司接班人健康成长促进计划，支持帮助民营上市公司实现事业新老交接和有序传承。强化上市公司治理底线要求，加强对上市公司实际控制人的道德约束，引导上市公司履行社会责任。

四、防范处置上市公司风险

1. 化解股票质押风险

坚持严控增量、化解存量，压实上市公司主体责任，强化大股东、实际控制人法律意识，鼓励银行、证券、保险、私募股权基金等机构参与上市公司股票质押风险化解，稳慎处置大股东质押股票展期和强制平仓问题。积极引导金融机构对生产经营基本面良好、有发展空间、暂时存在流动性问题的上市公司及其大股东提供必要的融资支持。加强与证券监管部门信息交流，协同控制股票质押比例，严格控制上市公司限售股和并购重组业绩补偿股票质押。

2. 落实风险防处任务

属地政府要切实承担起防范处置上市公司风险的责任，建立动态摸排和监测预警上市公司风险机制，常态化、制度化、长效化开展风险研判、处置工作，根据企业情况"一企一策"研究制定风险化解方案，充分运用法治化、市场化手段推动上市公司风险平稳处置。落实民营企业融资会诊帮扶机制，在依法合规的前提下，支持资管产品、保险资金等通过投资私募股权基金等方式积极参与上市公司纾困。规范国有企业控股收购上市公司行为，加强对上市公司引入进行尽职调查和风险甄别，严格执行规范引进上市公司工作机制，防止输入性风险和国有资产损失。

3. 拓宽多元化退出渠道

切实转变观念，畅通企业通过主动退市、并购重组、破产重整等多元化退出渠道，推动形成优胜劣汰的市场环境。积极支持和配合证券监管部门严厉打击通过财务造假、利益输送、操纵市场等方式恶意规避退市行为，将缺乏持续经营能力、严重违法违规扰乱市场秩序的公司及时清出市场。完善退市风险联合防控机制，制定退市风险处置预案，确保平稳退市。

4. 强化应对重大突发事件政策支持

发生自然灾害、公共卫生等重大突发事件，对上市公司正常生产经营造成严重影响的，各地各部门应加强协调联动，落实好产业、金融、财税等方面政策，及时采取措施维护劳务用工、畅通物流运输渠道、保障生产资料及公用事业品供应，支持上市公司尽快恢复生产经营。对在应对重大突发事件中作出突出贡献的上市公司，应给予通报表彰。

五、严厉查处各类违法违规行为

1. 加大执法力度

严格落实证券法、刑法等法律规定，对上市公司违法违规行为坚持"零容忍"，配合证券监管部门加大对欺诈发行、信息披露违法、操纵市场、内幕交易及金融机构、中介机构提供虚

假证明文件等违法违规行为的打击力度。强化行政执法与刑事司法衔接,配合证券监管部门和支持公安机关依法开展案件查处工作,落实公安提前介入和协同办案机制。加强行政机关与司法机关协作,实现资本市场涉刑案件快速移送、快速查办,严厉查处违法犯罪行为。加大对重点案件的执法宣传,强化警示教育作用,严格规制涉上市公司恶意举报、虚假诉讼等行为。

2. 依法依规实施失信惩戒

根据失信行为发生的情节、影响程度等,严格依法分别实施不同类型、不同力度的惩戒措施。建立健全行业信用修复机制,明确修复条件、方式、流程等。

苏 州 上 市 公 司 发 展 报 告 （2021）

附录

附录一　苏州上市公司简介

截至 2020 年 12 月 31 日，苏州境内 A 股企业数量共有 144 家（包括鹿港文化，601599），按照上市时间先后顺序排列的公司基本情况如下：

1. 创元科技股份有限公司（证券代码：000551）

成立日期	1993-12-22		
上市日期	1994-01-06	地点	深圳
相关指数	AMAC 综合企业指数、深证综合指数、申万市场表征指数		
行业类别	综合—综合		
主营业务	国内贸易；自营和代理各类商品和技术的进出口业务		
总股本（万股）	40 008.04	流通 A 股（万股）	40 008.04
公司网址	www.000551.cn	电子信箱	dmc@cykj000551.com
注册地址	苏州高新区鹿山路 35 号		
办公地址	苏州市工业园区苏桐路 37 号		

2. 苏州新区高新技术产业股份有限公司（证券代码：600736）

成立日期	1994-06-28		
上市日期	1996-08-15	地点	上海
相关指数	上证成份指数、上证综合型指数、申万市场表征指数、AMAC 行业指数、中证规模指数		
行业类别	房地产业—房地产业		
主营业务	高新技术产品的投资、开发、生产，能源、交通、通信等基础产业、市政基础设施的投资，工程设计、施工，科技咨询服务		
总股本（万股）	115 129.29	流通 A 股（万股）	115 129.29
公司网址	www.sndnt.com	电子信箱	song.cj@sndnt.com
注册地址	虎丘区新区运河路 8 号		
办公地址	苏州高新区锦峰路 199 号锦峰国际商务广场 A 座 19—20 楼		

3. 张家港保税科技(集团)股份有限公司(证券代码：600794)

成立日期	1994-06-18		
上市日期	1997-03-06	地点	上海
相关指数	上证综合型指数、申万市场表征指数、AMAC 行业指数		
行业类别	交通运输、仓储和邮政业—仓储业		
主营业务	生物高新技术应用、开发；高新技术及电子商务、网络应用开发；港口码头、保税物流项目的投资；其他实业投资		
总股本(万股)	121 215.22	流通 A 股(万股)	121 215.22
公司网址	www.zftc.net	电子信箱	changlq@zftc.net
注册地址	张家港市保税区石化交易大厦 27—28 层		
办公地址	张家港市保税区石化交易大厦 27—28 层		

4. 江苏博信投资控股股份有限公司(证券代码：600083)

成立日期	1993-05-08		
上市日期	1997-06-06	地点	上海
相关指数	上证综合型指数、申万市场表征指数、AMAC 行业指数		
行业类别	批发和零售业—批发业		
主营业务	对外投资业务；计算机软件开发销售		
总股本(万股)	23 000.00	流通 A 股(万股)	22 799.33
公司网址	www.toppers.com.cn	电子信箱	600083@boxinholding.com
注册地址	姑苏区朱家湾街 8 号姑苏软件园 B2 栋		
办公地址	姑苏区朱家湾街 8 号姑苏软件园 B2 栋		

5. 中核苏阀科技实业股份有限公司(证券代码：000777)

成立日期	1997-07-02		
上市日期	1997-07-10	地点	深圳
相关指数	深证综合指数、深证规模指数、申万市场表征指数、中证主题指数		
行业类别	制造业—通用设备制造业		
主营业务	工业用阀门设计、制造、销售		
总股本(万股)	38 341.76	流通 A 股(万股)	38 340.66
公司网址	www.chinasufa.com	电子信箱	dongm@chinasufa.com
注册地址	虎丘区浒关工业园安杨路 178 号		
办公地址	虎丘区新区珠江路 501 号		

6. 江苏永鼎股份有限公司（证券代码：600105）

成立日期	1994-06-30		
上市日期	1997-09-29	地点	上海
相关指数	上证成份指数、上证策略指数、上证综合型指数、申万市场表征指数、中证规模指数		
行业类别	制造业—电气机械和器材制造业		
主营业务	电线、电缆、光纤预制棒、光纤、光缆、配电开关控制设备、电子产品、通信设备、汽车及零部件的研究、制造		
总股本（万股）	138 085.20	流通A股（万股）	138 085.20
公司网址	www.yongding.com.cn	电子信箱	zqb@yongding.com.cn
注册地址	吴江区黎里镇318国道74K处芦墟段北侧		
办公地址	吴江区黎里镇318国道74K处芦墟段北侧		

7. 江苏吴中实业股份有限公司（证券代码：600200）

成立日期	1994-06-28		
上市日期	1999-04-01	地点	上海
相关指数	上证综合型指数、申万市场表征指数、AMAC行业指数、中证规模指数		
行业类别	综合—综合		
主营业务	药品生产;药品委托生产;药品批发;药品零售;药品进出口		
总股本（万股）	71 238.88	流通A股（万股）	71 238.88
公司网址	www.600200.com	电子信箱	jswz@600200.com
注册地址	吴中区东方大道988号		
办公地址	吴中区东方大道988号		

8. 江苏东方盛虹股份有限公司（证券代码：000301）

成立日期	1998-07-16		
上市日期	2000-05-29	地点	深圳
相关指数	深证综合指数、深证规模指数、申万市场表征指数、中证800行业指数、中证策略指数、中证产业指数、中证规模指数、中证主题指数		
行业类别	制造业—化学纤维制造业		
主营业务	资产经营,纺织原料、针纺织品、聚酯（PET）生产、销售,仓储,蒸汽供应		
总股本（万股）	483 486.39	流通A股（万股）	126 082.77
公司网址	www.jsessh.com	电子信箱	jun.wang@jsessh.com
注册地址	吴江区盛泽镇市场东路73号		
办公地址	吴江区盛泽镇市场东路73号		

9. 江苏亨通光电股份有限公司(证券代码：600487)

成立日期	1993-06-05		
上市日期	2003-08-22	地点	上海
相关指数	上证成份指数、上证主题指数、上证策略指数、上证综合型指数、沪深300行业指数、中证800行业指数、中证策略指数、中证规模指数、中证主题指数、中证风格指数、中证定制指数		
行业类别	制造业—电气机械和器材制造业		
主营业务	承包与其实力、规模、业绩相适应的国内外工程项目，对外派遣实施上述境外工程所需的劳务人员；光纤光缆、电力电缆及附件		
总股本(万股)	236 218.84	流通A股(万股)	190 512.39
公司网址	www.htgd.com.cn	电子信箱	htgd@htgd.com.cn
注册地址	吴江区七都镇亨通大道88号		
办公地址	吴江区中山北路2288号		

10. 江苏江南高纤股份有限公司(证券代码：600527)

成立日期	1996-11-25		
上市日期	2003-11-27	地点	上海
相关指数	上证综合型指数、申万市场表征指数		
行业类别	制造业—化学纤维制造业		
主营业务	涤纶毛条、短纤维、粒子、聚酯切片、塑料编织套、人造毛皮生产、销售		
总股本(万股)	173 176.09	流通A股(万股)	173 176.09
公司网址	www.jngx.cn	电子信箱	investor@jngx.cn
注册地址	相城区黄埭镇苏阳路		
办公地址	相城区黄埭镇春秋路8号		

11. 长城影视股份有限公司(证券代码：002071)

成立日期	1999-01-15		
上市日期	2006-10-12	地点	深圳
相关指数	深港通传媒行业指数、国证治理指数、深证综合指数、申万市场表征指数、AMAC行业指数		
行业类别	文化、体育和娱乐业—广播、电视、电影和影视录音制作业		
主营业务	制作、发行广播电视节目(不得制作时政新闻及同类广播电视节目)		
总股本(万股)	52 542.99	流通A股(万股)	52 541.23
公司网址	www.chinaccys.com	电子信箱	chinaccys@126.com
注册地址	张家港市大新镇人民路128号		
办公地址	浙江省杭州市西湖区文二西路683号西溪湿地创意产业园西区		

注：2021年3月12日，深交所正式公告，决定＊ST长城(长城影视)退市。

附 录

12. 江苏沙钢股份有限公司(证券代码:002075)

成立日期	1999-09-28		
上市日期	2006-10-25	地点	深圳
相关指数	深证综合指数、深证规模指数、申万市场表征指数、中证800行业指数、中证策略指数、中证产业指数、中证规模指数、中证主题指数、中证定制指数		
行业类别	制造业—黑色金属冶炼和压延加工业		
主营业务	黑色金属产品的开发、冶炼、加工及销售		
总股本(万股)	220 677.18	流通A股(万股)	220 677.18
公司网址	www.shaganggf.com	电子信箱	sggf@shasteel.cn
注册地址	张家港市锦丰镇沙钢大厦		
办公地址	上海市浦东新区银城中路中融碧玉蓝天大厦8号33楼		

13. 苏州固锝电子股份有限公司(证券代码:002079)

成立日期	1990-11-12		
上市日期	2006-11-16	地点	深圳
相关指数	深证700成长指数、深港通半导体行业指数、深证综合指数、深证规模指数、申万市场表征指数、中证规模指数		
行业类别	制造业—计算机、通信和其他电子设备制造业		
主营业务	设计、制造和销售各类半导体芯片、各类集成电路、二极管、三极管		
总股本(万股)	76 886.47	流通A股(万股)	72 652.61
公司网址	www.goodark.com	电子信箱	info@goodark.com
注册地址	苏州市虎丘区通安开发区通锡路31号		
办公地址	苏州高新区通安镇华金路200号		

14. 苏州金螳螂建筑装饰股份有限公司(证券代码:002081)

成立日期	2004-04-30		
上市日期	2006-11-20	地点	深圳
相关指数	深证策略指数、深证综合指数、深证规模指数、申万市场表征指数、AMAC行业指数、沪深300行业指数、中证800行业指数、中证策略指数、中证规模指数、中证主题指数、中证风格指数、中证定制指数		
行业类别	建筑业—建筑装饰和其他建筑业		
主营业务	承接建筑工程施工总承包项目;承接各类建筑室内、室外装修装饰工程的设计及施工		
总股本(万股)	268 335.87	流通A股(万股)	260 513.01
公司网址	www.goldmantis.com	电子信箱	tzglb@goldmantis.com
注册地址	苏州工业园区民营工业区内		
办公地址	姑苏区西环路888号		

15. 新海宜科技集团股份有限公司（证券代码：002089）

成立日期	1997-01-01		
上市日期	2006-11-30	地点	深圳
相关指数	中创 500 高贝塔指数、AMAC 电子设备指数、深证综合指数、申万市场表征指数		
行业类别	制造业—计算机、通信和其他电子设备制造业		
主营业务	通信网络设备及配套软件、相关电子产品、安装线缆、电器机械及器材、报警系统视频监控设备及其他安防产品开发、制造、加工、销售		
总股本（万股）	137 466.96	流通 A 股（万股）	118 221.56
公司网址	www.nsu.com.cn	电子信箱	nsu@nsu.com.cn
注册地址	姑苏区苏州工业园区泾茂路 168 号		
办公地址	姑苏区苏州工业园区泾茂路 168 号新海宜科技园		

16. 江苏国泰国际集团股份有限公司（证券代码：002091）

成立日期	1998-05-07		
上市日期	2006-12-08	地点	深圳
相关指数	深证策略指数、深证综合指数、深证规模指数、申万市场表征指数、AMAC 行业指数、中证策略指数、中证规模指数		
行业类别	批发和零售业—批发业		
主营业务	国内贸易；自营和代理各类商品及技术的进出口业务		
总股本（万股）	156 353.66	流通 A 股（万股）	151 385.92
公司网址	www.gtig.com	电子信箱	office@gtig.com
注册地址	张家港市国泰时代广场 11—24 楼		
办公地址	张家港市人民中路国泰大厦 31 楼		

17. 南极电商股份有限公司（证券代码：002127）

成立日期	1999-07-12		
上市日期	2007-04-18	地点	深圳
相关指数	深证综合指数、深证规模指数、申万市场表征指数、中证 800 行业指数、中证规模指数、中证主题指数		
行业类别	租赁和商务服务业—商务服务业		
主营业务	从事互联网零售、对外贸易；对外投资、投资管理及咨询、企业管理信息咨询		
总股本（万股）	245 487.04	流通 A 股（万股）	196 138.98
公司网址	www.nanjids.com	电子信箱	nanjids@nanjids.com
注册地址	吴江区盛泽镇敦煌路 388 号汇赢大厦 8F		
办公地址	上海市杨浦区江湾城路 99 号尚浦中心 3 号楼 7—10 楼		

18. 江苏通润装备科技股份有限公司（证券代码：002150）

成立日期	2002-10-28		
上市日期	2007-08-10	地点	深圳
相关指数	深证综合指数、申万市场表征指数		
行业类别	制造业—金属制品业		
主营业务	金属工具箱柜、钢制办公家具、精密钣金制品的生产及相关产品的科技开发		
总股本（万股）	35 651.71	流通A股（万股）	35 508.77
公司网址	www.tongrunindustries.com	电子信箱	jstr@tongrunindustries.com
注册地址	常熟市海虞镇通港路536号		
办公地址	常熟市海虞镇通港路536号		

19. 江苏常铝铝业集团股份有限公司（证券代码：002160）

成立日期	2002-12-27		
上市日期	2007-08-21	地点	深圳
相关指数	AMAC有色金属指数、中证全指有色金属指数、深证综合指数、申万市场表征指数		
行业类别	制造业—有色金属冶炼和压延加工业		
主营业务	铝箔、铝材、铝板、铝带制造		
总股本（万股）	79 558.20	流通A股（万股）	72 544.50
公司网址	www.alcha.com	电子信箱	office@alcha.com
注册地址	常熟市白茆镇西		
办公地址	常熟市白茆镇西		

20. 江苏澳洋健康产业股份有限公司（证券代码：002172）

成立日期	2001-10-22		
上市日期	2007-09-21	地点	深圳
相关指数	中证市净率指数、AMAC化纤指数、深证综合指数、申万市场表征指数		
行业类别	制造业—化学纤维制造业		
主营业务	化学纤维及健康医疗		
总股本（万股）	77 648.14	流通A股（万股）	77 292.21
公司网址	www.aykj.cn	电子信箱	aykj@aoyang.com
注册地址	张家港市杨舍镇塘市镇中路018号		
办公地址	张家港市杨舍镇塘市澳洋国际大厦A座		

21. 东华能源股份有限公司（证券代码：002221）

成立日期	1996-04-22		
上市日期	2008-03-06	地点	深圳
相关指数	深证策略指数、深证综合指数、申万市场表征指数、AMAC行业指数、中证800行业指数、中证策略指数、中证产业指数、中证规模指数、中证主题指数、中证定制指数		
行业类别	批发和零售业—批发业		
主营业务	生产低温常压液化石油气、丙烯、聚丙烯		
总股本（万股）	164 902.28	流通A股（万股）	153 171.08
公司网址	www.chinadhe.com	电子信箱	tzz@chinadhe.com
注册地址	张家港市保税区出口加工区东华路668号		
办公地址	南京市玄武区仙林大道徐庄软件园紫气路1号		

22. 江苏蔚蓝锂芯股份有限公司（证券代码：002245）

成立日期	2002-09-30		
上市日期	2008-06-05	地点	深圳
相关指数	深证综合指数、深证规模指数、申万市场表征指数、AMAC行业指数、中证规模指数		
行业类别	交通运输、仓储和邮政业—装卸搬运和运输代理业		
主营业务	电池制造；其他电子器件制造；金属材料销售		
总股本（万股）	99 893.37	流通A股（万股）	93 145.23
公司网址	www.aucksun.com	电子信箱	secretary@aucksun.com
注册地址	张家港市杨舍镇新泾中路10号		
办公地址	张家港市金塘西路456号		

注：2020年12月8日，由江苏澳洋顺昌股份有限公司更名为江苏蔚蓝锂芯股份有限公司。

23. 苏州海陆重工股份有限公司（证券代码：002255）

成立日期	2000-01-18		
上市日期	2008-06-25	地点	深圳
相关指数	深证节能环保、AMAC通用设备指数、深证综合指数、深证规模指数、申万市场表征指数		
行业类别	制造业—通用设备制造业		
主营业务	锅炉（特种锅炉、工业锅炉）、核承压设备、锅炉辅机、压力容器、金属包装容器、冶金设备、金属结构件制造、销售、安装和运输		
总股本（万股）	84 227.11	流通A股（万股）	64 423.16
公司网址	www.hailu-boiler.cn	电子信箱	stock@hailu-boiler.cn
注册地址	张家港市东南大道1号（张家港经济技术开发区）		
办公地址	张家港市东南大道1号（张家港经济技术开发区）		

附 录

24. 江苏华昌化工股份有限公司(证券代码:002274)

成立日期	2004-02-27		
上市日期	2008-09-25	地点	深圳
相关指数	AMAC 化学制品指数、深证先锋成长、深证综合指数、深证规模指数、申万市场表征指数、中证规模指数		
行业类别	制造业—化学原料和化学制品制造业		
主营业务	化工原料、化工产品、肥料生产(按许可证所列项目经营);煤炭购销		
总股本(万股)	95 236.46	流通 A 股(万股)	93 799.91
公司网址	www.huachangchem.cn	电子信箱	huachang@huachangchem.cn
注册地址	张家港市金港镇保税区扬子江国际化学工业园南海路 1 号		
办公地址	张家港市金港镇保税区扬子江国际化学工业园南海路 1 号		

25. 苏州禾盛新型材料股份有限公司(证券代码:002290)

成立日期	2002-11-15		
上市日期	2009-09-03	地点	深圳
相关指数	深证先锋成长 R、AMAC 电气机械指数、深证综合指数、申万市场表征指数		
行业类别	制造业—电气机械和器材制造业		
主营业务	家用电器、电子产品、机械设备、仪器仪表专用材料开发、生产、销售		
总股本(万股)	24 271.23	流通 A 股(万股)	21 647.40
公司网址	www.szhssm.com.cn	电子信箱	hesheng@szhssm.com.cn
注册地址	苏州工业园区旺墩路 135 号融盛商务中心 1 幢 2408 室		
办公地址	苏州工业园区旺墩路 135 号融盛商务中心 1 幢 2410 室		

注:2020 年 11 月 26 日,由苏州中科创新型材料股份有限公司更名为苏州禾盛新型材料股份有限公司。

26. 江苏新宁现代物流股份有限公司(证券代码:300013)

成立日期	1997-02-24		
上市日期	2009-10-30	地点	深圳
相关指数	中证创新驱动主题指数、AMAC 交运仓储指数、深证综合指数、申万市场表征指数、AMAC 行业指数		
行业类别	交通运输、仓储和邮政业—仓储业		
主营业务	进出口货物仓储、集装箱堆存及有关配套业务		
总股本(万股)	44 668.71	流通 A 股(万股)	44 601.21
公司网址	www.xinning.com.cn	电子信箱	jsxn@xinning.com.cn
注册地址	昆山市张浦镇阳光西路 760 号		
办公地址	昆山市张浦镇阳光西路 760 号		

27. 江苏中利集团股份有限公司（证券代码：002309）

成立日期	1996-11-01		
上市日期	2009-11-27	地点	深圳
相关指数	深证综合指数、深证规模指数、申万市场表征指数、中证策略指数、中证规模指数		
行业类别	制造业—电气机械和器材制造业		
主营业务	生产、销售：电线、电缆、光缆及附件、PVC电力电缆料、电源插头、电子接插件、电工机械设备、有色金属拉丝、通信终端设备、移动通信终端设备		
总股本（万股）	87 178.71	流通A股（万股）	69 827.66
公司网址	www.zhongli.com	电子信箱	zhonglidm@zhongli.com
注册地址	常熟市东南经济开发区		
办公地址	常熟市东南经济开发区		

28. 中亿丰罗普斯金铝业股份有限公司（证券代码：002333）

成立日期	1993-07-28		
上市日期	2010-01-12	地点	深圳
相关指数	中证财务稳健指数、AMAC有色金属指数、深证综合指数、申万市场表征指数		
行业类别	制造业—有色金属冶炼和压延加工业		
主营业务	研究、开发、生产、销售铝合金型材；门窗、幕墙、配件的销售、安装		
总股本（万股）	50 260.36	流通A股（万股）	48 496.97
公司网址	www.lpsk.com.cn	电子信箱	lpskdsh@lpsk.com.cn
注册地址	相城区黄埭镇潘阳工业园太东路2777号		
办公地址	相城区黄埭镇潘阳工业园太东路2777号		

注：2020年12月24日，由苏州罗普斯金铝业股份有限公司更名为中亿丰罗普斯金铝业股份有限公司。

29. 康力电梯股份有限公司（证券代码：002367）

成立日期	1997-11-03		
上市日期	2010-03-12	地点	深圳
相关指数	中国智能资产指数、深证新浪100、深证综合指数、深证规模指数、申万市场表征指数、中证规模指数、中证主题指数		
行业类别	制造业—通用设备制造业		
主营业务	制造加工销售电梯、自动扶梯、自动人行道，以及相关配件		
总股本（万股）	79 765.27	流通A股（万股）	52 447.41
公司网址	www.canny-elevator.com	电子信箱	dongmiban@canny-elevator.com
注册地址	吴江区汾湖高新技术产业开发区康力大道888号		
办公地址	吴江区汾湖高新技术产业开发区康力大道888号		

附 录

30．苏州东山精密制造股份有限公司（证券代码：002384）

成立日期	1998-10-28		
上市日期	2010-04-09	地点	深圳
相关指数	中证电子信息产业指数、中证信息技术指数、深证综合指数、深证规模指数、申万市场表征指数、中证800行业指数、中证产业指数、中证规模指数、中证主题指数		
行业类别	制造业——计算机、通信和其他电子设备制造业		
主营业务	精密钣金加工、五金件、烘漆、微波通信系统设备制造		
总股本（万股）	170 986.73	流通A股（万股）	126 288.30
公司网址	www.sz-dsbj.com	电子信箱	dsbj@sz-dsbj.com
注册地址	吴中区吴中经济开发区塘东路88号		
办公地址	吴中区东山工业园石鹤山路8号		

31．维信诺科技股份有限公司（证券代码：002387）

成立日期	1998-01-07		
上市日期	2010-04-13	地点	深圳
相关指数	深证综合指数、中证800行业指数、中证产业指数、中证规模指数、MSCI中国A股在岸指数		
行业类别	制造业——计算机、通信和其他电子设备制造业		
主营业务	显示器及模块产品的研发、生产、销售、技术咨询、技术服务		
总股本（万股）	136 766.30	流通A股（万股）	106 781.21
公司网址	www.visionox.com	电子信箱	IR@visionox.com
注册地址	昆山开发区夏东街658号1801室		
办公地址	北京市朝阳区东三环北路辛2号迪阳大厦606单元		

32．苏州胜利精密制造科技股份有限公司（证券代码：002426）

成立日期	2003-12-05		
上市日期	2010-06-08	地点	深圳
相关指数	深证综合指数、深证规模指数、申万市场表征指数、中证800行业指数、中证产业指数、中证规模指数		
行业类别	制造业——计算机、通信和其他电子设备制造业		
主营业务	研发、生产、销售：冲压件、金属结构件、模具、五金配件		
总股本（万股）	344 151.77	流通A股（万股）	294 338.19
公司网址	www.vicsz.com	电子信箱	ye.cheng@vicsz.com
注册地址	苏州高新区浒关工业园浒泾路55号		
办公地址	苏州高新区浒关工业园浒泾路55号		

33. 长江润发健康产业股份有限公司（证券代码：002435）

成立日期	1999-09-09		
上市日期	2010-06-18	地点	深圳
相关指数	AMAC医药制造指数、深证综合指数、深证规模指数、申万市场表征指数、中证规模指数		
行业类别	制造业—医药制造业		
主营业务	护理机构服务；医药原料药及制剂、生化药品及化工产品（危险化学品除外）、中成药、医疗器械的研发、生产和销售		
总股本（万股）	123 598.30	流通A股（万股）	119 959.45
公司网址	www.cjrfjx.com	电子信箱	lubin@cjrfjx.com
注册地址	张家港市金港镇晨丰公路		
办公地址	张家港市金港镇晨丰公路		

34. 康得新复合材料集团股份有限公司（证券代码：002450）

成立日期	2001-08-21		
上市日期	2010-07-16	地点	深圳
相关指数	中证100指数、AMAC橡胶塑料指数、深证综合指数、申万市场表征指数、中证产业指数		
行业类别	制造业—橡胶和塑料制品业		
主营业务	从事高分子复合材料、功能膜材料、预涂膜、光学膜、光电新材料、化工产品（不含危险化学品）、印刷器材和包装器材的研发，并提供相关技术咨询和技术服务		
总股本（万股）	354 090.03	流通A股（万股）	324 334.31
公司网址	www.kangdexin.com	电子信箱	kdx@kdxfilm.com
注册地址	张家港市环保新材料产业园晨港路北侧、港华路西侧		
办公地址	张家港市环保新材料产业园晨港路北侧、港华路西侧		

注：2021年3月15日，深交所向康得新发出终止上市事先告知书。

35. 金陵华软科技股份有限公司（证券代码：002453）

成立日期	1999-01-13		
上市日期	2010-07-20	地点	深圳
相关指数	深证创业投资指数、AMAC化学制品指数、深证综合指数、申万市场表征指数		
行业类别	信息传输、软件和信息技术服务业—软件和信息技术服务业		
主营业务	计算机软件技术开发、咨询、服务、成果转让		
总股本（万股）	77 841.41	流通A股（万股）	57 130.00
公司网址	www.gcstgroup.com	电子信箱	stock@gcstgroup.com
注册地址	吴中区木渎镇花苑东路199-1号		
办公地址	姑苏区苏站路1588号世界贸易中心B座21层		

附 录

36. 沪士电子股份有限公司（证券代码：002463）

成立日期	1992-04-14		
上市日期	2010-08-18	地点	深圳
相关指数	深证综合指数、深证规模指数、申万市场表征指数、中证800行业指数、中证产业指数、中证规模指数、中证主题指数		
行业类别	制造业—计算机、通信和其他电子设备制造业		
主营业务	生产单、双面及多层电路板、高密度互连积层板（HDI）、电路板组装产品、电子设备使用的连接线和连接器等产品并销售自产产品		
总股本（万股）	172 438.18	流通A股（万股）	170 574.11
公司网址	www.wuscn.com	电子信箱	fin30@wuspc.com
注册地址	昆山市玉山镇东龙路1号		
办公地址	昆山市玉山镇东龙路1号		

37. 苏州锦富技术股份有限公司（证券代码：300128）

成立日期	2004-03-29		
上市日期	2010-10-13	地点	深圳
相关指数	AMAC电子设备指数、中证物联网主题指数、深证综合指数、深证规模指数、申万市场表征指数、中证规模指数		
行业类别	制造业—计算机、通信和其他电子设备制造业		
主营业务	智能交互感知技术、物联网技术、互联网分布式云技术、高速通信传输系统技术、光感控技术、新型电子墨水显示技术、纳米新材料技术、新型节能技术的研发、咨询、服务、转让		
总股本（万股）	109 411.54	流通A股（万股）	109 378.57
公司网址	www.szjin-fu.com	电子信箱	jinfu@jin-fu.cn
注册地址	苏州工业园区江浦路39号		
办公地址	苏州市工业园区金鸡湖大道88号人工智能产业园C1-601		

38. 通鼎互联信息股份有限公司（证券代码：002491）

成立日期	1999-04-22		
上市日期	2010-10-21	地点	深圳
相关指数	深证综合指数、深证规模指数、申万市场表征指数、中证800行业指数、中证规模指数、中证主题指数		
行业类别	制造业—电气机械和器材制造业		
主营业务	互联网网页设计；计算机网络集成技术服务		
总股本（万股）	125 046.31	流通A股（万股）	117 072.08
公司网址	www.tdgd.com.cn	电子信箱	td_zqb@163.com
注册地址	吴江区震泽镇八都经济开发区小平大道8号		
办公地址	吴江区震泽镇八都经济开发区小平大道8号		

39. 科林环保装备股份有限公司（证券代码：002499）

成立日期	1999-04-16		
上市日期	2010-11-09	地点	深圳
相关指数	AMAC水电煤气指数、中证全指电力公用事业指数、深证综合指数、申万市场表征指数		
行业类别	电力、热力、燃气及水生产和供应业—电力、热力生产和供应业		
主营业务	境内外环境工程设计、咨询、建设、设备及钢结构件制造安装及工程总承包、设施运营管理和相关环境检测		
总股本（万股）	18 900.00	流通A股（万股）	18 898.42
公司网址	www.kelin-environment.com	电子信箱	zqb@sz002499.com
注册地址	吴江区高新路425号		
办公地址	重庆市渝北区龙塔街道红黄路121号紫荆商业广场1幢37楼		

40. 苏州工业园区和顺电气股份有限公司（证券代码：300141）

成立日期	1988-12-22		
上市日期	2010-11-12	地点	深圳
相关指数	中证全指工业指数、AMAC电气机械指数、深证综合指数、申万市场表征指数		
行业类别	制造业—电气机械和器材制造业		
主营业务	电力成套设备、电力电子设备及充换电设备的研发、制造、销售和服务		
总股本（万股）	25 388.46	流通A股（万股）	16 559.04
公司网址	www.cnheshun.com	电子信箱	xushujie@cnheshun.com
注册地址	工业园区和顺路8号		
办公地址	工业园区和顺路8号		

41. 苏州宝馨科技实业股份有限公司（证券代码：002514）

成立日期	2001-10-08		
上市日期	2010-12-03	地点	深圳
相关指数	中证全指机械制造全收益指数、AMAC金属制品指数、深证综合指数、申万市场表征指数		
行业类别	制造业—金属制品业		
主营业务	运用数控钣金技术研发、设计、生产、销售工业级数控钣金结构产品		
总股本（万股）	55 403.43	流通A股（万股）	40 554.36
公司网址	www.boamax.com	电子信箱	zqb@boamax.com
注册地址	苏州高新区浒墅关经济开发区石阳路17号		
办公地址	苏州高新区浒墅关经济开发区石阳路17号		

42. 江苏银河电子股份有限公司（证券代码：002519）

成立日期	2000-06-15		
上市日期	2010-12-07	地点	深圳
相关指数	中证全指电信业务指数、中证1000行业中性低波动指数、深证综合指数、深证规模指数、申万市场表征指数、中证规模指数		
行业类别	制造业—计算机、通信和其他电子设备制造业		
主营业务	数字电视多媒体终端、安防装备、智能电网设备以及相关核心软件、电子设备精密结构件等产品的研发、制造与销售		
总股本(万股)	112 643.09	流通A股(万股)	101 101.01
公司网址	www.yinhe.com	电子信箱	yhdm@yinhe.com
注册地址	张家港市塘桥镇南环路188号		
办公地址	张家港市塘桥镇南环路188号		

43. 天顺风能（苏州）股份有限公司（证券代码：002531）

成立日期	2005-01-18		
上市日期	2010-12-31	地点	深圳
相关指数	中证环保产业指数、中证新能源指数、深证综合指数、深证规模指数、申万市场表征指数、中证规模指数		
行业类别	制造业—电气机械和器材制造业		
主营业务	生产及销售风电设备		
总股本(万股)	177 901.90	流通A股(万股)	176 900.65
公司网址	www.titanwind.com.cn	电子信箱	public@titanwind.com.cn
注册地址	太仓市经济开发区宁波东路28号		
办公地址	上海市长宁区长宁路1193号来福士广场T3,1203		

44. 常熟风范电力设备股份有限公司（证券代码：601700）

成立日期	1993-07-15		
上市日期	2011-01-18	地点	上海
相关指数	上证综合型指数、申万市场表征指数、中证规模指数		
行业类别	制造业—金属制品业		
主营业务	输电线路铁塔和复合材料绝缘杆塔的研发、设计、生产和销售		
总股本(万股)	113 323.20	流通A股(万股)	113 323.20
公司网址	www.cstower.cn	电子信箱	chenld@cstower.cn
注册地址	常熟市尚湖镇工业集中区西区人民南路8号		
办公地址	常熟市尚湖镇工业集中区西区人民南路8号		

45. 江苏天瑞仪器股份有限公司(证券代码：300165)

成立日期	2006-07-04		
上市日期	2011-01-25	地点	深圳
相关指数	中证盈利质量指数、AMAC 仪器仪表指数、深证综合指数、深证规模指数、申万市场表征指数		
行业类别	制造业—仪器仪表制造业		
主营业务	化学分析仪器及应用软件研发、生产、销售		
总股本(万股)	49 018.58	流通 A 股(万股)	29 940.98
公司网址	www.skyray-instrument.com	电子信箱	zqb@skyray-instrument.com
注册地址	昆山市玉山镇中华园西路 1888 号天瑞大厦		
办公地址	昆山市玉山镇中华园西路 1888 号天瑞大厦		

46. 苏州春兴精工股份有限公司(证券代码：002547)

成立日期	2001-09-25		
上市日期	2011-02-18	地点	深圳
相关指数	中证 1000 电信业务全收益指数、国证小盘低波动率指数、深证综合指数、深证规模指数、申万市场表征指数、中证规模指数		
行业类别	制造业—金属制品业		
主营业务	通信系统设备、消费电子部件配件以及汽车用精密铝合金结构件及各类精密部件的研究与开发、制造、销售及服务		
总股本(万股)	112 805.72	流通 A 股(万股)	77 210.19
公司网址	www.chunxing-group.com	电子信箱	cxjg@chunxing-group.com
注册地址	苏州工业园区唯亭镇浦田路 2 号		
办公地址	苏州工业园区唯亭镇金陵东路 120 号		

47. 苏州天沃科技股份有限公司(证券代码：002564)

成立日期	1998-03-18		
上市日期	2011-03-10	地点	深圳
相关指数	中证 1000 行业中性低波动指数、AMAC 科研技术指数、深证综合指数、深证规模指数、申万市场表征指数、中证规模指数		
行业类别	建筑业—土木工程建筑业		
主营业务	设计制造：A1 级高压容器、A2 级第三类低中压容器		
总股本(万股)	86 937.53	流通 A 股(万股)	86 833.02
公司网址	www.thvow.com	电子信箱	thvow@thvow.com
注册地址	张家港市金港镇长山村临江路 1 号		
办公地址	上海市普陀区中山北路 1737 号 B103—104		

附 录

48. 苏州科德教育科技股份有限公司（证券代码：300192）

成立日期	2003-01-14		
上市日期	2011-03-22	地点	深圳
相关指数	中证创新驱动主题指数、AMAC化学制品指数、深证综合指数、申万市场表征指数		
行业类别	制造业—化学原料和化学制品制造业		
主营业务	技术开发、技术服务、技术推广、技术转让；资产管理；投资管理；企业管理咨询		
总股本（万股）	29 702.34	流通A股（万股）	19 458.64
公司网址	www.szkinks.com	电子信箱	szkinks@szkinks.com
注册地址	相城区黄埭镇春申路989号		
办公地址	相城区黄埭镇春申路989号		

注：2020年11月30日，由苏州科斯伍德油墨股份有限公司更名。

49. 江苏亿通高科技股份有限公司（证券代码：300211）

成立日期	2001-08-15		
上市日期	2011-05-05	地点	深圳
相关指数	国证2000指数、中证中国内地企业全球综合全收益指数、深证综合指数、申万市场表征指数		
行业类别	制造业—计算机、通信和其他电子设备制造业		
主营业务	有线电视网络传输设备、数字电视终端设备、智能化监控工程服务等		
总股本（万股）	30 267.60	流通A股（万股）	29 697.64
公司网址	www.yitong-group.com	电子信箱	yitong@yitong-group.com
注册地址	常熟市通林路28号		
办公地址	常熟市通林路28号		

50. 苏州电器科学研究院股份有限公司（证券代码：300215）

成立日期	1993-11-25		
上市日期	2011-05-11	地点	深圳
相关指数	创业300高贝塔指数、AMAC科研技术指数、深证综合指数、深证规模指数、申万市场表征指数、中证规模指数		
行业类别	科学研究和技术服务业—专业技术服务业		
主营业务	输配电电器、核电电器、机床电器、船用电器、汽车电子电气、太阳能及风能发电设备等各类高低压电器的技术检测服务		
总股本（万股）	75 832.25	流通A股（万股）	56 016.62
公司网址	www.eeti.com.cn	电子信箱	zqb@eeti.cn
注册地址	吴中区越溪前珠路5号		
办公地址	吴中区越溪前珠路5号		

51. 张家港富瑞特种装备股份有限公司（证券代码：300228）

成立日期	2003-08-05		
上市日期	2011-06-08	地点	深圳
相关指数	中证 1000 指数、中证高端制造主题指数、深证综合指数、深证规模指数、申万市场表征指数		
行业类别	制造业—专用设备制造业		
主营业务	发动机制造、销售（汽车发动机再制造油改气）		
总股本（万股）	47 141.66	流通 A 股（万股）	42 008.34
公司网址	www.furuise.com	电子信箱	furui@furuise.com
注册地址	张家港市杨舍镇晨新路 19 号		
办公地址	张家港市杨舍镇晨新路 19 号		

52. 江苏飞力达国际物流股份有限公司（证券代码：300240）

成立日期	1993-04-22		
上市日期	2011-07-06	地点	深圳
相关指数	深证创业投资指数、中证全指工业指数、深证综合指数、深证规模指数、申万市场表征指数、AMAC 行业指数		
行业类别	交通运输、仓储和邮政业—仓储业		
主营业务	设计并提供一体化供应链管理解决方案，由综合物流服务和基础物流服务构成		
总股本（万股）	36 555.98	流通 A 股（万股）	36 160.21
公司网址	www.feiliks.com	电子信箱	dshmsc@feiliks.com
注册地址	昆山市开发区		
办公地址	昆山市开发区玫瑰路 999 号		

53. 雅本化学股份有限公司（证券代码：300261）

成立日期	2006-01-13		
上市日期	2011-09-06	地点	深圳
相关指数	AMAC 化学制品指数、中证东方财富大数据 100 指数、深证综合指数、申万市场表征指数		
行业类别	制造业—化学原料和化学制品制造业		
主营业务	高级农药、医药中间体产品研发、生产和销售		
总股本（万股）	96 330.95	流通 A 股（万股）	94 502.14
公司网址	www.abachem.com	电子信箱	info@abachem.com
注册地址	太仓市太仓港港口开发区石化区东方东路 18 号		
办公地址	太仓市太仓港港口开发区石化区东方东路 18 号		

附　录

54. 昆山新莱洁净应用材料股份有限公司（证券代码：300260）

成立日期	2000-07-12		
上市日期	2011-09-06	地点	深圳
相关指数	中价股指数、中证雪球投资精选大数据指数、深证综合指数、申万市场表征指数		
行业类别	制造业—通用设备制造业		
主营业务	304、316L等高纯不锈钢为母材的高洁净应用材料之研发、生产与销售		
总股本(万股)	22 655.93	流通A股(万股)	15 181.36
公司网址	www.kinglai.com.cn	电子信箱	lucy@kinglai.com.cn
注册地址	昆山市陆家镇陆丰西路22号		
办公地址	昆山市陆家镇陆丰西路22号		

55. 德尔未来科技控股集团股份有限公司（证券代码：002631）

成立日期	2004-12-02		
上市日期	2011-11-11	地点	深圳
相关指数	中证申万体育产业主题投资指数、深证700指数、深证综合指数、深证规模指数、申万市场表征指数、中证规模指数		
行业类别	制造业—木材加工和木、竹、藤、棕、草制品业		
主营业务	整体智能家居产品的研发、设计、生产和销售，包括家具、地板、定制衣柜、木门等		
总股本(万股)	66 557.90	流通A股(万股)	65 414.73
公司网址	www.der.com.cn	电子信箱	der@der.com.cn
注册地址	吴江区七都镇七都大道		
办公地址	吴江区开平路3333号德尔广场B栋23—25楼		

56. 苏州安洁科技股份有限公司（证券代码：002635）

成立日期	1999-12-16		
上市日期	2011-11-25	地点	深圳
相关指数	深证综合指数、深证规模指数、申万市场表征指数、中证800行业指数、中证规模指数		
行业类别	制造业—计算机、通信和其他电子设备制造业		
主营业务	为笔记本电脑和手机等消费电子产品品牌终端厂商提供功能性器件生产及相关服务		
总股本(万股)	63 420.21	流通A股(万股)	36 246.62
公司网址	www.anjiesz.com	电子信箱	zhengquan@anjiesz.com
注册地址	吴中区光福镇福锦路8号		
办公地址	苏州市太湖国家旅游度假区香山街道孙武路2011号		

57. 东吴证券股份有限公司（证券代码：601555）

成立日期	1992-09-04		
上市日期	2011-12-12	地点	上海
相关指数	上证成份指数、上证主题指数、上证综合型指数、申万市场表征指数、AMAC行业指数、沪深300行业指数、中证800行业指数、中证策略指数、中证规模指数、中证主题指数、中证风格指数、中证定制指数		
行业类别	金融业—资本市场服务		
主营业务	证券经纪，投资咨询，与证券交易、证券投资活动有关的财务顾问及证券的承销保荐、自营、资产管理、投资基金代销，为期货公司提供中间介绍业务等		
总股本（万股）	388 051.89	流通A股（万股）	388 051.89
公司网址	www.dwzq.com.cn	电子信箱	weich@dwzq.com.cn
注册地址	苏州工业园区星阳街5号		
办公地址	苏州工业园区星阳街5号		

58. 苏州扬子江新型材料股份有限公司（证券代码：002652）

成立日期	2002-11-27		
上市日期	2012-01-19	地点	深圳
相关指数	中证申万体育产业主题投资指数、AMAC金属制品指数、深证综合指数、申万市场表征指数		
行业类别	制造业—金属制品业		
主营业务	有机涂层板及其基板的研发、生产与销售		
总股本（万股）	51 206.40	流通A股（万股）	44 780.26
公司网址	www.yzjnm.com	电子信箱	jyg@yzjnm.com
注册地址	相城区潘阳工业园春丰路88号		
办公地址	相城区潘阳工业园春丰路88号		

59. 吴通控股集团股份有限公司（证券代码：300292）

成立日期	1999-06-22		
上市日期	2012-02-29	地点	深圳
相关指数	深证700指数、AMAC电子设备指数、深证综合指数、深证规模指数、申万市场表征指数、中证规模指数		
行业类别	信息传输、软件和信息技术服务业—软件和信息技术服务业		
主营业务	互联网数据产品的研发、互联网信息服务，数字营销服务		
总股本（万股）	127 485.05	流通A股（万股）	104 903.03
公司网址	www.cnwutong.com	电子信箱	wutong@cnwutong.com
注册地址	相城区经济开发区漕湖街道太东路2596号		
办公地址	相城区经济开发区漕湖街道太东路2596号		

60. 怡球金属资源再生(中国)股份有限公司(证券代码：601388)

成立日期	2001-03-15		
上市日期	2012-04-23	地点	上海
相关指数	中证城镇化指数、上证城镇化全收益指数、上证综合型指数、申万市场表征指数		
行业类别	制造业—有色金属冶炼和压延加工业		
主营业务	通过回收废铝资源，进行再生铝合金锭的生产和销售		
总股本(万股)	220 172.61	流通A股(万股)	201 082.49
公司网址	www.yechiu.com	电子信箱	info@yechiu.com.cn
注册地址	太仓市浮桥镇沪浮璜公路88号		
办公地址	太仓市浮桥镇沪浮璜公路88号		

61. 江苏德威新材料股份有限公司(证券代码：300325)

成立日期	1995-12-18		
上市日期	2012-06-01	地点	深圳
相关指数	中证全指原材料指数、深证创业板专利领先指数、深证综合指数、申万市场表征指数		
行业类别	制造业—橡胶和塑料制品业		
主营业务	研发、生产、销售聚氯乙烯塑胶材料、汽车家用特种改性塑料、绿色环保包装材料、聚乙烯、聚丙烯塑胶材料、工程塑料，批发、销售化工原料(不含危险品)、电线、电缆及配套附件		
总股本(万股)	100 574.31	流通A股(万股)	99 653.38
公司网址	www.chinadewei.com	电子信箱	dongmi@chinadewei.com
注册地址	太仓市沙溪镇东市街133号		
办公地址	太仓市沙溪镇东市街133号		

62. 苏州苏大维格科技集团股份有限公司(证券代码：300331)

成立日期	2001-10-25		
上市日期	2012-06-28	地点	深圳
相关指数	中证高校院所企业指数、微利股指数、深证综合指数、申万市场表征指数		
行业类别	制造业—计算机、通信和其他电子设备制造业		
主营业务	微纳光学产品的设计、开发与制造，关键制造设备的研制和相关技术的研发服务		
总股本(万股)	22 604.88	流通A股(万股)	16 542.31
公司网址	www.svgoptronics.com	电子信箱	info@svgoptronics.com
注册地址	苏州工业园区苏虹东路北钟南街478号		
办公地址	苏州工业园区科教创新区新昌路68号		

63. 常熟市天银机电股份有限公司（证券代码：300342）

成立日期	2002-08-02		
上市日期	2012-07-26	地点	深圳
相关指数	中证东方财富大数据100全收益指数、中证民参军主题指数、深证综合指数、深证规模指数、申万市场表征指数		
行业类别	制造业—电气机械和器材制造业		
主营业务	冰箱压缩机零部件的研发、生产和销售		
总股本（万股）	43 177.83	流通A股（万股）	41 898.88
公司网址	www.tyjd.cc	电子信箱	tyjd@tyjd.cc
注册地址	常熟市碧溪新区迎宾路8号		
办公地址	常熟市碧溪新区迎宾路8号		

64. 江苏南大光电材料股份有限公司（证券代码：300346）

成立日期	2000-12-28		
上市日期	2012-08-07	地点	深圳
相关指数	中证全指信息技术全收益指数、国证2000指数、深证综合指数、深证规模指数、申万市场表征指数		
行业类别	制造业—计算机、通信和其他电子设备制造业		
主营业务	高新技术光电子及微电子材料的研究、开发、生产、销售		
总股本（万股）	40 689.08	流通A股（万股）	37 725.91
公司网址	www.natachem.com	电子信箱	natainfo@natachem.com
注册地址	工业园区胜浦平胜路67号		
办公地址	工业园区胜浦平胜路67号		

65. 苏州纽威阀门股份有限公司（证券代码：603699）

成立日期	2002-11-14		
上市日期	2014-01-17	地点	上海
相关指数	上证综合型指数、申万市场表征指数		
行业类别	制造业—通用设备制造业		
主营业务	设计、制造工业阀门（含石油、化工及天然气用低功率气动控制阀）及管线控制设备		
总股本（万股）	75 000.00	流通A股（万股）	75 000.00
公司网址	www.newayvalve.com	电子信箱	dshbgs@neway.com.cn
注册地址	苏州高新区泰山路666号		
办公地址	苏州高新区泰山路666号		

66. 苏州斯莱克精密设备股份有限公司（证券代码：300382）

成立日期	2004-01-06		
上市日期	2014-01-29	地点	深圳
相关指数	深证次新股指数、国证2000指数、深证综合指数、深证规模指数、申万市场表征指数		
行业类别	制造业—专用设备制造业		
主营业务	研发、生产、加工精冲模、冲压系统和农产品、食品包装的新技术、新设备及相关零配件，并提供相关服务；生产各种易拉盖、易拉罐、金属包装的设备，相关辅助设备和精冲模再制造		
总股本（万股）	56 456.94	流通A股（万股）	56 451.16
公司网址	www.slac.com.cn	电子信箱	stock@slac.com.cn
注册地址	吴中区胥口镇石胥路621号		
办公地址	吴中区胥口镇孙武路1028号		

67. 苏州晶方半导体科技股份有限公司（证券代码：603005）

成立日期	2005-06-10		
上市日期	2014-02-10	地点	上海
相关指数	上证综合型指数、申万市场表征指数		
行业类别	制造业—计算机、通信和其他电子设备制造业		
主营业务	研发、生产、制造、封装和测试集成电路产品，销售本公司所生产的产品并提供相关的服务		
总股本（万股）	32 155.12	流通A股（万股）	32 155.12
公司网址	www.wlcsp.com	电子信箱	info@wlcsp.com
注册地址	苏州工业园区汀兰巷29号		
办公地址	苏州工业园区汀兰巷29号		

68. 苏州天华超净科技股份有限公司（证券代码：300390）

成立日期	1997-11-13		
上市日期	2014-07-31	地点	深圳
相关指数	中证社会发展安全产业主题全收益指数、国证2000指数、深证综合指数、申万市场表征指数		
行业类别	制造业—计算机、通信和其他电子设备制造业		
主营业务	防静电制品、无尘制品、医用防护制品、液晶显示屏背光模组及部件的研发与制造及相关技术咨询		
总股本（万股）	55 127.60	流通A股（万股）	35 827.75
公司网址	www.canmax.com.cn	电子信箱	thcj@canmax.com.cn
注册地址	苏州工业园区双马街99号		
办公地址	苏州工业园区双马街99号		

69. 苏州中来光伏新材股份有限公司（证券代码：300393）

成立日期	2008-03-07		
上市日期	2014-09-12	地点	深圳
相关指数	中证中国内地企业全球工业综合指数、中证全指工业指数、深证综合指数、深证规模指数、申万市场表征指数、中证规模指数		
行业类别	制造业—计算机、通信和其他电子设备制造业		
主营业务	太阳能材料（塑料软膜）开发、生产、销售		
总股本（万股）	77 830.53	流通A股（万股）	54 090.58
公司网址	www.jolywood.cn	电子信箱	stock@jolywood.cn
注册地址	常熟市沙家浜镇常昆工业园区青年路		
办公地址	常熟市沙家浜镇常昆工业园区青年路		

70. 中衡设计集团股份有限公司（证券代码：603017）

成立日期	1995-04-14		
上市日期	2014-12-31	地点	上海
相关指数	上证综合型指数、申万市场表征指数		
行业类别	科学研究和技术服务业—专业技术服务业		
主营业务	建筑领域的工程设计、工程总承包、工程监理及项目管理业务		
总股本（万股）	27 680.77	流通A股（万股）	27 330.08
公司网址	www.artsgroup.cn	电子信箱	security@artsgroup.cn
注册地址	苏州工业园区八达街111号		
办公地址	苏州工业园区八达街111号		

71. 苏州苏试试验集团股份有限公司（证券代码：300416）

成立日期	2007-12-29		
上市日期	2015-01-22	地点	深圳
相关指数	国证2000指数、中证中国内地企业全球综合全收益指数、深证综合指数、申万市场表征指数		
行业类别	制造业—仪器仪表制造业		
主营业务	力学环境试验设备的研发和生产，为客户提供全面的环境与可靠性试验服务		
总股本（万股）	20 336.63	流通A股（万股）	20 185.88
公司网址	www.chinasti.com	电子信箱	sushi@chinasti.com
注册地址	苏州工业园区中新科技城唯亭镇科峰路18号		
办公地址	姑苏区工业园区中新科技城唯亭镇科峰路18号；高新区鹿山路55号		

72. 苏州天孚光通信股份有限公司（证券代码：300394）

成立日期	2005-07-20		
上市日期	2015-02-17	地点	深圳
相关指数	中证全指信息技术指数、创业板基础市场指数、深证综合指数、深证规模指数、申万市场表征指数、中证规模指数		
行业类别	制造业—计算机、通信和其他电子设备制造业		
主营业务	研发、生产光电通信产品、陶瓷套管等特种陶瓷制品，销售公司自产产品		
总股本（万股）	19 856.79	流通 A 股（万股）	17 603.41
公司网址	www.tfcsz.com	电子信箱	zhengquan@tfcsz.com
注册地址	苏州高新区长江路 695 号		
办公地址	苏州高新区长江路 695 号		

73. 苏州柯利达装饰股份有限公司（证券代码：603828）

成立日期	2000-08-28		
上市日期	2015-02-26	地点	上海
相关指数	上证综合型指数、申万市场表征指数、AMAC 行业指数		
行业类别	建筑业—建筑装饰和其他建筑业		
主营业务	建筑幕墙与公共建筑装饰工程的设计与施工		
总股本（万股）	61 046.02	流通 A 股（万股）	54 756.00
公司网址	www.kldzs.com	电子信箱	zqb@kldzs.com
注册地址	苏州高新区邓尉路 6 号		
办公地址	苏州高新区邓尉路 6 号		

74. 莱克电气股份有限公司（证券代码：603355）

成立日期	2001-12-26		
上市日期	2015-05-13	地点	上海
相关指数	上证综合型指数、申万市场表征指数、中证 800 行业指数、中证产业指数、中证规模指数		
行业类别	制造业—电气机械和器材制造业		
主营业务	高端家居清洁健康电器的设计、研发、制造和销售业务		
总股本（万股）	41 107.25	流通 A 股（万股）	40 100.00
公司网址	www.lexy.cn	电子信箱	lexy@kingclean.com
注册地址	苏州高新区向阳路 1 号		
办公地址	苏州高新区向阳路 1 号		

75. 苏州道森钻采设备股份有限公司（证券代码：603800）

成立日期	2001-10-29		
上市日期	2015-12-10	地点	上海
相关指数	上证综合型指数、申万市场表征指数、中证主题指数		
行业类别	制造业—专用设备制造业		
主营业务	石油、天然气及页岩气钻采专用设备的研发、制造和销售		
总股本（万股）	20 800.00	流通A股（万股）	20 800.00
公司网址	www.douson.cn	电子信箱	dsdm@douson.cn
注册地址	相城区太平镇		
办公地址	相城区太平镇兴太路		

76. 苏州华源控股股份有限公司（证券代码：002787）

成立日期	1998-06-23		
上市日期	2015-12-31	地点	深圳
相关指数	深证综合指数、申万市场表征指数		
行业类别	制造业—金属制品业		
主营业务	对外投资；包装装潢印刷品印刷、其他印刷品印刷；金属产品生产加工；金属原材料循环再生利用		
总股本（万股）	31 597.51	流通A股（万股）	18 658.69
公司网址	www.huayuan-print.com	电子信箱	zqb@huayuan-print.com
注册地址	吴江区桃源镇桃乌公路1948号		
办公地址	吴江区平望镇中鲈开发区中鲈大道东侧		

77. 启迪设计集团股份有限公司（证券代码：300500）

成立日期	1988-03-03		
上市日期	2016-02-04	地点	深圳
相关指数	中证全指指数、中证全指商业服务与商业用品全收益指数、深证综合指数、深证规模指数、申万市场表征指数		
行业类别	科学研究和技术服务业—专业技术服务业		
主营业务	建筑设计等工程技术服务		
总股本（万股）	17 448.02	流通A股（万股）	15 838.22
公司网址	www.tusdesign.com	电子信箱	liang.hua@tusdesign.com
注册地址	苏州工业园区星海街9号		
办公地址	苏州工业园区星海街9号		

78. 江苏新美星包装机械股份有限公司（证券代码：300509）

成立日期	2003-10-28		
上市日期	2016-04-25	地点	深圳
相关指数	中证全指全收益指数、中证全指机械制造指数、深证综合指数、申万市场表征指数		
行业类别	制造业—专用设备制造业		
主营业务	液态食品包装机械研发、生产与销售，主要产品为流体系列设备、灌装系列设备、二次包装系列设备以及全自动高速PET瓶吹瓶设备		
总股本(万股)	29 640.00	流通A股(万股)	16 657.68
公司网址	www.newamstar.com	电子信箱	dsh@newamstar.com
注册地址	张家港市经济开发区南区（新泾东路）		
办公地址	张家港市经济开发区南区（新泾东路）		

79. 苏州市世嘉科技股份有限公司（证券代码：002796）

成立日期	1990-04-20		
上市日期	2016-05-10	地点	深圳
相关指数	中证全指工业指数、高市净率指数、深证综合指数、深证规模指数、申万市场表征指数、中证规模指数		
行业类别	制造业—计算机、通信和其他电子设备制造业		
主营业务	内装铝单板、幕墙铝板、铝板、镀锌板等产品专业生产加工		
总股本(万股)	25 242.69	流通A股(万股)	21 261.49
公司网址	www.sz-shijia.com	电子信箱	shijiagufen@shijiakj.com
注册地址	虎丘区塘西路28号		
办公地址	虎丘区建林路439号		

80. 哈森商贸（中国）股份有限公司（证券代码：603958）

成立日期	2006-08-21		
上市日期	2016-06-29	地点	上海
相关指数	上证综合型指数、申万市场表征指数		
行业类别	制造业—皮革、毛皮、羽毛及其制品和制鞋业		
主营业务	中高端皮鞋的品牌运营、产品设计、生产销售		
总股本(万股)	21 736.00	流通A股(万股)	21 736.00
公司网址	www.harsongroup.com	电子信箱	lyc@harson.com.cn
注册地址	昆山市花桥镇曹安经济技术开发区花安路1008号5幢6层		
办公地址	昆山市花桥镇曹安经济技术开发区花安路1008号5幢6层		

81. 苏州世名科技股份有限公司（证券代码：300522）

成立日期	2001-12-11		
上市日期	2016-07-05	地点	深圳
相关指数	中证1000全收益指数、深证新指数、深证综合指数、申万市场表征指数		
行业类别	制造业—化学原料和化学制品制造业		
主营业务	色浆的研发、生产和销售，主要产品为环保型、超细化水性色浆		
总股本（万股）	18 066.27	流通A股（万股）	12 141.14
公司网址	www.smcolor.com.cn	电子信箱	smkj@smcolor.com.cn
注册地址	昆山市周市镇黄浦江北路219号		
办公地址	昆山市周市镇黄浦江北路219号		

82. 苏州恒久光电科技股份有限公司（证券代码：002808）

成立日期	2002-03-27		
上市日期	2016-08-12	地点	深圳
相关指数	深证新指数、申万中小板、深证综合指数、申万市场表征指数		
行业类别	制造业—化学原料和化学制品制造业		
主营业务	激光OPC鼓系列产品的研发、生产和销售		
总股本（万股）	26 880.00	流通A股（万股）	17 137.24
公司网址	www.sgt21.com	电子信箱	admin@sgt21.com
注册地址	苏州高新区火炬路38号		
办公地址	苏州高新区火炬路38号		

83. 优德精密工业（昆山）股份有限公司（证券代码：300549）

成立日期	1998-09-15		
上市日期	2016-09-30	地点	深圳
相关指数	创业板综合指数、申万创业板、深证综合指数、申万市场表征指数		
行业类别	制造业—专用设备制造业		
主营业务	汽车模具零部件、半导体计算机模具零部件、家电模具零部件等精密模具零部件的研发、生产及销售，同时也从事自动化设备零部件、制药模具及医疗器材零部件的研发、生产及销售		
总股本（万股）	13 334.00	流通A股（万股）	9 956.75
公司网址	www.jouder.com	电子信箱	jdcn@jouder.com
注册地址	昆山市高科技工业园北门路3168号		
办公地址	昆山市玉山镇迎宾中路1123号		

附 录

84. 江苏常熟农村商业银行股份有限公司（证券代码：601128）

成立日期	2001-12-03		
上市日期	2016-09-30	地点	上海
相关指数	上证综合型指数、申万市场表征指数、AMAC 行业指数、中证 800 行业指数、中证策略指数、中证规模指数、中证主题指数、中证定制指数		
行业类别	金融业—货币金融服务		
主营业务	个人业务、公司业务及资金业务		
总股本(万股)	274 085.59	流通 A 股(万股)	260 434.01
公司网址	www.csrcbank.com	电子信箱	xhch@csrcbank.com
注册地址	常熟市新世纪大道 58 号		
办公地址	常熟市新世纪大道 58 号		

85. 江苏苏州农村商业银行股份有限公司（证券代码：603323）

成立日期	2004-08-25		
上市日期	2016-11-29	地点	上海
相关指数	上证综合型指数、申万市场表征指数、AMAC 行业指数、中证规模指数		
行业类别	金融业—货币金融服务		
主营业务	企业银行业务、私人银行业务和资金业务		
总股本(万股)	180 306.88	流通 A 股(万股)	143 999.06
公司网址	www.wjrcb.com	电子信箱	office@wjrcb.com
注册地址	吴江区中山南路 1777 号		
办公地址	吴江区中山南路 1777 号		

86. 苏州科达科技股份有限公司（证券代码：603660）

成立日期	2004-06-10		
上市日期	2016-12-01	地点	上海
相关指数	上证综合型指数、申万市场表征指数、中证规模指数		
行业类别	制造业—计算机、通信和其他电子设备制造业		
主营业务	网络视讯系统技术的研发、产品的生产和销售，具体包括视频会议系统和视频监控系统两大业务领域		
总股本(万股)	49 927.97	流通 A 股(万股)	49 417.24
公司网址	www.kedacom.com	电子信箱	ir@kedacom.com
注册地址	苏州高新区金山路 131 号		
办公地址	苏州高新区金山路 131 号		

87. 苏州麦迪斯顿医疗科技股份有限公司（证券代码：603990）

成立日期	2009-08-14		
上市日期	2016-12-08	地点	上海
相关指数	上证综合型指数、申万市场表征指数、AMAC 行业指数		
行业类别	信息传输、软件和信息技术服务业—软件和信息技术服务业		
主营业务	提供临床医疗管理信息系统（CIS）系列应用软件和临床信息化整体解决方案		
总股本（万股）	16 546.35	流通 A 股（万股）	14 560.00
公司网址	www.medicalsystem.com.cn	电子信箱	suzhoumedi@medicalsystem.cn
注册地址	姑苏区工业园区归家巷 222 号		
办公地址	姑苏区工业园区归家巷 222 号		

88. 苏州兴业材料科技股份有限公司（证券代码：603928）

成立日期	1996-04-05		
上市日期	2016-12-12	地点	上海
相关指数	上证综合型指数、申万市场表征指数		
行业类别	制造业—化学原料和化学制品制造业		
主营业务	铸造用黏结剂为主的铸造造型材料的研发、生产、销售和相关技术服务		
总股本（万股）	20160.00	流通 A 股（万股）	20 160.00
公司网址	www.chinasinye.com	电子信箱	stock@chinasinye.com
注册地址	高新区浒关工业园道安路 15 号		
办公地址	高新区浒关工业园道安路 15 号		

89. 亚翔系统集成科技（苏州）股份有限公司（证券代码：603929）

成立日期	2002-02-28		
上市日期	2016-12-30	地点	上海
相关指数	上证综合型指数、申万市场表征指数、AMAC 行业指数		
行业类别	建筑业—建筑安装业		
主营业务	为 IC 半导体、光电等高科技电子产业及生物医药、精细化工、航空航天、食品制造等相关领域的建厂工程等提供洁净室工程服务，包括洁净厂房建造规划、设计建议、设备配置、洁净室环境系统集成工程及维护服务等		
总股本（万股）	21 336.00	流通 A 股（万股）	21 336.00
公司网址	www.lkeng.com.cn	电子信箱	lkengcn@lkeng.com.cn
注册地址	姑苏区工业园区方达街 33 号		
办公地址	姑苏区工业园区方达街 33 号		

90. 江苏常熟汽饰集团股份有限公司（证券代码：603035）

成立日期	2004-02-24		
上市日期	2017-01-05	地点	上海
相关指数	上证综合型指数、申万市场表征指数		
行业类别	制造业—汽车制造业		
主营业务	从事汽车饰件开发设计、制造、加工，销售自产产品、自有房屋租赁		
总股本（万股）	34 310.51	流通A股（万股）	34 310.51
公司网址	www.caip.com.cn	电子信箱	csqs@caip.com.cn
注册地址	常熟市海虞北路288号		
办公地址	常熟市海虞北路288号		

注：2020年9月18日，由常熟市汽车饰件股份有限公司更名。

91. 江苏张家港农村商业银行股份有限公司（证券代码：002839）

成立日期	2001-11-27		
上市日期	2017-01-24	地点	深圳
相关指数	深证综合指数、深证规模指数、申万市场表征指数、AMAC行业指数、中证800行业指数、中证规模指数		
行业类别	金融业—货币金融服务		
主营业务	公司业务、个人业务、金融市场业务等		
总股本（万股）	180 795.78	流通A股（万股）	133 067.85
公司网址	www.zrcbank.com	电子信箱	office@zrcbank.com
注册地址	张家港市杨舍镇人民中路66号		
办公地址	张家港市杨舍镇人民中路66号		

92. 常熟市国瑞科技股份有限公司（证券代码：300600）

成立日期	1993-02-09		
上市日期	2017-01-25	地点	深圳
相关指数	中证海洋经济主题指数、深证规模指数、申万市场表征指数		
行业类别	制造业—铁路、船舶、航空航天和其他运输设备制造业		
主营业务	船舶及海洋工程电气、自动化系统及其系统集成的研发、生产、销售		
总股本（万股）	29 705.22	流通A股（万股）	20 576.90
公司网址	www.cs-grkj.com	电子信箱	zqb@cs-ruite.com
注册地址	常熟市虞山镇高新技术产业园青岛路2号		
办公地址	常熟市虞山镇高新技术产业园青岛路2号		

注：2020年9月25日，由常熟瑞特电气股份有限公司更名。

93. 法兰泰克重工股份有限公司（证券代码：603966）

成立日期	2007-06-19		
上市日期	2017-01-25	地点	上海
相关指数	上证综合型指数、申万市场表征指数		
行业类别	制造业——通用设备制造业		
主营业务	中高端桥式起重机、门式起重机、电动葫芦、工程机械部件的研发、制造和销售		
总股本（万股）	21 097.96	流通A股（万股）	20 978.78
公司网址	www.eurocrane.com.cn	电子信箱	securities@eurocrane.com.cn
注册地址	吴江区汾湖经济开发区汾越路288号		
办公地址	吴江区汾湖经济开发区汾越路288号		

94. 昆山科森科技股份有限公司（证券代码：603626）

成立日期	2010-12-01		
上市日期	2017-02-09	地点	上海
相关指数	上证综合型指数、申万市场表征指数、中证规模指数		
行业类别	制造业——金属制品业		
主营业务	手术器械研发；一类医疗器械及零部件、机电产品及结构件、精密金属结构件、精密模具的研发、设计、制造和销售		
总股本（万股）	49 088.55	流通A股（万股）	48 209.90
公司网址	www.kersentech.com	电子信箱	ksgf@kersentech.com
注册地址	昆山市开发区新星南路155号		
办公地址	昆山市开发区新星南路155号		

95. 江苏金陵体育器材股份有限公司（证券代码：300651）

成立日期	2004-03-25		
上市日期	2017-05-09	地点	深圳
相关指数	中国智能资产指数、中证全指休闲设备与用品全收益指数、深证综合指数、申万市场表征指数		
行业类别	制造业——文教、工美、体育和娱乐用品制造业		
主营业务	体育器材和场馆设施的研发、生产、销售以及体育赛事服务		
总股本（万股）	12 874.68	流通A股（万股）	6 864.30
公司网址	www.jlsports.com	电子信箱	sunjun@jlsports.com
注册地址	张家港市南丰镇海丰路11号		
办公地址	张家港市南丰镇兴园路88号		

96. 苏州晶瑞化学股份有限公司（证券代码：300655）

成立日期	2001-11-29		
上市日期	2017-05-23	地点	深圳
相关指数	中证全指化学制品全收益指数、国证 2000 指数、深证综合指数、申万市场表征指数		
行业类别	制造业—化学原料和化学制品制造业		
主营业务	微电子化学品的产品研发、生产和销售		
总股本(万股)	18 873.59	流通 A 股(万股)	15 614.35
公司网址	www.jingrui-chem.com.cn	电子信箱	ir@jingrui-chem.com.cn
注册地址	吴中区吴中经济开发区善丰路 168 号		
办公地址	吴中区吴中经济开发区善丰路 168 号		

97. 苏州易德龙科技股份有限公司（证券代码：603380）

成立日期	2001-05-31		
上市日期	2017-06-22	地点	上海
相关指数	上证综合型指数、申万市场表征指数		
行业类别	制造业—计算机、通信和其他电子设备制造业		
主营业务	通信、工业控制、消费电子、医疗电子、汽车电子等		
总股本(万股)	16 000.00	流通 A 股(万股)	16 000.00
公司网址	www.etron.cn	电子信箱	sd@etron.cn
注册地址	相城区相城经济开发区春兴路 50 号		
办公地址	相城区相城经济开发区春兴路 50 号		

98. 苏州市建筑科学研究院集团股份有限公司（证券代码：603183）

成立日期	1990-03-28		
上市日期	2017-09-05	地点	上海
相关指数	上证综合型指数、申万市场表征指数		
行业类别	科学研究和技术服务业—专业技术服务业		
主营业务	建筑技术开发、技术服务、技术转让、技术咨询、技术培训		
总股本(万股)	29 828.01	流通 A 股(万股)	24 915.54
公司网址	www.szjkjt.com	电子信箱	zqb@szjkjt.com
注册地址	吴中区吴中经济开发区越溪街道吴大道 1368 号 3 幢		
办公地址	虎丘区滨河路 1979 号		

99. 聚灿光电科技股份有限公司（证券代码：300708）

成立日期	2010-04-08		
上市日期	2017-10-16	地点	深圳
相关指数	中证全指指数、中证高端制造主题指数、深证综合指数、深证规模指数、申万市场表征指数		
行业类别	制造业—计算机、通信和其他电子设备制造业		
主营业务	LED外延片及芯片的研发、生产和销售业务		
总股本（万股）	26 026.80	流通A股（万股）	18 034.01
公司网址	www.focuslightings.com	电子信箱	focus@focuslightings.com
注册地址	苏州工业园区月亮湾路15号中新大厦32楼01—05室		
办公地址	苏州工业园区月亮湾路15号中新大厦32楼01—05室		

100. 苏州金鸿顺汽车部件股份有限公司（证券代码：603922）

成立日期	2003-09-23		
上市日期	2017-10-23	地点	上海
相关指数	上证综合型指数、申万市场表征指数		
行业类别	制造业—汽车制造业		
主营业务	生产汽车模具、摩托车模具、夹具等汽车零部件及相关制品，销售自产产品		
总股本（万股）	12 800.00	流通A股（万股）	12 800.00
公司网址	www.jinhs.com	电子信箱	gl3602@jinhs.com
注册地址	张家港市经济开发区长兴路30号		
办公地址	张家港市经济开发区长兴路30号		

101. 江苏凯伦建材股份有限公司（证券代码：300715）

成立日期	2011-07-13		
上市日期	2017-10-26	地点	深圳
相关指数	深证A指、深证综指、申万市场表征指数		
行业类别	制造业—非金属矿物制品业		
主营业务	新型建筑防水材料的研发、生产和销售		
总股本（万股）	17 090.75	流通A股（万股）	14 526.55
公司网址	www.canlon.com.cn	电子信箱	zy@canlon.com.cn
注册地址	吴江区七都镇亨通大道8号		
办公地址	吴江区七都镇亨通大道8号		

附 录

102. 苏州春秋电子科技股份有限公司（证券代码：603890）

成立日期	2011-08-23		
上市日期	2017-12-12	地点	上海
相关指数	上证综合型指数、申万市场表征指数		
行业类别	制造业—计算机、通信和其他电子设备制造业		
主营业务	消费电子产品精密结构件模组及相关精密模具的研发、设计、生产、销售		
总股本（万股）	38 551.08	流通A股（万股）	37 906.29
公司网址	www.szchunqiu.com	电子信箱	zhangzj@chunqiu-group.com
注册地址	昆山市张浦镇益德路988号		
办公地址	昆山市张浦镇益德路988号		

103. 苏州赛腾精密电子股份有限公司（证券代码：603283）

成立日期	2007-06-19		
上市日期	2017-12-25	地点	上海
相关指数	上证综合型指数、申万市场表征指数、中证主题指数		
行业类别	制造业—专用设备制造业		
主营业务	自动化生产设备的研发、设计、生产、销售及技术服务，为客户实现生产智能化提供系统解决方案		
总股本（万股）	17 924.48	流通A股（万股）	17 494.96
公司网址	www.secote.com	电子信箱	zqb@secote.com
注册地址	吴中经济开发区东吴南路4号		
办公地址	吴中经济开发区东吴南路4号		

104. 科沃斯机器人股份有限公司（证券代码：603486）

成立日期	1998-03-11		
上市日期	2018-05-28	地点	上海
相关指数	上证策略指数、上证综合型指数、申万市场表征指数、中证800行业指数、中证产业指数、中证规模指数、中证主题指数		
行业类别	制造业—电气机械和器材制造业		
主营业务	研发、设计、制造家庭服务机器人、智能化清洁机械、电子产品及相关零部件、机电产品		
总股本（万股）	56 436.55	流通A股（万股）	17 964.87
公司网址	www.ecovacs.cn	电子信箱	shmily.wu@ecovacs.com
注册地址	吴中区郭巷街道吴淞江产业园淞苇路518号		
办公地址	吴中区友翔路18号		

219

105. 苏州迈为科技股份有限公司（证券代码：300751）

成立日期	2010-09-08		
上市日期	2018-11-09	地点	深圳
相关指数	深证综合指数、深证规模指数、申万市场表征指数、中证规模指数		
行业类别	制造业—专用设备制造业		
主营业务	自动化设备及仪器研发、生产、销售；各类新型材料研发、生产、销售；软件开发、销售		
总股本(万股)	5 210.41	流通A股(万股)	2 901.92
公司网址	www.maxwell-gp.com	电子信箱	liuqiong@maxwell-gp.com.cn
注册地址	吴江区芦荡路228号		
办公地址	吴江经济开发区庞金路1801号庞金工业坊D02幢		

106. 罗博特科智能科技股份有限公司（证券代码：300757）

成立日期	2011-04-14		
上市日期	2019-01-08	地点	深圳
相关指数	AMAC专用、深证综合指数、申万市场表征指数		
行业类别	制造业—专用设备制造业		
主营业务	研制高端自动化装备和基于工业互联网技术的智能制造执行系统软件		
总股本(万股)	10 400.00	流通A股(万股)	5 486.78
公司网址	www.robo-technik.com	电子信箱	zqb@robo-technik.com
注册地址	吴中区工业园区唯亭港浪路3号		
办公地址	吴中区工业园区唯亭港浪路3号		

107. 苏州龙杰特种纤维股份有限公司（证券代码：603332）

成立日期	2003-06-11		
上市日期	2019-01-17	地点	上海
相关指数	上证综合型指数、申万市场表征指数		
行业类别	制造业—化学纤维制造业		
主营业务	化学纤维及化学纤维品制造、加工，化纤原料购销		
总股本(万股)	11 893.80	流通A股(万股)	2 973.50
公司网址	www.jslongjie.com	电子信箱	longjie@suzhoulongjie.com
注册地址	张家港市省级经济开发区(振兴路19号)		
办公地址	张家港市省级经济开发区(振兴路19号)		

108. 苏州恒铭达电子科技股份有限公司(证券代码：002947)

成立日期	2011-07-27		
上市日期	2019-02-01	地点	深圳
相关指数	AMAC电子、深证综合指数、深证规模指数、申万市场表征指数、中证规模指数		
行业类别	制造业—计算机、通信和其他电子设备制造业		
主营业务	消费电子功能性器件、消费电子防护产品、消费电子外盒保护膜的设计、研发、生产与销售		
总股本(万股)	12 664.95	流通A股(万股)	4 860.00
公司网址	www.hengmingda.com	电子信箱	hmd_zq@hengmingdaks.com
注册地址	昆山市巴城镇石牌塔基路1568号		
办公地址	昆山市巴城镇石牌塔基路1568号		

109. 苏州华兴源创科技股份有限公司(证券代码：688001)

成立日期	2005-06-15		
上市日期	2019-07-22	地点	上海
相关指数	上证综合型指数、申万市场表征指数		
行业类别	制造业—专用设备制造业		
主营业务	TFT-LCD液晶测试系统、工业自控软件研发、生产、加工、检测		
总股本(万股)	43 853.68	流通A股(万股)	3 976.12
公司网址	www.hyccn.net	电子信箱	dongmiban@hyc.cn
注册地址	苏州工业园区青丘巷8号		
办公地址	苏州工业园区青丘巷8号		

110. 苏州天准科技股份有限公司(证券代码：688003)

成立日期	2009-08-20		
上市日期	2019-07-22	地点	上海
相关指数	上证综合型指数、申万市场表征指数		
行业类别	制造业—专用设备制造业		
主营业务	研发、生产、销售：测量和检测设备、测量和检测系统、机器人与自动化装备、自动化立体仓库及仓储物流设备		
总股本(万股)	19 360.00	流通A股(万股)	7 136.60
公司网址	www.tztek.com	电子信箱	ir@tztek.com
注册地址	高新区浔阳江路70号		
办公地址	高新区浔阳江路70号		

111. 苏州瀚川智能科技股份有限公司（证券代码：688022）

成立日期	2012-11-16		
上市日期	2019-07-22	地点	上海
相关指数	上证综合型指数、申万市场表征指数		
行业类别	制造业—专用设备制造业		
主营业务	设计、研发、组装生产：智能自动化设备；设计、研发、销售：自动化设备零组件、元器件、模块、仪器、软件、硬件		
总股本（万股）	10 800.00	流通A股（万股）	5 798.89
公司网址	www.harmontronics.com	电子信箱	IRM@harmontronics.com
注册地址	苏州工业园区胜浦佳胜路40号		
办公地址	苏州工业园区胜浦佳胜路40号		

112. 苏州银行股份有限公司（证券代码：002966）

成立日期	2004-12-24		
上市日期	2019-08-02	地点	深圳
相关指数	深证综合指数、申万市场表征指数、AMAC行业指数		
行业类别	金融业—货币金融服务		
主营业务	公司业务、个人业务、资金业务及其他业务		
总股本（万股）	333 333.33	流通A股（万股）	162 475.29
公司网址	www.suzhoubank.com	电子信箱	dongban@suzhoubank.com
注册地址	姑苏区工业园区钟园路728号		
办公地址	姑苏区工业园区钟园路728号		

113. 山石网科通信技术股份有限公司（证券代码：688030）

成立日期	2011-07-20		
上市日期	2019-09-30	地点	上海
相关指数	上证综合型指数、申万市场表征指数		
行业类别	信息传输、软件和信息技术服务业—软件和信息技术服务业		
主营业务	信息网络通信软件及硬件产品研发、生产、销售与售后服务，以及与通信技术相关的方案设计、技术咨询、自有技术转让及系统集成服务		
总股本（万股）	18 022.35	流通A股（万股）	9 362.14
公司网址	www.hillstonenet.com.cn	电子信箱	ir@hillstonenet.com
注册地址	苏州高新区景润路181号		
办公地址	苏州高新区景润路181号		

114. 博瑞生物医药（苏州）股份有限公司（证券代码：688166）

成立日期	2001-10-26		
上市日期	2019-11-08	地点	上海
相关指数	上证综合型指数、申万市场表征指数		
行业类别	制造业—医药制造业		
主营业务	研发大环内酯、多肽、多糖、杂环、唑类、嗪类、苯醚类、四环素类化合物，生产非药品类大环内酯、多肽、多糖、杂环、唑类、嗪类、苯醚类、四环素类化合物		
总股本（万股）	41 000.00	流通A股（万股）	18 047.82
公司网址	www.bright-gene.com	电子信箱	IR@bright-gene.com
注册地址	工业园区星湖街218号纳米科技园C25栋		
办公地址	工业园区星湖街218号纳米科技园C25—C28栋		

115. 八方电气（苏州）股份有限公司（证券代码：603489）

成立日期	2003-07-28		
上市日期	2019-11-11	地点	上海
相关指数	上证综合型指数、申万市场表征指数		
行业类别	制造业—电气机械和器材制造业		
主营业务	电踏车电机及配套电气系统的研发、生产、销售和技术服务		
总股本（万股）	12 031.50	流通A股（万股）	7 140.00
公司网址	www.bafang-e.com	电子信箱	security@bafang-e.com
注册地址	吴中区娄葑镇和顺路9号		
办公地址	吴中区娄葑镇和顺路9号		

116. 华辰精密装备（昆山）股份有限公司（证券代码：300809）

成立日期	2007-09-04		
上市日期	2019-12-04	地点	深圳
相关指数	AMAC通用、深证综合指数、申万市场表征指数		
行业类别	制造业—通用设备制造业		
主营业务	全自动数控轧辊磨床的研发、生产和销售		
总股本（万股）	15 692.00	流通A股（万股）	4 549.50
公司网址	www.hiecise.com	电子信箱	xucaiying@hiecise.com
注册地址	昆山市周市镇横长泾路333号		
办公地址	昆山市周市镇横长泾路333号		

117. 江苏北人机器人系统股份有限公司（证券代码：688218）

成立日期	2011-12-26		
上市日期	2019-12-11	地点	上海
相关指数	上证综合型指数、申万市场表征指数		
行业类别	制造业—专用设备制造业		
主营业务	加工组装：机器人；自动化设备、机械电子设备、自动化系统与生产线的开发、设计		
总股本（万股）	11 734.00	流通A股（万股）	8 242.27
公司网址	www.br-robot.com	电子信箱	ir@br-robot.com
注册地址	苏州工业园区青丘巷1号		
办公地址	苏州工业园区青丘巷1号		

118. 中新苏州工业园区开发集团股份有限公司（证券代码：601512）

成立日期	1994-08-13		
上市日期	2019-12-20	地点	上海
相关指数	上证综合型指数、申万市场表征指数		
行业类别	房地产业—房地产业		
主营业务	进行土地一级开发与经营、工业厂房及科研载体的开发与运营、物业管理、项目管理、酒店的经营管理、咨询服务、产业与基础设施开发		
总股本（万股）	149 889.00	流通A股（万股）	79 741.00
公司网址	www.cssd.com.cn	电子信箱	ipo-office@cssd.com.cn
注册地址	姑苏区工业园区月亮湾路15号中新大厦48楼		
办公地址	姑苏区工业园区月亮湾路15号中新大厦48楼		

119. 苏州泽璟生物制药股份有限公司（证券代码：688266）

成立日期	2009-03-18		
上市日期	2020-01-23	地点	上海
相关指数	上证综合型指数、申万市场表征指数		
行业类别	制造业—医药制造业		
主营业务	从事新药的研究开发，相关的技术咨询、技术服务		
总股本（万股）	24 000.00	流通A股（万股）	5 962.94
公司网址	www.zelgen.com	电子信箱	zelgen01@zelgen.com
注册地址	昆山市玉山镇晨丰路209号		
办公地址	昆山市玉山镇晨丰路209号		

120. 张家港广大特材股份有限公司（证券代码：688186）

成立日期	2006-07-17		
上市日期	2020-02-11	地点	上海
相关指数	上证综合型指数、申万市场表征指数		
行业类别	制造业—金属制品业		
主营业务	特种材料的制造、加工、销售；铸件		
总股本（万股）	16 480.00	流通A股（万股）	3 971.00
公司网址	www.zjggdtc.com	电子信箱	gd005@zjggdtc.com
注册地址	张家港市凤凰镇安庆村		
办公地址	张家港市凤凰镇安庆村		

121. 苏州瑞玛精密工业股份有限公司（证券代码：002976）

成立日期	2012-03-22		
上市日期	2020-03-06	地点	深圳
相关指数	AMAC通用、深证综合指数、申万市场表征指数		
行业类别	制造业—金属制品业		
主营业务	研发、制造、加工、销售：冲压钣金件、模具、机械零配件、五金紧固件		
总股本（万股）	10 000.00	流通A股（万股）	2 500.00
公司网址	www.cheersson.com.cn	电子信箱	stock@cheersson.com
注册地址	虎丘区高新区浒关工业园浒晨路28号		
办公地址	虎丘区高新区浒关工业园浒晨路28号		

122. 江苏聚杰微纤科技集团股份有限公司（证券代码：300819）

成立日期	2000-05-26		
上市日期	2020-03-12	地点	深圳
相关指数	AMAC通用、深证综合指数、申万市场表征指数		
行业类别	制造业—纺织业		
主营业务	超细纤维制品研发、生产、销售		
总股本（万股）	9 947.00	流通A股（万股）	2 487.00
公司网址	www.jujie.com	电子信箱	jujie@jujie.com
注册地址	吴江区八坼镇南郊		
办公地址	吴江区太湖新城交通路68号		

123. 爱丽家居科技股份有限公司（证券代码：603221）

成立日期	1999-11-01		
上市日期	2020-03-23	地点	上海
相关指数	上证综合型指数、申万市场表征指数		
行业类别	制造业—橡胶和塑料制品业		
主营业务	室内外装饰材料（不含化学品）、家居产品的设计、研发、生产、销售		
总股本（万股）	24 000.00	流通A股（万股）	6 000.00
公司网址	www.eletile.com	电子信箱	elegant@eletile.com
注册地址	张家港市锦丰镇合兴街道		
办公地址	张家港市锦丰镇合兴街道		

124. 苏州赛伍应用技术股份有限公司（证券代码：603212）

成立日期	2008-11-04		
上市日期	2020-04-30	地点	上海
相关指数	上证综合型指数、申万市场表征指数		
行业类别	制造业—橡胶和塑料制品业		
主营业务	高技术复合材料（特殊功能复合材料及制品）、塑料加工专用设备及装置的研发、生产和销售		
总股本（万股）	40 001.00	流通A股（万股）	4 001.00
公司网址	www.cybrid.com.cn	电子信箱	sz-cybrid@cybrid.net.cn
注册地址	吴江经济技术开发区叶港路369号		
办公地址	吴江经济技术开发区叶港路369号		

125. 苏州工业园区凌志软件股份有限公司（证券代码：688588）

成立日期	2003-01-03		
上市日期	2020-05-11	地点	上海
相关指数	上证综合型指数、申万市场表征指数		
行业类别	信息传输、软件和信息技术服务业—软件和信息技术服务业		
主营业务	销售计算机、计算机软件产品、网络产品、通信产品、家用电器		
总股本（万股）	40 001.00	流通A股（万股）	3 800.95
公司网址	www.linkstec.com	电子信箱	wuyz@linkstec.com
注册地址	苏州市工业园区启泰路96号		
办公地址	苏州市工业园区启泰路96号		

126. 昆山佰奥智能装备股份有限公司（证券代码：300836）

成立日期	2006-01-06		
上市日期	2020-05-28	地点	深圳
相关指数	AMAC通用、深证综合指数、申万市场表征指数		
行业类别	制造业—专用设备制造业		
主营业务	机器人及其系统集成；智能装备及其核心软、硬件的设计、制造、加工及销售		
总股本(万股)	4 925.57	流通A股(万股)	1 231.39
公司网址	www.kstopa.com.cn	电子信箱	kstopa@kstopa.com.cn
注册地址	昆山市玉山镇紫竹路1689号6号房		
办公地址	昆山市玉山镇紫竹路1689号6号房		

127. 苏州金宏气体股份有限公司（证券代码：688106）

成立日期	1999-10-28		
上市日期	2020-06-16	地点	上海
相关指数	上证综合型指数、申万市场表征指数		
行业类别	制造业—化学原料和化学制品制造业		
主营业务	研发、生产加工各种工业气体、医用气体、消防气体（灭火剂）、特种气体和混合气体及其产品，生产加工食品级干冰和食品添加剂（涉及行政许可、审查、认证生产经营的，凭相关有效的批准证书所列的项目和方式生产经营）		
总股本(万股)	48 433.34	流通A股(万股)	10 754.96
公司网址	www.jinhonggroup.com	电子信箱	dongmi@jinhonggroup.com
注册地址	相城区黄埭镇潘阳工业园安民路		
办公地址	相城区黄埭镇潘阳工业园安民路6号		

128. 苏州敏芯微电子技术股份有限公司（证券代码：688286）

成立日期	2007-09-25		
上市日期	2020-08-10	地点	上海
相关指数	上证综合型指数、申万市场表征指数		
行业类别	制造业—计算机、通信和其他电子设备制造业		
主营业务	开发设计微电子机械系统传感器、集成电路及新型电子元器件、计算机软件		
总股本(万股)	5 320.00	流通A股(万股)	1 213.45
公司网址	www.memsensing.com	电子信箱	ir@memsensing.com
注册地址	工业园区金鸡湖大道99号NW-09楼501室		
办公地址	工业园区金鸡湖大道99号NW-09楼501室		

129. 昆山龙腾光电股份有限公司（证券代码：688055）

成立日期	2005-07-12		
上市日期	2020-08-17	地点	上海
相关指数	上证综合型指数、申万市场表征指数		
行业类别	制造业—计算机、通信和其他电子设备制造业		
主营业务	研发、设计、生产第五代薄膜晶体管液晶显示面板（TFT-LCD）		
总股本（万股）	333 333.34	流通A股（万股）	26 936.78
公司网址	www.ivo.com.cn	电子信箱	Ltdmb@ivo.com.cn
注册地址	昆山市开发区龙腾路1号		
办公地址	昆山市开发区龙腾路1号		

130. 昆山沪光汽车电器股份有限公司（证券代码：605333）

成立日期	1997-03-31		
上市日期	2020-08-18	地点	上海
相关指数	上证综合型指数、申万市场表征指数		
行业类别	制造业—汽车制造业		
主营业务	汽车线束设计、开发、加工、制作、销售；销售汽车配件		
总股本（万股）	40 100.00	流通A股（万股）	4 010.00
公司网址	www.kshg.com	电子信箱	ir@kshg.com
注册地址	昆山市张浦镇沪光路388号		
办公地址	昆山市张浦镇沪光路388号		

131. 江苏海晨物流股份有限公司（证券代码：300873）

成立日期	2011-08-18		
上市日期	2020-08-24	地点	深圳
相关指数	AMAC通用、深证综合指数、申万市场表征指数		
行业类别	交通运输、仓储和邮政业—装卸搬运和运输代理业		
主营业务	普通货运、货物专用运输（集装箱）；仓储服务：包括装卸、储存、库内货物分级、分装、挑选、贴商标、制标、简单加工、维修检测等		
总股本（万股）	13 333.33	流通A股（万股）	3 161.44
公司网址	www.hichain.com	电子信箱	irm@hichain.com
注册地址	吴江经济技术开发区泉海路111号		
办公地址	吴江经济技术开发区泉海路111号		

132. 苏州绿的谐波传动科技股份有限公司（证券代码：688017）

成立日期	2011-01-13		
上市日期	2020-08-28	地点	上海
相关指数	上证综合型指数、申万市场表征指数		
行业类别	制造业—通用设备制造业		
主营业务	谐波传动设备的研发、设计及技术开发		
总股本（万股）	12 041.67	流通A股（万股）	2 754.29
公司网址	www.leaderdrive.com	电子信箱	info@leaderdrive.com
注册地址	吴中区木渎镇木胥西路19号		
办公地址	吴中区木渎镇木胥西路19号		

133. 江苏中信博新能源科技股份有限公司（证券代码：688408）

成立日期	2009-11-20		
上市日期	2020-08-28	地点	上海
相关指数	上证综合型指数、申万市场表征指数		
行业类别	制造业—电气机械和器材制造业		
主营业务	新能源材料、新能源产品研发及销售；太阳能发电系统相关产品的设计、研发、销售、安装、调试及维护		
总股本（万股）	13 571.55	流通A股（万股）	3 026.56
公司网址	www.arctechsolar.cn	电子信箱	investor.list@arctechsolar.com
注册地址	昆山市陆家镇黄浦江中路2388号		
办公地址	昆山市陆家镇黄浦江中路2388号		

134. 江苏固德威电源科技股份有限公司（证券代码：688390）

成立日期	2010-11-05		
上市日期	2020-09-04	地点	上海
相关指数	上证综合型指数、申万市场表征指数		
行业类别	制造业—电气机械和器材制造业		
主营业务	研发、生产、销售、服务：风能、光伏逆变器系统；软件研发、光伏系统的集成和安装		
总股本（万股）	8 800.00	流通A股（万股）	2 003.89
公司网址	www.goodwe.com	电子信箱	ir@goodwe.com
注册地址	虎丘区高新区紫金路90号		
办公地址	虎丘区高新区紫金路90号		

135. 思瑞浦微电子科技(苏州)股份有限公司(证券代码：688536)

成立日期	2012-04-23		
上市日期	2020-09-21	地点	上海
相关指数	上证综合型指数、申万市场表征指数		
行业类别	信息传输、软件和信息技术服务业—软件和信息技术服务业		
主营业务	各类集成电路及其应用系统和软件的研发、设计、生产，销售本公司产品并提供售后服务		
总股本(万股)	8 000.00	流通 A 股(万股)	1 808.25
公司网址	www.3peakic.com.cn	电子信箱	3peak@3peakic.com.cn
注册地址	工业园区星湖街 328 号创意产业园 2-B304-1		
办公地址	中国(上海)自由贸易试验区张衡路 666 弄 1 号 8 楼 802 室		

136. 伟时电子股份有限公司(证券代码：605218)

成立日期	2003-09-01		
上市日期	2020-09-28	地点	上海
相关指数	上证综合型指数、申万市场表征指数		
行业类别	制造业—计算机、通信和其他电子设备制造业		
主营业务	生产用于电子、电脑、通信产品的新型电子元器件，设计、生产精冲模，精密型腔模，模具标准件，生产合成橡胶(丙烯酸橡胶)及相关产品，销售自产产品并提供售后服务		
总股本(万股)	21 283.35	流通 A 股(万股)	5 320.84
公司网址	www.ways-group.com	电子信箱	chenxc@ksways.com
注册地址	昆山开发区精密机械产业园云雀路 299 号		
办公地址	昆山开发区精密机械产业园云雀路 299 号		

137. 天臣国际医疗科技股份有限公司(证券代码：688013)

成立日期	2003-08-18		
上市日期	2020-09-28	地点	上海
相关指数	上证综合型指数、申万市场表征指数		
行业类别	制造业—专用设备制造业		
主营业务	许可项目：第二类医疗器械生产；第三类医疗器械经营、生产；医用口罩生产		
总股本(万股)	8 000.00	流通 A 股(万股)	1 836.14
公司网址	www.touchstone.hk	电子信箱	tsbs@touchstone.hk
注册地址	苏州市工业园区东平街 278 号		
办公地址	苏州市工业园区东平街 278 号		

138. 苏州世华新材料科技股份有限公司（证券代码：688093）

成立日期	2010-04-14		
上市日期	2020-09-30	地点	上海
相关指数	上证综合型指数、申万市场表征指数		
行业类别	制造业—计算机、通信和其他电子设备制造业		
主营业务	胶带研发、加工、销售；石墨结构电子组件研发、生产、加工、销售		
总股本（万股）	17 200.00	流通A股（万股）	3 911.30
公司网址	www.szshihua.com.cn	电子信箱	zhengquan@szshihua.com.cn
注册地址	吴江经济技术开发区大光路168号		
办公地址	吴江经济技术开发区大光路168号		

139. 江苏日久光电股份有限公司（证券代码：003015）

成立日期	2010-01-12		
上市日期	2020-10-21	地点	深圳
相关指数	AMAC通用、深证综合指数、申万市场表征指数		
行业类别	制造业—计算机、通信和其他电子设备制造业		
主营业务	生产、研发、销售氢燃料电池、氢燃料电池MEA组件、车辆及建筑玻璃用安全防爆节能薄膜材料、显示器用光学薄膜材料		
总股本（万股）	28 106.67	流通A股（万股）	7 026.67
公司网址	www.rnafilms.cn	电子信箱	info@rnafilms.cn
注册地址	昆山市周庄镇锦周公路东侧，园区大道南侧		
办公地址	昆山市周庄镇锦周公路509号		

140. 苏州宝丽迪材料科技股份有限公司（证券代码：300905）

成立日期	2002-12-13		
上市日期	2020-11-05	地点	深圳
相关指数	AMAC通用、深证综合指数、申万市场表征指数		
行业类别	制造业—橡胶和塑料制品业		
主营业务	研发、生产塑料、化纤色母粒、功能母粒、新型材料；销售本公司所生产产品（涉及许可经营的凭许可证经营）		
总股本（万股）	7 200.00	流通A股（万股）	1 800.00
公司网址	www.ppm-sz.cn	电子信箱	zhengquan@ppm-sz.cn
注册地址	相城区北桥镇石桥村		
办公地址	相城区北桥镇石桥村		

141. 康平科技(苏州)股份有限公司(证券代码：300907)

成立日期	2004-04-19		
上市日期	2020-11-18	地点	深圳
相关指数	AMAC通用、深证综合指数、申万市场表征指数		
行业类别	制造业—通用设备制造业		
主营业务	电机、电动工具、模具研发、生产；销售公司自产产品		
总股本(万股)	9 600.00	流通A股(万股)	2 276.20
公司网址	www.chinakangping.com	电子信箱	kpir@szkangping.com
注册地址	相城经济开发区华元路18号		
办公地址	相城经济开发区华元路18号		

142. 福立旺精密机电(中国)股份有限公司(证券代码：688678)

成立日期	2006-05-18		
上市日期	2020-12-23	地点	上海
相关指数	上证综合型指数、申万市场表征指数		
行业类别	制造业—通用设备制造业		
主营业务	设计、制造新型电子元器件(生产电子变压器和半导体开关器件等电子电力器件)、第二类医疗器械		
总股本(万股)	17 335.00	流通A股(万股)	3 529.00
公司网址	www.freewon.com.cn	电子信箱	ir@freewon.com.cn
注册地址	昆山市千灯镇玉溪西路168号		
办公地址	昆山市千灯镇玉溪西路168号		

143. 苏州伟创电气科技股份有限公司(证券代码：688698)

成立日期	2013-10-17		
上市日期	2020-12-29	地点	上海
相关指数	上证综合型指数、申万市场表征指数		
行业类别	制造业—仪器仪表制造业		
主营业务	研发、生产、销售电气设备、电气成套控制设备、光伏系统控制设备、配电开关控制设备、工业自动化设备、工业机器人、电焊机、机电设备、机械设备、电子产品、金属制品		
总股本(万股)	18 000.00	流通A股(万股)	3 662.40
公司网址	www.veichi.com.cn	电子信箱	zqb@veichi.com
注册地址	吴中经济技术开发区郭巷街道淞葭路1000号		
办公地址	吴中经济技术开发区郭巷街道淞葭路1000号		

144. 浙文影业集团股份有限公司（原名：鹿港文化 证券代码：601599）

成立日期	2002-12-13		
上市日期	2011-05-27	地点	上海
相关指数	上证综合型指数、申万市场表征指数		
行业类别	纺织业		
主营业务	广播电视节目制作经营、广播电视节目制作；电影放映；租赁经营；电影放映；货物进出口；摄影器材、服装、各类针织毛纺纱线以及高档精纺呢绒面料生产与销售		
总股本(万股)	89 272.50	流通A股(万股)	89 272.50
公司网址	www.lugangwool.com	电子信箱	info@lugangwool.com
注册地址	杭州市上城区白云路16号102室		
办公地址	张家港市塘桥镇鹿苑工业区、杭州市上城区白云路16号102室		

注：2020年7月，鹿港文化(601599)被浙江文投控股，并更名为浙文影业(601599)。2021年3月公司公告将注册地改为浙江省杭州市。

附录二　苏州新三板挂牌企业简介

截至 2020 年 12 月 31 日,在新三板挂牌的苏州地区公司达到 311 家。按照调整后"分层结构",精选层有 3 家、创新层有 43 家(包括 2 家退市企业)、基础层 265 家(包括 26 家退市企业)。各层次企业按挂牌时间先后顺序排列的公司基本情况如下:

一、精选层(共 3 家)

1. 苏州轴承厂股份有限公司(证券代码:430418)

成立日期	1980-11-29
挂牌日期	2020-07-27
相关指数	—
行业类别	通用设备制造业
主营业务	轴承、滚动体等机电设备零部件的研发、生产及销售
总股本(万股)	8 060.00
注册地址	高新区鹿山路 35 号

注:2020 年 8 月 15 日公司根据公开发行结果发布公司章程,总股本修改为 80 600 000 股。

2. 苏州旭杰建筑科技股份有限公司(证券代码:836149)

成立日期	2006-03-23
挂牌日期	2020-07-27
相关指数	—
行业类别	非金属矿物制品行业
主营业务	建筑装配化的研发与设计咨询、相关预制部品的生产与销售、施工安装以及工程总承包
总股本(万股)	3 882.00
注册地址	工业园区八达街 111 号中衡设计大厦 10F

3. 同享(苏州)电子材料科技股份有限公司(证券代码:839167)

成立日期	2010-11-10
挂牌日期	2020-07-27
相关指数	—
行业类别	有色金属冶炼和压延加工业
主营业务	电子专用材料的研发与制造,记忆合金材料、超薄铜带的生产和自产产品的销售
总股本(万股)	5 740.00
注册地址	吴江经济技术开发区益堂路

注:2020 年 9 月 2 日公司召开股东大会,变更为注册资本人民币 5 740 万元。

二、创新层(共 43 家)

1. 苏州星火环境净化股份有限公司(证券代码：430405)

成立日期	1997-12-25
挂牌日期	2014-01-24
相关指数	883011　社会服务(证监会)指数；创新成指；三板成指
行业类别	生态保护和环境治理业(N77)
主营业务	工业废液污水处理净化；固体废物处置
总股本(万股)	5 676.00
注册地址	高新区狮山天街生活广场 8 幢(龙湖时代 100)21 层

2. 苏州方林科技股份有限公司(证券代码：430432)

成立日期	2002-11-21
挂牌日期	2014-01-24
相关指数	883003　制造业(证监会)指数；883106　电子行业(证监会)指数；三板成指
行业类别	计算机零部件制造、通信终端设备制造
主营业务	消费电子产品类锂电池组件、动力及储能类锂电池组件、手机配件等
总股本(万股)	6 760.00
注册地址	高新区浒关分区新亭路 9 号

3. 苏州巨峰电气绝缘系统股份有限公司(证券代码：830818)

成立日期	2002-01-10
挂牌日期	2014-06-30
相关指数	创新成指；三板成指；三板做市
行业类别	制造业
主营业务	绝缘系统研发及其主要组成部分云母制品、绝缘漆、复合材料及金属线缆和线圈
总股本(万股)	1 2310.00
注册地址	吴江市汾湖经济开发区临沪中路

4. 江苏物润船联网络股份有限公司(证券代码：831096)

成立日期	2011-12-19
挂牌日期	2014-08-21
相关指数	—
行业类别	互联网和相关服务
主营业务	主要从事信息服务、在线船舶视频监控服务、撮合交易服务等
总股本(万股)	4 091.69
注册地址	张家港保税物流园区商务楼 3078、3098 室

注：2020 年 10 月 19 日总股本由原 2 273.16 万元变更为 4 091.69 万元。

5. 江苏特思达电子科技股份有限公司（证券代码：831510）

成立日期	2006-09-02
挂牌日期	2014-12-22
相关指数	—
行业类别	电子—光学光电子
主营业务	中大尺寸触摸屏及相关产品研发、设计、生产、销售、服务等整体解决方案
总股本（万股）	4 208.00
注册地址	昆山市玉山镇晨丰东路198号2号房

注：2020年6月28日总股本由原2 104.00万元变更为4 208.00万元。

6. 苏州胜禹材料科技股份有限公司（证券代码：831626）

成立日期	2010-10-14
挂牌日期	2015-01-05
相关指数	三板成指
行业类别	交通运输—物流
主营业务	提供新型金属材料的加工及配套物流供应链服务
总股本（万股）	13 205.00
注册地址	苏州高新区青花路89号

7. 苏州飞驰环保科技股份有限公司（证券代码：831846）

成立日期	2000-05-26
挂牌日期	2015-01-21
相关指数	三板成指
行业类别	机械设备—专用设备
主营业务	水面清洁船及相关配件的研发、生产和销售
总股本（万股）	2 639.71
注册地址	张家港市乐余镇乐丰路

8. 创元期货股份有限公司（证券代码：832280）

成立日期	1995-02-25
挂牌日期	2015-04-09
相关指数	创新成指、三板做市
行业类别	金融业—其他金融业
主营业务	商品期货经纪、金融期货经纪、期货投资咨询、资产管理业务
总股本（万股）	50 000.00
注册地址	苏州市三香路120号万盛大厦2楼、3楼

注：2020年1月20日总股本由原26 000.00万元变更为50 000.00万元。

9. 苏州固泰新材股份有限公司（证券代码：832644）

成立日期	2012-07-04
挂牌日期	2015-06-19
相关指数	—
行业类别	橡胶和塑料制品业
主营业务	新能源产业用薄膜及复合料与设备的研发、生产和销售；相关技术推广、技术服务
总股本（万股）	3 607.49
注册地址	吴江区黎里镇越秀路688号

10. 苏州传视影视传媒股份有限公司（证券代码：832455）

成立日期	2003-10-31
挂牌日期	2015-06-30
相关指数	全国中小企业股份转让系统成分指数、成分全收益指数、做市成分指数、三板成指
行业类别	广播、电视、电影和影视录音制作业
主营业务	电视剧、综艺真人秀、纪录片、宣传片等
总股本（万股）	4 150.00
注册地址	苏州工业园区星湖街328号国际科技园8-101(1)单元

11. 昆山鹿城村镇银行股份有限公司（证券代码：832792）

成立日期	2009-12-02
挂牌日期	2015-07-21
相关指数	全国中小企业股份转让系统成分指数、全国中小企业股份转让系统成分全收益指数、创新成指、三板成指
行业类别	货币金融服务
主营业务	吸收公众存款；发放贷款等
总股本（万股）	36 976.68
注册地址	昆山市玉山镇前进西路1899号1号房

12. 江苏保丽洁环境科技股份有限公司（证券代码：832802）

成立日期	2004-02-16
挂牌日期	2015-07-24
相关指数	全国中小企业股份转让系统成分全收益指数、全国中小企业股份转让系统成分全收益指数、创新成指、三板成指
行业类别	专用设备制造业
主营业务	静电式空气净化设备的研发、生产和销售
总股本（万股）	5 210.00
注册地址	张家港市锦丰镇（江苏扬子江国际冶金工业园光明村）

13. 苏州开元民生科技股份有限公司（证券代码：832996）

成立日期	2000-06-12
挂牌日期	2015-07-30
相关指数	全国中小企业股份转让系统成分指数、全国中小企业股份转让系统做市成分全收益指数、三板成指、三板做市
行业类别	化学原料和化学制品制造业
主营业务	医药中间体、感光材料中间体、太阳能导电浆料的研发、生产与销售
总股本（万股）	4 150.00
注册地址	工业园区娄葑镇群星二路68号

14. 江苏瑞铁轨道装备股份有限公司（证券代码：833120）

成立日期	2012-01-05
挂牌日期	2015-08-05
相关指数	三板成指
行业类别	交运设备—非汽车交运
主营业务	铁路轨道产品及装备的设计、制造、加工、销售和售后服务
总股本（万股）	5 600.00
注册地址	张家港经济技术开发区塘市西街58号1室

注：2020年6月12日由原注册地（张家港市）变更公司注册地址迁入。

15. 苏州基业生态园林股份有限公司（证券代码：833222）

成立日期	2000-04-29
挂牌日期	2015-08-10
相关指数	全国中小企业股份转让系统成分指数 全国中小企业股份转让系统成分全收益指数
行业类别	建筑材料—建筑装饰
主营业务	园林景观工程的设计与施工
总股本（万股）	10 675.57
注册地址	姑苏区书院巷111号

16. 江苏达诺尔科技股份有限公司（证券代码：833189）

成立日期	2004-07-05
挂牌日期	2015-08-17
相关指数	—
行业类别	化工—化学制品
主营业务	超高纯微电子化学品的研发、生产和销售
总股本（万股）	3 101.68
注册地址	常熟市常熟经济开发区氟化学工业园

17. 苏州骏创汽车科技股份有限公司（证券代码：833533）

成立日期	2005-06-23
挂牌日期	2015-09-11
相关指数	三板成指
行业类别	交运设备—汽车零部件
主营业务	研发、生产、销售各种汽车领域内精密塑胶配件以及相关塑胶模具的开发
总股本（万股）	4 660.00
注册地址	吴中区木渎镇金枫南路1258号5幢

18. 江苏汇通金融数据股份有限公司（证券代码：833631）

成立日期	2011-10-18
挂牌日期	2015-09-23
相关指数	创新成指、三板成指
行业类别	金融服务—保险及其他
主营业务	相关金融服务外包业务，包括呼叫中心业务、信息咨询、数据处理等
总股本（万股）	10 204.08
注册地址	昆山市花桥镇兆丰路18号

19. 苏州电瓷厂股份有限公司（证券代码：834410）

成立日期	1980-12-02
挂牌日期	2015-12-16
相关指数	三板成指、三板做市
行业类别	机械设备—电气设备
主营业务	研发、生产、销售：高压电瓷、避雷器、电压隔离开关等高低压电器产品及用于电气化铁路与城市轨道交通的电器产品
总股本（万股）	11 300.00
注册地址	工业园区唯亭镇春晖路20号

20. 苏州谐通光伏科技股份有限公司（证券代码：834874）

成立日期	2009-12-08
挂牌日期	2015-12-23
相关指数	—
行业类别	电气设备
主营业务	太阳能电池组件接线盒、连接器及周边产品研发、生产、销售和服务
总股本（万股）	4 500.00
注册地址	吴中区木渎镇钟塔路30号

注：2020年6月16日总股本由原4 000.00万元变更为4 500.00万元。

21. 苏州德品医疗科技股份有限公司（证券代码：835227）

成立日期	2010-11-15
挂牌日期	2016-01-06
相关指数	—
行业类别	制造业—医疗保健
主营业务	一类医疗器械、自动化智能设备、物联网信息设备及相关软件产品、相关节能类产品的研发、设计、生产、销售、安装、维护
总股本（万股）	6 078.53
注册地址	高新区锦峰路8号12号楼2F

注：本股票自2021年2月1日起主动申请终止挂牌。

22. 江苏唯达水处理技术股份有限公司（证券代码：835811）

成立日期	2010-11-23
挂牌日期	2016-02-24
相关指数	—
行业类别	水利、环境和公共设施管理业
主营业务	水处理工程的设计、施工、管理、维护；水处理设备及材料的设计、销售；水处理设备及材料的生产（限分支机构经营）
总股本（万股）	3 752.681 9
注册地址	工业园区唯华路3号君地商务广场10幢301室

注：本股票自2021年2月23日起主动申请终止挂牌。

23. 苏州闻道网络科技股份有限公司（证券代码：836261）

成立日期	2009-05-19
挂牌日期	2016-03-15
相关指数	三板成指
行业类别	其他网络服务
主营业务	全媒体优化解决方案，包括搜索引擎优化（SEO）服务
总股本（万股）	3 164.00
注册地址	工业园区旺墩路135号融盛商务中心1幢1101室

24. 苏州悦泰国际物流股份有限公司（证券代码：836690）

成立日期	2006-12-20
挂牌日期	2016-04-12
相关指数	—
行业类别	物流
主营业务	经营货物运输
总股本（万股）	3 613.05
注册地址	姑苏区西环路3068号2号楼6楼618—628室

注：2020年10月26日总股本由原2 331.00万元变更为3 613.05万元。

附 录

25. 江苏浦士达环保科技股份有限公司(证券代码：836440)

成立日期	2011-12-30
挂牌日期	2016-04-14
相关指数	—
行业类别	其他化学制品
主营业务	活性炭产品、食品添加剂、环保设备的研发、制造、销售及技术服务
总股本(万股)	3 500.00
注册地址	张家港市金港镇扬子江国际化学工业园华达路 5 号

26. 苏州贯石发展股份有限公司(证券代码：836650)

成立日期	2012-02-15
挂牌日期	2016-04-18
相关指数	三板成指
行业类别	多元金融
主营业务	城乡公用基础设施、能源、交通、环保行业的投资、经营与建设管理
总股本(万股)	50 200.00
注册地址	吴中区吴中大道 1198 号 A 栋 202 室

27. 苏州创扬医药科技股份有限公司(证券代码：836810)

成立日期	2005-08-24
挂牌日期	2016-05-03
相关指数	三板成指
行业类别	医药制造业
主营业务	医疗塑料容器输液用组合盖以及聚丙烯改性料的研发、生产与销售
总股本(万股)	10 848.82
注册地址	太仓市双凤镇温州路 18 号

28. 明阳科技(苏州)股份有限公司(证券代码：837663)

成立日期	2000-02-18
挂牌日期	2016-06-13
相关指数	—
行业类别	汽车制造业
主营业务	高性能、高强度、高精度、高难度形状复杂零部件的研发、生产和销售
总股本(万股)	3 870.00
注册地址	吴江区同里镇上元街富土路

29. 苏州创捷传媒展览股份有限公司（证券代码：837761）

成立日期	2001-03-05
挂牌日期	2016-06-21
相关指数	三板成指
行业类别	文化、体育和娱乐业—文化艺术业
主营业务	为政府展馆、公共文化展馆、企业PR展馆等主题展馆的设计、营造、布展以及提供综合多媒体服务
总股本（万股）	4 300.00
注册地址	高新区向阳路67号

30. 苏州祥龙嘉业电子科技股份有限公司（证券代码：838162）

成立日期	2005-08-26
挂牌日期	2016-08-08
相关指数	—
行业类别	计算机、通信和其他电子设备制造业
主营业务	精密连接器、线束及消费电子产品的研发、生产和销售
总股本（万股）	5 829.59
注册地址	吴江区经济开发区绣湖西路777号

31. 仁通档案管理咨询服务股份有限公司（证券代码：838518）

成立日期	2009-09-21
挂牌日期	2016-08-18
相关指数	—
行业类别	商务服务业
主营业务	为事业单位、金融机构及大中型企业提供文档寄存管理和信息化档案平台搭建
总股本（万股）	5 520.00
注册地址	昆山市花桥镇商务大道99号9号楼103室

注：2020年6月4日公司公告股票定向发行说明书，定向发行股份总额为3 540 000股。

32. 昆山多宾陈列展示股份有限公司（证券代码：839035）

成立日期	2007-09-25
挂牌日期	2016-08-25
相关指数	—
行业类别	造纸和纸制品业
主营业务	终端展示助销道具的开发、生产、运输及安装执行的一体化服务
总股本（万股）	4 674.00
注册地址	昆山市开发区蓬溪南路258号

33. 苏州万盛塑胶科技股份有限公司（证券代码：839284）

成立日期	2011-08-17
挂牌日期	2016-10-19
相关指数	三板成指
行业类别	塑料制品业
主营业务	塑料制品和模具产品的研发、生产和销售
总股本（万股）	4 330.00
注册地址	吴中区越溪街道南官渡街9号1—7幢

34. 江苏极限网络技术股份有限公司（证券代码：839646）

成立日期	2012-07-10
挂牌日期	2016-11-21
相关指数	—
行业类别	软件和信息技术服务业
主营业务	利用计算机软件开发技术和软件开发项目管理理论，为客户提供软件定制开发服务及后续实施服务、技术支持服务等服务
总股本（万股）	2 068.97
注册地址	昆山市花桥镇商务大道99号1号楼510室

35. 太仓世珍集装箱部件股份有限公司（证券代码：838659）

成立日期	2005-02-02
挂牌日期	2016-12-15
相关指数	—
行业类别	机械设备—通用设备
主营业务	集装箱配件生产和销售
总股本（万股）	5 385.00
注册地址	太仓市经济开发区江南路66号

36. 苏州创易技研股份有限公司（证券代码：870055）

成立日期	2005-08-08
挂牌日期	2016-12-20
相关指数	—
行业类别	专用设备制造业
主营业务	程控自动绕线设备用张力控制系统、线嘴、张力实时测量及显示系统，充磁设备研发、生产与销售、维修服务及相关解决方案
总股本（万股）	3 360.00
注册地址	工业园区娄葑镇扬清路85号

37. 常熟古建园林股份有限公司（证券代码：870970）

成立日期	1983-12-12
挂牌日期	2017-02-20
相关指数	—
行业类别	土木工程建筑业
主营业务	古建园林工程、城市绿化以及土木建筑工程
总股本（万股）	13 208.00
注册地址	常熟市古里镇金湖路

注：2020年8月31日公司发布股东权益及持股情况变动公告。

38. 苏州革新百集传媒科技股份有限公司（证券代码：871543）

成立日期	2004-02-23
挂牌日期	2017-05-22
相关指数	三板成指
行业类别	商务服务业
主营业务	多媒体公关活动策划、广告代理业务以及软件技术服务
总股本（万股）	2 417.01
注册地址	苏州工业园区通园路208号苏化科技园17-5

39. 苏州天浩汽车科技股份有限公司（证券代码：872304）

成立日期	2005-03-01
挂牌日期	2017-11-07
相关指数	—
行业类别	汽车制造业
主营业务	汽车发动机控制系统的研发、生产与销售（主要出口）
总股本（万股）	3 030.00
注册地址	吴江经济技术开发区（同里镇）屯村东路181号

40. 昆山佳合纸制品科技股份有限公司（证券代码：872392）

成立日期	2001-03-17
挂牌日期	2017-11-21
相关指数	—
行业类别	造纸和纸制品业
主营业务	纸质包装与展示产品的研发、设计、生产和销售
总股本（万股）	4 370.00
注册地址	昆山开发区环娄路228号

41. 常熟市景弘盛通信科技股份有限公司（证券代码：872668）

成立日期	2006-08-25
挂牌日期	2018-02-23
相关指数	—
行业类别	电气机械和器材制造业
主营业务	电线电缆研发、设计、生产及销售
总股本(万股)	12 290.00
注册地址	常熟市虞山高新技术产业园柳州路8号

42. 昆山玮硕恒基智能科技股份有限公司（证券代码：872759）

成立日期	2009-05-14
挂牌日期	2018-05-11
相关指数	三板成指
行业类别	计算机、通信和其他电子设备制造业
主营业务	消费电子精密转轴（hinge）产品的研发、生产和销售
总股本(万股)	4 760.00
注册地址	昆山市玉山镇华富路8号2号房

43. 张家港友诚新能源科技股份有限公司（证券代码：873087）

成立日期	2004-06-17
挂牌日期	2019-02-11
相关指数	三板成指
行业类别	电气机械和器材制造业
主营业务	新能源电动汽车充电连接装置、电源连接器的研发、生产及销售
总股本(万股)	6 666.00
注册地址	张家港市塘桥镇妙桥永进路999号

三、基础层（共265家）

1. 苏州普滤得净化股份有限公司（证券代码：430430）

成立日期	1997-05-29
挂牌日期	2014-01-24
相关指数	883003　制造业（证监会）指数； 883108　机械设备（证监会）指数
行业类别	水资源专用机械制造业
主营业务	水净化处理和空间洁净及空调暖通处理
总股本(万股)	5 530.00
注册地址	高新区金山路234号

2. 苏州市龙源电力科技股份有限公司（证券代码：430579）

成立日期	1999-03-25
挂牌日期	2014-01-24
相关指数	883007　信息技术（证监会）指数； 三板成指
行业类别	电气机械和器材制造业（C38）
主营业务	交直流一体化电源系统及其控制
总股本（万股）	6 120.00
注册地址	高新区银珠路8号

3. 苏州银河激光科技股份有限公司（证券代码：430589）

成立日期	1995-08-08
挂牌日期	2014-01-24
相关指数	883003　制造业（证监会）指数； 883104　造纸印刷（证监会）指数
行业类别	印刷和记录媒介复制业（C23）
主营业务	标签印刷产品、信息转移印刷材料和包装印刷光学设备
总股本（万股）	2 350.00
注册地址	高新区黄埔街69号

4. 苏州天弘激光股份有限公司（证券代码：430549）

成立日期	2001-01-09
挂牌日期	2014-01-24
相关指数	三板成指
行业类别	制造业
主营业务	工业智能装备的研发、生产和销售
总股本（万股）	7 232.00
注册地址	苏州工业园区唯亭镇通和路66号

5. 苏州三光科技股份有限公司（证券代码：430414）

成立日期	1989-04-07
挂牌日期	2014-01-24
相关指数	883003　制造业（证监会）指数； 883108　机械设备（证监会）指数
行业类别	通用设备制造业（C34）
主营业务	慢走丝等电加工机床的研发、生产、销售及对外特殊精密加工业务
总股本（万股）	6 000.00
注册地址	高新区嵩山路145号

6. 苏州苏大明世光学股份有限公司（证券代码：430388）

成立日期	2002-09-03
挂牌日期	2014-01-24
相关指数	—
行业类别	眼视光学玻璃模具设计制造行业
主营业务	精密光学设备和元器件、医疗设备产品研发、设计、生产、销售 及其相关技术服务
总股本(万股)	1 825.60
注册地址	工业园区钟南街506号

7. 昆山三景科技股份有限公司（证券代码：430393）

成立日期	2006-05-30
挂牌日期	2014-01-24
相关指数	三板成指
行业类别	专用设备制造业(C35)；模具制造(C3525)
主营业务	光学新材料3D视窗显示屏及智能手机盖板的设计制造、电子电器、新能源精密模具及金属精密结构件的设计制造
总股本(万股)	1 0801.49
注册地址	昆山市高新区瑞科路158号

8. 江苏瀚远科技股份有限公司（证券代码：430610）

成立日期	2002-11-25
挂牌日期	2014-01-24
相关指数	—
行业类别	信息传输、软件和信息技术服务业
主营业务	计算机软硬件、网络通信设备（不含卫星地面接收设备）、多媒体、电子产品、仪器仪表及信息产业相关产品的研究开发、销售、维护
总股本(万股)	2 795.00
注册地址	工业园区汀兰巷183号7栋B座

9. 江苏国贸酝领智能科技股份有限公司（证券代码：430583）

成立日期	2004-09-15
挂牌日期	2014-01-24
相关指数	883003 制造业指数；883103 木材家具指数；883007 信息技术指数
行业类别	智能建筑产品与设备的生产制造与集成技术研究；软件和信息技术服务业
主营业务	建筑智能化系统集成业务、系统集成软硬件
总股本(万股)	3 520.00
注册地址	工业园区唯亭镇唯文路5号

10. 苏州华尔美特装饰材料股份有限公司（证券代码：430593）

成立日期	2009-08-04
挂牌日期	2014-01-24
相关指数	—
行业类别	建筑业
主营业务	墙纸的生产及销售
总股本（万股）	4 468.71
注册地址	吴江区黎里镇黎民北路东侧

11. 星弧涂层新材料科技（苏州）股份有限公司（证券代码：430438）

成立日期	2006-08-22
挂牌日期	2014-01-24
相关指数	—
行业类别	制造业
主营业务	研发、设计、生产、加工超硬涂层材料（金属钛铝）及相关设备，销售本公司所生产的产品并提供售前及售后服务
总股本（万股）	1 200
注册地址	工业园区唯亭星华产业园5#厂房

注：本股票自2021年3月11日起主动申请终止挂牌。

12. 苏州太湖电工新材料股份公司（证券代码：430460）

成立日期	2000-09-21
挂牌日期	2014-01-24
相关指数	三板成指
行业类别	制造业
主营业务	绝缘漆、云母制品、表面覆盖漆、玻璃钢制品制造等电机电气配套绝缘材料
总股本（万股）	8 250.00
注册地址	吴江汾湖经济开发区北厍工业园

13. 苏州苏玺文化旅游集团股份有限公司（证券代码：430507）

成立日期	2005-07-26
挂牌日期	2014-01-24
相关指数	—
行业类别	文化、体育和娱乐业
主营业务	旅游业务、房地产开发经营、电影发行、营业性演出
总股本（万股）	4 000
注册地址	姑苏区竹辉路180号竹辉大厦410室

注：本股票自2021年4月13日主动申请终止挂牌。

14. 苏州吉玛基因股份有限公司(证券代码：430601)

成立日期	2007-08-27
挂牌日期	2014-01-24
相关指数	三板成指、三板做市
行业类别	科学研究和技术服务业
主营业务	RNA 研究相关试剂与技术服务，RNA 药物合作开发技术服务
总股本(万股)	3 631.20
注册地址	工业园区东平街 199 号

15. 苏州康捷医疗股份有限公司(证券代码：430521)

成立日期	1998-12-24
挂牌日期	2014-01-24
相关指数	—
行业类别	制造业
主营业务	裂隙灯显微镜、角膜地形图仪、眼底照相机、检影镜、检眼镜等眼科医疗器械的研发、生产、销售
总股本(万股)	3 238.28
注册地址	工业园区唯亭双马街 2 号 15 号厂房

16. 江苏笃诚医药科技股份有限公司(证券代码：430668)

成立日期	2010-08-31
挂牌日期	2014-03-31
相关指数	—
行业类别	制造业
主营业务	核苷核酸类医药中间体研发、生产和销售
总股本(万股)	3 820.00
注册地址	苏州工业园区华云路 1 号

17. 苏州奇才电子科技股份有限公司(证券代码：430714)

成立日期	2008-06-04
挂牌日期	2014-04-30
相关指数	创新成指；三板成指
行业类别	制造业
主营业务	电子低压高速信号连接线的研发和服务
总股本(万股)	8 021.10
注册地址	吴江区同里镇同兴村

18. 博富科技股份有限公司（证券代码：830789）

成立日期	2009-01-15
挂牌日期	2014-06-04
相关指数	—
行业类别	制造业
主营业务	高分子材料（塑料、塑胶）及制品生产销售
总股本（万股）	14 792.00
注册地址	昆山市张浦镇德新路2号

19. 苏州天加新材料股份有限公司（证券代码：830853）

成立日期	2008-05-06
挂牌日期	2014-07-14
相关指数	三板成指
行业类别	橡胶和塑料制品业
主营业务	多层共挤PVDC高阻隔热收缩包装膜研发、制造
总股本（万股）	4 469.92
注册地址	苏州工业园区唯亭镇唯文路15号

注：本股票自2021年4月22日起主动申请终止挂牌。

20. 江苏火凤凰线缆系统技术股份有限公司（证券代码：830880）

成立日期	2006-09-25
挂牌日期	2014-07-18
相关指数	—
行业类别	电气机械及器材制造业
主营业务	汽车线缆和消费电子用极细电子线为主的特种线缆的生产和销售
总股本（万股）	4 000.00
注册地址	昆山市张浦镇振新东路（南侧）535号

注：2020年8月26日总股本由原800.00万元变更为4 000.00万元。

21. 苏州科特环保股份有限公司（证券代码：830971）

成立日期	2003-05-12
挂牌日期	2014-08-08
相关指数	—
行业类别	机械设备—仪器仪表
主营业务	研发生产销售环境保护设备，环境监测仪器，污水处理及其再生利用，合同能源管理
总股本（万股）	4 210.53
注册地址	吴中区胥口镇茅蓬路517号

22. 苏州高新区鑫庄农村小额贷款股份有限公司（证券代码：830958）

成立日期	2011-08-15
挂牌日期	2014-08-08
相关指数	—
行业类别	其他金融业
主营业务	面向"三农"发放小额贷款、融资担保等业务
总股本（万股）	42 439.00
注册地址	高新区大同路10号铭源创业园8楼801室

23. 江苏荣腾精密组件科技股份有限公司（证券代码：831110）

成立日期	2002-11-14
挂牌日期	2014-08-14
相关指数	—
行业类别	机械设备—通用设备
主营业务	汽车、电机零部件模具及汽车零部件的研发、制造和销售
总股本（万股）	3 987.50
注册地址	昆山市巴城镇东盛路318号4号房

24. 中网科技（苏州）股份有限公司（证券代码：831095）

成立日期	2002-03-28
挂牌日期	2014-08-22
相关指数	三板成指
行业类别	互联网和相关服务
主营业务	因特网数据中心（IDC）服务、因特网接入（ISP）服务和因特网信息（ICP）服务
总股本（万股）	1 210.02
注册地址	工业园区新未来花园21幢507室

25. 苏州纳地金属制品股份有限公司（证券代码：831166）

成立日期	2006-06-29
挂牌日期	2014-09-25
相关指数	—
行业类别	家具制造业
主营业务	铝制户外休闲家具的设计、生产和销售
总股本（万股）	3 547.18
注册地址	吴江区平望镇中鲈生态科技工业园内

26. 江苏强盛功能化学股份有限公司（证券代码：831184）

成立日期	1997-11-04
挂牌日期	2014-10-08
相关指数	三板成指
行业类别	化工—化学制品
主营业务	有机过氧化物、试剂的生产和销售
总股本（万股）	10 350.00
注册地址	常熟市新材料产业园海旺路18号

27. 苏州飞宇精密科技股份有限公司（证券代码：831237）

成立日期	2002-12-02
挂牌日期	2014-10-28
相关指数	三板成指
行业类别	机械设备—通用设备
主营业务	汽车全景天窗骨架总成、座椅焊接总成，汽车隔热罩，新能源汽车电池PACK焊接总成、5G通信设备零部件、高端教育屏等产品研发和制造
总股本（万股）	15 480.00
注册地址	昆山市玉杨路888号

28. 苏州瑞可达连接系统股份有限公司（证券代码：831274）

成立日期	2006-01-11
挂牌日期	2014-11-04
相关指数	三板成指
行业类别	电子—电子制造
主营业务	主要从事电子元件及组件、光电连接器、传感器、线束等连接系统产品的研发、生产和销售
总股本（万股）	8 100.00
注册地址	吴中区吴淞江科技产业园淞葭路998号

29. 苏州金童机械制造股份有限公司（证券代码：831340）

成立日期	2002-01-16
挂牌日期	2014-11-11
相关指数	—
行业类别	机械设备—专用设备
主营业务	彩钢复合板生产线，多功能冷弯成型机、弓字型设备以及各种非标型冷弯成型设备等
总股本（万股）	3 280.00
注册地址	吴江区金家坝工业开发区幸二段

附 录

30. 江苏亚特尔地源科技股份有限公司（证券代码：831355）

成立日期	2010-11-09
挂牌日期	2014-11-13
相关指数	三板成指
行业类别	建筑材料—建筑装饰
主营业务	地源热泵系统、其他供暖工程系统、新风系统的方案设计、施工、安装调试及系统机房维护
总股本(万股)	14 382.79
注册地址	常熟市常福街道抚顺路8号

31. 江苏索尔新能源科技股份有限公司（证券代码：831486）

成立日期	2010-10-20
挂牌日期	2014-12-09
相关指数	三板成指
行业类别	机械设备—电气设备
主营业务	锂电池组件及管理系统研发、生产和销售
总股本(万股)	10 946.00
注册地址	张家港市塘桥镇富民中路333号

32. 张家港汉龙新能源科技股份有限公司（证券代码：831521）

成立日期	2010-09-20
挂牌日期	2014-12-16
相关指数	三板成指
行业类别	机械设备—电气设备
主营业务	太阳能铝合金边框研发、生产和销售
总股本(万股)	3 360.08
注册地址	张家港市金港镇后塍朱家宕村

33. 张家港威孚热能股份有限公司（证券代码：831561）

成立日期	2002-03-27
挂牌日期	2014-12-18
相关指数	—
行业类别	机械设备—电气设备
主营业务	中小型锅炉的生产、销售
总股本(万股)	1 781.50
注册地址	张家港市杨舍镇塘市街道南园路5号

注：本股票自2021年3月31日主动申请终止挂牌。

34. 苏州市君悦新材料科技股份有限公司（证券代码：831532）

成立日期	2009-12-02
挂牌日期	2014-12-18
相关指数	—
行业类别	农林牧渔—农产品加工
主营业务	研发、生产、销售：管道保温隔热材料、绿色建筑保温隔热材料等
总股本（万股）	1 350.00
注册地址	吴中区胥口镇茅蓬路699号

35. 张家港天乐橡塑科技股份有限公司（证券代码：831555）

成立日期	2007-06-25
挂牌日期	2014-12-19
相关指数	三板成指
行业类别	交运设备—汽车零部件
主营业务	汽车用橡胶、塑料产品的开发、生产和销售
总股本（万股）	3 924.00
注册地址	张家港市凤凰镇济富路202号

36. 苏州筑园景观规划设计股份有限公司（证券代码：831538）

成立日期	2004-03-09
挂牌日期	2014-12-23
相关指数	—
行业类别	建筑材料—建筑装饰
主营业务	园林景观设计
总股本（万股）	1 400.00
注册地址	高新区邓尉路9号1幢2004室

37. 江苏国网自控科技股份有限公司（证券代码：831539）

成立日期	2011-08-24
挂牌日期	2015-01-06
相关指数	—
行业类别	机械设备—电气设备
主营业务	综合电力产品、智能控制器、智能传感单元的研发、系统集成及销售
总股本（万股）	1 300.00
注册地址	昆山市巴城镇学院路828号1号房

附 录

38. 苏州攀特电陶科技股份有限公司（证券代码：831622）

成立日期	2002-06-05
挂牌日期	2015-01-08
相关指数	—
行业类别	电子—半导体及元件
主营业务	电子功能陶瓷材料及电声器件研发、生产及销售
总股本(万股)	7 128.00
注册地址	昆山市开发区昆嘉路385号

39. 亿丰洁净科技江苏股份有限公司（证券代码：831666）

成立日期	2010-10-19
挂牌日期	2015-01-12
相关指数	—
行业类别	机械设备—仪器仪表
主营业务	净化设备、实验室家具及配套产品生产供应；净化工程、实验室工程、钢结构工程、机电安装工程,室内外装饰装潢工程；实业投资、健康咨询服务
总股本(万股)	3 139.00
注册地址	吴江区同里镇屯村东路9号

40. 苏州神元生物科技股份有限公司（证券代码：831808）

成立日期	2005-01-31
挂牌日期	2015-01-16
相关指数	—
行业类别	医药生物—中药
主营业务	铁皮石斛产业研发、生物组培、生态栽培、产品加工及销售
总股本(万股)	5 000.00
注册地址	苏州市吴江经济开发区云梨路1688号

41. 苏州英诺迅科技股份有限公司（证券代码：831789）

成立日期	2008-12-16
挂牌日期	2015-01-20
相关指数	—
行业类别	制造业—信息技术
主营业务	集成电路及模组设计、研发及相关技术服务；销售：电子产品、电子元器件、通信产品；通信设备、电子元器件的进出口
总股本(万股)	4 930.00
注册地址	工业园区东南大学国家大学科技园(苏州)三江院4#

注：本股票自2020年11月2日主动申请终止挂牌。

42. 苏州红冠庄国药股份有限公司（证券代码：831833）

成立日期	1999-09-23
挂牌日期	2015-01-21
相关指数	—
行业类别	医药生物—中药
主营业务	中药饮片鹿血晶、鹿角粉加工、生产、销售
总股本（万股）	2 426.29
注册地址	昆山市千灯镇石浦机场路歇马桥

43. 信音电子（中国）股份有限公司（证券代码：831741）

成立日期	2001-11-26
挂牌日期	2015-01-22
相关指数	—
行业类别	制造业—信息技术
主营业务	生产耳机插座、各类电脑、电子接插件、五金冲压件、塑胶零件、新型电子元器件（光电子器件、新型机电元件）精冲模，生产和组装锂离子电池，销售公司自产产品
总股本（万股）	12 720.00
注册地址	吴中区胥口镇

注：本股票自 2020 年 12 月 21 日主动申请终止挂牌。

44. 张家港华菱医疗设备股份公司（证券代码：831826）

成立日期	1995-08-02
挂牌日期	2015-01-23
相关指数	—
行业类别	医药生物—医疗器械服务
主营业务	医疗消毒设备、制药设备、电器机械及化工机械制造
总股本（万股）	770.00
注册地址	张家港市金港镇南沙三甲里路

45. 苏州万龙电气集团股份有限公司（证券代码：831701）

成立日期	2004-11-09
挂牌日期	2015-01-27
相关指数	—
行业类别	机械设备—电气设备
主营业务	电气设备研发、制造和销售
总股本（万股）	8 200.00
注册地址	苏州工业园区东宏路 41、43 号

附　录

46. 苏州东南药业股份有限公司（证券代码：831869）

成立日期	2008-05-28
挂牌日期	2015-01-27
相关指数	—
行业类别	医药生物—生物制品
主营业务	创新药及仿制药的研发、相关技术转让和服务，以及医药中间体生产和销售
总股本(万股)	1 650.00
注册地址	苏州工业园区仁爱路 150 号独墅湖高教区第二教学楼 C316 室

47. 江苏远大信息股份有限公司（证券代码：831897）

成立日期	2002-01-07
挂牌日期	2015-01-28
相关指数	—
行业类别	信息服务—计算机应用
主营业务	计算机技术开发应用、信息系统集成、弱电工程技术服务
总股本(万股)	2 900.00
注册地址	张家港市杨舍镇沙洲西路 115 号天霸商务馆 A 幢 4F

48. 昆山晋桦豹胶轮车制造股份有限公司（证券代码：831989）

成立日期	2006-01-04
挂牌日期	2015-02-16
相关指数	—
行业类别	机械设备—专用设备
主营业务	矿山辅助运输用无轨胶轮车、燃气内燃机发电机组及相关配件的研发、生产、销售、维修业务
总股本(万股)	11 000.00
注册地址	昆山市张浦镇益德路 655 号

49. 姑苏区鑫鑫农村小额贷款股份有限公司（证券代码：832088）

成立日期	2009-12-17
挂牌日期	2015-03-06
相关指数	—
行业类别	金融服务—保险及其他
主营业务	小额贷款、提供融资性担保及其他业务
总股本(万股)	40 000.00
注册地址	姑苏区人民路 3158 号万融国际大厦 1601 室

50. 苏州腾冉电气设备股份有限公司（证券代码：832117）

成立日期	2010-06-04
挂牌日期	2015-03-09
相关指数	三板成指、三板做市
行业类别	机械设备—电气设备
主营业务	研发、生产和销售变压器、电抗器、滤波器等产品
总股本（万股）	5 310.00
注册地址	吴中区临湖镇银藏路8号

51. 苏州同里印刷科技股份有限公司（证券代码：832064）

成立日期	1989-11-14
挂牌日期	2015-03-09
相关指数	—
行业类别	轻工制造—包装印刷
主营业务	彩印包装和彩印宣传资料的设计、印刷、加工和销售
总股本（万股）	2 592.00
注册地址	吴江区同里镇同里湖路217号

52. 苏州禾昌聚合材料股份有限公司（证券代码：832089）

成立日期	1999-06-09
挂牌日期	2015-03-13
相关指数	三板成指
行业类别	化工—化工合成材料
主营业务	改性塑料的研发、生产、销售与服务
总股本（万股）	8 462.00
注册地址	工业园区民营工业区

注：2020年9月27日总股本由原8 130.00万元变更为8 462.00万元。

53. 昆山华富新材料股份有限公司（证券代码：832152）

成立日期	2002-02-19
挂牌日期	2015-03-16
相关指数	—
行业类别	化工—化工合成材料
主营业务	中高档服装用聚氨酯合成革的生产和销售
总股本（万股）	4 350.00
注册地址	昆山市周市镇横长泾路588号

附　录

54. 江苏达胜高聚物股份有限公司（证券代码：832179）

成立日期	2009-07-07
挂牌日期	2015-03-27
相关指数	—
行业类别	制造业—原材料
主营业务	电线电缆用高聚物材料生产、销售。自营和代理各类商品及技术的进出口业务
总股本（万股）	2 000.00
注册地址	吴江区黎里镇北库社区库西路 1288 号

注：本股票自 2020 年 12 月 15 日主动申请终止挂牌。

55. 苏州新阳升科技股份有限公司（证券代码：832226）

成立日期	2008-11-14
挂牌日期	2015-04-07
相关指数	—
行业类别	通信设备制造—通信终端设备制造
主营业务	船用无线电通信设备和导航设备的设计、制造和销售
总股本（万股）	575.56
注册地址	相城区黄埭高新区春兰路 79 号

56. 普克科技（苏州）股份有限公司（证券代码：832264）

成立日期	2010-10-21
挂牌日期	2015-04-08
相关指数	—
行业类别	家具制造业
主营业务	钢制工具箱柜、钢制办公家具及其他薄板制品的生产、研发及销售
总股本（万股）	2 500.00
注册地址	常熟市董浜镇华烨大道 35 号

57. 苏州金泉新材料股份有限公司（证券代码：832277）

成立日期	1985-04-23
挂牌日期	2015-04-08
相关指数	—
行业类别	化纤制造—涤纶纤维制造
主营业务	环保再生型彩色 PET 短纤维系列和原生型纳米复合 PPS 纤维系列生产销售
总股本（万股）	4 000.26
注册地址	常熟市支塘镇八字桥村

58. 苏州晶品新材料股份有限公司（证券代码：832247）

成立日期	2011-11-11
挂牌日期	2015-04-09
相关指数	—
行业类别	电器机械和器材制造业
主营业务	LED陶瓷基板研发生产、特殊光源及照明工程
总股本（万股）	1 480.00
注册地址	吴江区黎里镇汾湖大道558号

59. 常熟市金华机械股份有限公司（证券代码：832356）

成立日期	1997-09-23
挂牌日期	2015-04-20
相关指数	—
行业类别	汽车制造—汽车零部件及配件制造
主营业务	生产销售汽车电动转向泵轴、汽车液压转向泵轴等汽车零配件
总股本（万股）	2 230.00
注册地址	常熟市碧溪新区万和路25号

60. 江苏神农灭菌设备股份有限公司（证券代码：832369）

成立日期	2001-04-10
挂牌日期	2015-04-22
相关指数	—
行业类别	专用设备制造业
主营业务	消毒灭菌设备产品的研发、生产和销售
总股本（万股）	1 045.00
注册地址	张家港市金港镇后塍封庄村

61. 太仓兴宇印刷包装股份有限公司（证券代码：832364）

成立日期	2001-07-13
挂牌日期	2015-04-23
相关指数	—
行业类别	造纸和纸制品业、印刷和记录媒介复制业
主营业务	纸制品包装装潢印刷品和其他印刷品印刷；生产、加工、销售瓦楞纸板、纸箱、其他纸质品
总股本（万股）	1 980.00
注册地址	太仓市陆渡镇东新路12号

附　录

62. 苏州微缔软件股份有限公司（证券代码：832400）

成立日期	2009-10-19
挂牌日期	2015-05-05
相关指数	—
行业类别	软件和信息技术服务业
主营业务	设计开发，销售制造执行管理系统软件，并提供技术服务支持
总股本（万股）	1 150.00
注册地址	相城区元和街道聚茂街185号活力商务广场A幢7层

63. 苏州弗克技术股份有限公司（证券代码：832436）

成立日期	2003-09-23
挂牌日期	2015-05-12
相关指数	三板成指
行业类别	专项化学用品制造业
主营业务	建材化学添加剂的研发、生产、销售、应用和技术服务
总股本（万股）	3 826.33
注册地址	吴中经济开发区吴中大道2588号C15幢

64. 江苏舒茨测控设备股份有限公司（证券代码：832393）

成立日期	2010-04-27
挂牌日期	2015-05-20
相关指数	—
行业类别	仪器仪表制造业
主营业务	环境监测及工业过程分析领域的红外气体传感器、光声光谱痕量气体分析仪器的研发、生产和销售
总股本（万股）	1 451.50
注册地址	常熟市经济技术开发区江南大道59号滨江科技创新中心15幢

65. 常熟联邦化工股份有限公司（证券代码：832517）

成立日期	1993-04-30
挂牌日期	2015-05-27
相关指数	—
行业类别	化学原料和化学制品制造业
主营业务	化学品的生产、批发，货物技术的进出口
总股本（万股）	9 592.00
注册地址	常熟市支塘镇何市西

注：2021年4月23日公司发布公告宣布终止股票挂牌。

66. 苏州玖隆再生科技股份有限公司（证券代码：832718）

成立日期	2007-07-18
挂牌日期	2015-07-09
相关指数	三板成指
行业类别	废弃资源综合利用业
主营业务	再生聚酯PET瓶片的生产、加工销售
总股本（万股）	3 000.00
注册地址	常熟市尚湖镇长兴村工业园区

67. 江苏柯瑞机电工程股份有限公司（证券代码：832842）

成立日期	2002-11-06
挂牌日期	2015-07-20
相关指数	—
行业类别	建筑安装业
主营业务	建筑安装综合服务、机电消防设备销售以及技术咨询服务
主导产品	建筑安装、机电消防设备
总股本（万股）	5 580.00
注册地址	昆山市张浦镇民营二区

68. 江苏曼氏生物科技股份有限公司（证券代码：832928）

成立日期	2000-11-09
挂牌日期	2015-07-21
相关指数	—
行业类别	医药制品业
主营业务	医用辅料（大豆磷脂）制造、销售自产产品
总股本（万股）	2 000.00
注册地址	昆山市千灯镇致威支路

69. 江苏盛纺纳米材料科技股份有限公司（证券代码：832997）

成立日期	2009-12-03
挂牌日期	2015-07-29
相关指数	三板成指
行业类别	纺织业
主营业务	改性非织造材料及制品、纳米材料、功能性纤维及复合材料、无纺布及制品的研发、生产、销售
总股本（万股）	5 955.60
注册地址	昆山市巴城镇正仪通澄南路2号

附 录

70. 苏州中信科技股份有限公司（证券代码：832858）

成立日期	2002-09-10
挂牌日期	2015-07-30
相关指数	—
行业类别	制造业
主营业务	卞铜包铝复合导体、高纯度铝制品等研发、制造和销售
总股本（万股）	1 333.33
注册地址	吴江区七都镇太湖高新技术开发区

注：2021年1月22日公司发布决定终止其股票挂牌的公告。

71. 苏州灵岩医疗科技股份有限公司（证券代码：833199）

成立日期	1990-03-19
挂牌日期	2015-08-11
相关指数	—
行业类别	医药生物—医疗器械服务
主营业务	一次性使用医疗耗材的研发、生产销售
总股本（万股）	1 350.00
注册地址	吴中区胥口胥江工业园茅蓬路99号

72. 昆山华恒焊接股份有限公司（证券代码：833444）

成立日期	1995-05-23
挂牌日期	2015-08-25
相关指数	三板成指
行业类别	机械设备—专用设备
主营业务	工业机器人自动化装备研发、生产和销售
总股本（万股）	26 464.15
注册地址	昆山市开发区华恒路100号

注：2020年7月23日总股本由原25 920.00万元变更为26 464.15万元。

73. 江苏中标节能科技发展股份有限公司（证券代码：833345）

成立日期	2012-12-24
挂牌日期	2015-08-25
相关指数	—
行业类别	电子—光学光电子
主营业务	LED节能产品、照明设备研发、生产、销售；照明方案深化设计、产品定制及安装服务
总股本（万股）	3 290.00
注册地址	相城区黄埭镇潘阳工业园太东路北

74. 苏州帝瀚环保科技股份有限公司（证券代码：833412）

成立日期	2011-05-23
挂牌日期	2015-08-26
相关指数	—
行业类别	专用设备制造业
主营业务	工业废液循环利用系统化解决方案的设计、研发、生产和销售
总股本(万股)	4 270.00
注册地址	相城区太平街道金瑞路

75. 巨立电梯股份有限公司（证券代码：833481）

成立日期	2002-03-12
挂牌日期	2015-09-01
相关指数	全国中小企业股份转让系统成分全收益指数、全国中小企业股份转让系统成分指数、三板成指
行业类别	机械设备—通用设备
主营业务	电梯的研发、设计、制造、销售、安装、改造、维修、保养
总股本(万股)	10 350.00
注册地址	昆山市巴城镇正仪工商区312国道北侧

76. 苏州沪云新药研发股份有限公司（证券代码：833464）

成立日期	2008-07-25
挂牌日期	2015-09-07
相关指数	—
行业类别	医药生物—化学制药
主营业务	心脑血管、自身免疫等疾病领域新药研发
总股本(万股)	13 768.86
注册地址	工业园区华云路1号东坊产业园C区7号楼五楼

注：2020年12月4日总股本由原4 872.50万元变更为13 768.86万元。

77. 苏州达菲特过滤技术股份有限公司（证券代码：833542）

成立日期	2008-12-08
挂牌日期	2015-09-14
相关指数	—
行业类别	交运设备—汽车零部件
主营业务	柴油滤清器、机油滤清器、燃气滤清器的研发、生产和销售
总股本(万股)	2 400.00
注册地址	工业园区胜浦镇同胜路22号

附 录

78. 苏州营财保安服务股份有限公司(证券代码：833599)

成立日期	2010-02-11
挂牌日期	2015-10-08
相关指数	—
行业类别	餐饮旅游—景点及旅游
主营业务	提供门卫、巡逻、守护、随身护卫、安全检查、区域秩序维护、停车场管理等服务
总股本(万股)	2 700.00
注册地址	金阊区金门路1299号

79. 江苏中孚达科技股份有限公司(证券代码：833705)

成立日期	2010-04-19
挂牌日期	2015-10-16
相关指数	—
行业类别	纺织服装—纺织制造
主营业务	毛纺织品的生产、加工和销售
总股本(万股)	1 616.43
注册地址	张家港市南丰镇振丰路

注：2021年4月26日公司发布决定自2021年4月27日起终止其股票挂牌的公告。

80. 江苏中正检测股份有限公司(证券代码：833846)

成立日期	2012-12-14
挂牌日期	2015-10-20
相关指数	—
行业类别	综合—综合
主营业务	主要从事检测、认证、鉴定和验货等服务
总股本(万股)	500.00
注册地址	昆山市花桥镇和丰路108号818室

81. 苏州瑞光电子科技股份有限公司(证券代码：833703)

成立日期	1995-03-20
挂牌日期	2015-10-20
相关指数	—
行业类别	电子—其他电子
主营业务	智能灯具、电子除虱梳等电子产品的研发、生产及销售
总股本(万股)	500.00
注册地址	姑苏区胥江路426号

82. 苏州华辰净化股份有限公司（证券代码：833923）

成立日期	2002-09-12
挂牌日期	2015-10-27
相关指数	—
行业类别	机械设备—专用设备
主营业务	从事工业给水设备、工业物料分立浓缩设备、工业废水回用及零排放设备生产销售
总股本（万股）	2 360.00
注册地址	太仓市浮桥镇鸿运路16号

83. 昆山艾博机器人股份有限公司（证券代码：833999）

成立日期	2010-09-14
挂牌日期	2015-11-05
相关指数	—
行业类别	机械设备—通用设备
主营业务	工业机器人及软件的研发、机器人系统集成、自动化设备的研发，并提供相关的系统技术和系统服务
总股本（万股）	2 120.40
注册地址	昆山市玉山镇晨丰东路198号

84. 苏州市会议中心物业管理股份有限公司（证券代码：834213）

成立日期	2003-12-04
挂牌日期	2015-11-10
相关指数	—
行业类别	商业贸易—零售
主营业务	物业管理、酒店管理、绿化园艺服务、设备维修、礼仪服务、中餐制售、会议服务等
总股本（万股）	1 875.00
注册地址	姑苏区道前街100号

85. 苏州伊塔电器科技股份有限公司（证券代码：834236）

成立日期	2010-07-01
挂牌日期	2015-11-12
相关指数	—
行业类别	电子—光学光电子
主营业务	家用清洁电器及配件研发、生产和销售
总股本（万股）	1 200.00
注册地址	相城区阳澄湖镇启南路95号

86. 江苏赞存智能科技股份有限公司（证券代码：834267）

成立日期	2011-01-12
挂牌日期	2015-11-17
相关指数	—
行业类别	机械设备—专用设备
主营业务	冷冻液体、冷冻装置为主的冷冻设备研发和制造
总股本（万股）	1 000.00
注册地址	吴中区木渎镇珠江南路 368 号 1 号楼 1333 室

87. 苏州伟仕泰克电子科技股份有限公司（证券代码：834292）

成立日期	2006-10-08
挂牌日期	2015-11-18
相关指数	—
行业类别	电子—光学光电子
主营业务	从事半导体、TFT LCD、太阳能基板、LED 等领域的湿制程工艺设备的研发与制造销售
总股本（万股）	4 377.19
注册地址	高新区通安镇华金路 299 号（富民产业园 5 号整栋）

注：2020 年 11 月 19 日总股本由原 3 500.00 万元变更为 4 377.19 万元。

88. 苏州博洋化学股份有限公司（证券代码：834329）

成立日期	1999-10-25
挂牌日期	2015-11-24
相关指数	—
行业类别	化工—化学制品
主营业务	化学试剂和专项化学品的生产与销售，以及通用化学品的分装和贸易业务
总股本（万股）	4 200.00
注册地址	高新区华桥路 155 号

89. 苏州吴江同里湖旅游度假村股份有限公司（证券代码：834199）

成立日期	2011-07-19
挂牌日期	2015-11-25
相关指数	—
行业类别	餐饮旅游—酒店及餐饮
主营业务	集"客房、餐饮、会议、休闲娱乐、度假于一体"的精品酒店的运营和服务
总股本（万股）	5 000.00
注册地址	吴江区同里镇环湖西路 88 号

90. 苏州澳冠智能装备股份有限公司（证券代码：834276）

成立日期	2012-05-18
挂牌日期	2015-11-30
相关指数	—
行业类别	机械设备—通用设备
主营业务	风力发电设备结构件和工程机械结构件的生产和销售
总股本（万股）	3 120.00
注册地址	吴江区黎里镇莘塔申龙路86号

91. 苏州弗尔赛能源科技股份有限公司（证券代码：834626）

成立日期	2009-10-31
挂牌日期	2015-12-04
相关指数	三板成指、三板做市
行业类别	机械设备—电气设备
主营业务	研发、生产、销售燃料电池和综合能源系统设备并提供相关技术服务
总股本（万股）	3 462.78
注册地址	昆山市玉山镇山淞路66号

92. 江苏鑫华能环保工程股份有限公司（证券代码：834519）

成立日期	2000-09-22
挂牌日期	2015-12-04
相关指数	—
行业类别	机械设备—专用设备
主营业务	除尘工程设备的研究、制造、销售
总股本（万股）	2 000.00
注册地址	常熟市秦坡路3号

93. 苏州信拓物流股份有限公司（证券代码：834590）

成立日期	2011-07-26
挂牌日期	2015-12-04
相关指数	—
行业类别	交通运输—物流
主营业务	公路货物运输
总股本（万股）	1 150.00
注册地址	太仓市新港中路168号

94. 中纸在线（苏州）电子商务股份有限公司（证券代码：834648）

成立日期	2005-05-13
挂牌日期	2015-12-04
相关指数	全国中小企业股份转让系统成份全收益指数；全国中小企业股份转让系统成份指数；三板成指
行业类别	商业贸易—贸易
主营业务	公司主营业务为各类纸张、纸浆产品的批发贸易
总股本（万股）	6 105.52
注册地址	相城区太平街道金澄路88号

95. 华成保险代理股份有限公司（证券代码：834775）

成立日期	2004-07-26
挂牌日期	2015-12-04
相关指数	—
行业类别	金融业
主营业务	代理销售保险产品；代理收取保险；根据保险公司的委托,代理相关业务的损失勘察和理赔
总股本（万股）	5 716.35
注册地址	吴中经济开发区郭巷街道尹南路239号1幢8层

注：2021年2月5日公司发布停牌的公告。

96. 苏州聚元微电子股份有限公司（证券代码：834688）

成立日期	2010-11-17
挂牌日期	2015-12-07
相关指数	—
行业类别	电子—半导体及元件
主营业务	集成电路、光电产品等系统方案的研发、设计和销售
主导产品	集成电路、系统方案
总股本（万股）	1 100.00
注册地址	工业园区金鸡湖大道1355号国际科技园12B1—B3单元

注：2021年8月20日起终止挂牌。

97. 江苏爱富希新型建材股份有限公司（证券代码：834767）

成立日期	1985-05-20
挂牌日期	2015-12-11
相关指数	三板成指
行业类别	建筑材料—建筑材料
主营业务	FC系列建筑板材及商品混凝土等新型建材的研发、生产、销售与服务
总股本（万股）	7 184.20
注册地址	吴江区同里镇屯南村

注：2020年11月13日总股本由原9 184.20万元变更为7 184.20万元。

98. 江苏三棱智慧物联发展股份有限公司（证券代码：834741）

成立日期	2001-11-15
挂牌日期	2015-12-15
相关指数	三板成指
行业类别	信息服务—计算机应用
主营业务	主要从事信息系统集成和物联网技术服务
总股本（万股）	6 000.00
注册地址	昆山市昆山开发区前进东路586号

99. 苏州英多智能科技股份有限公司（证券代码：835096）

成立日期	2006-05-15
挂牌日期	2015-12-22
相关指数	三板成指
行业类别	制造业
主营业务	非标准自动化产品的设计、生产与销售，设备集群管理软件系统（ITEMS）的研发、销售，机器视觉检测系统（CCD）的研发、生产和销售
总股本（万股）	300.00
注册地址	相城区太阳路黄桥总部经济园

注：公司于2021年2月4日，发布因战略规划及经营发展需要终止挂牌的公告。

100. 苏州瀚易特信息技术股份有限公司（证券代码：835049）

成立日期	2012-08-01
挂牌日期	2015-12-22
相关指数	—
行业类别	信息服务—计算机应用
主营业务	3D模型设计和制作、三维全景的设计和制作、展览展示、数字城市服务等软件及技术服务
总股本（万股）	1 000.00
注册地址	高新区竹园路209号

101. 江苏明昊新材料科技股份有限公司（证券代码：834843）

成立日期	2009-12-22
挂牌日期	2015-12-22
相关指数	—
行业类别	化工—化学制品
主营业务	太阳能电池组件专用硅酮密封胶的研发、生产和销售
总股本（万股）	2 650.00
注册地址	常熟市辛庄镇常南村

102. 江苏中融外包服务股份有限公司（证券代码：835047）

成立日期	2010-05-11
挂牌日期	2015-12-29
相关指数	—
行业类别	专业咨询服务
主营业务	BPO（业务流程外包）、KPO（知识流程外包）等各种金融及咨询服务业务。为各类金融机构、企事业单位等机构提供服务外包、调研咨询、教育培训等服务
总股本（万股）	1 000.00
注册地址	苏州市沧浪区劳动路66号

103. 苏州龙的信息系统股份有限公司（证券代码：835307）

成立日期	2009-08-19
挂牌日期	2016-01-04
相关指数	—
行业类别	软件开发及服务
主营业务	研发：计算机软硬件、网络技术，并提供相关技术咨询、技术服务；计算机系统集成；销售计算机软硬件
总股本（万股）	2 740.50
注册地址	工业园区唯华路3号君地商务广场12幢405室

104. 苏州数字地图信息科技股份有限公司（证券代码：835256）

成立日期	2005-03-18
挂牌日期	2016-01-05
相关指数	三板成指
行业类别	软件开发及服务
主营业务	"智慧城市"软件系统及其综合应用解决方案
总股本（万股）	2 023.77
注册地址	工业园区新平街388号腾飞创新园12号楼

105. 苏州金禾新材料股份有限公司（证券代码：835314）

成立日期	2006-11-09
挂牌日期	2016-01-06
相关指数	三板成指
行业类别	显示器件
主营业务	平板显示复合功能性组件产品的研发、生产和销售
总股本（万股）	8 145.83
注册地址	吴中区越溪街道友翔路34号

注：2020年10月19日总股本由原8 333.33万元变更为8 145.83万元。

106. 苏州丰年科技股份有限公司（证券代码：835376）

成立日期	2007-12-25
挂牌日期	2016-01-07
相关指数	—
行业类别	电子零部件制造
主营业务	工业连接器、电缆线束
总股本（万股）	945.00
注册地址	工业园区创投工业坊26号厂房

107. 江苏福泰涂布科技股份有限公司（证券代码：835231）

成立日期	2009-09-25
挂牌日期	2016-01-07
相关指数	三板成指
行业类别	造纸
主营业务	研发、生产和销售各种类型的离型材料，以及代理销售中高档不干胶面材和不干胶材料
总股本（万股）	4 200.00
注册地址	昆山市巴城镇石牌升光路806号

108. 苏州常乐铜业股份有限公司（证券代码：835377）

成立日期	2007-03-06
挂牌日期	2016-01-07
相关指数	—
行业类别	铜
主营业务	黄铜棒、环保铜棒、铁棒、钢棒的生产
总股本（万股）	3 500.00
注册地址	吴江区同里镇邱舍工业区

注：2021年5月21日公司发布决定自停牌的公告。

109. 江苏正通电子股份有限公司（证券代码：835536）

成立日期	2010-11-23
挂牌日期	2016-01-12
相关指数	—
行业类别	汽车零部件
主营业务	汽车电控类产品、汽车电连接类产品、汽车配电盒类产品以及汽车塑料支撑结构件类产品的生产和销售
总股本（万股）	4 600.00
注册地址	昆山市周市许龚路118号

110. 苏州海德新材料科技股份有限公司（证券代码：835415）

成立日期	2007-08-02
挂牌日期	2016-01-15
相关指数	—
行业类别	金属制品
主营业务	新材料研发；铁路扣件、轨道减震器、桥梁支座、伸缩缝、隔震支座、高阻尼支座、摩擦摆支座研发及设计、生产、销售及技术服务
总股本(万股)	10 117.80
注册地址	常熟市高新技术产业开发区金门路 59 号

111. 苏州东奇信息科技股份有限公司（证券代码：835330）

成立日期	2010-10-25
挂牌日期	2016-01-15
相关指数	—
行业类别	终端设备
主营业务	新型通信系统构思、核心集成电路设计、嵌入式应用软件开发和自主知识产权的信息通信产品的生产经营，并提供售后技术或配套服务
总股本(万股)	1 452.55
注册地址	工业园区林泉街 399 号

112. 江苏达伦电子股份有限公司（证券代码：835834）

成立日期	2011-03-15
挂牌日期	2016-02-19
相关指数	—
行业类别	LED
主营业务	设计、研发、生产和销售智能 LED 照明产品等
总股本(万股)	5 229.00
注册地址	常熟市高新技术产业开发区东南街道白潭路 5 号

113. 苏州工业园区新宁诊所股份有限公司（证券代码：836068）

成立日期	2007-04-18
挂牌日期	2016-03-07
相关指数	—
行业类别	医疗服务
主营业务	服务项目包括：全科、儿科、皮肤科、旅行医学、检验科、放射科、B 超检查、骨密度检测、体检、物理治疗、口腔科
总股本(万股)	2 068.00
注册地址	工业园区星海街 198 号星海大厦 2 幢 1 楼

114. 江苏耐维思通科技股份有限公司（证券代码：836373）

成立日期	2012-10-24	
挂牌日期	2016-03-10	
相关指数	—	
行业类别	软件开发及服务	
主营业务	研发、生产和销售航海电子产品及数字化港口系统集成服务	
总股本（万股）	2 145.00	
注册地址	张家港市经济开发区（高新技术创业服务中心）	

115. 苏州金色未来信息咨询股份有限公司（证券代码：836062）

成立日期	2002-10-18	
挂牌日期	2016-03-14	
相关指数	—	
行业类别	其他传媒	
主营业务	高级猎头招聘服务；蓝领技术工人外包服务；咨询培训服务	
总股本（万股）	500.00	
注册地址	虎丘区高新区狮山路22号人才广场903—905室	

116. 昆山泓杰电子股份有限公司（证券代码：836274）

成立日期	2006-04-17	
挂牌日期	2016-03-18	
相关指数	—	
行业类别	其他通用机械	
主营业务	主要生产和销售液晶显示器支架、医疗及触摸显示器支架、桌面办公人体工学支架、视频会议移动推车支架等视听、医疗周边设备，同时也提供专业的解决方案及产品定制	
总股本（万股）	6 000.00	
注册地址	昆山开发区富春江路1050号	

117. 苏州纽迈分析仪器股份有限公司（证券代码：836507）

成立日期	2009-04-08	
挂牌日期	2016-03-18	
相关指数	—	
行业类别	仪器仪表	
主营业务	低场核磁共振设备的研发、生产与销售及应用测试服务	
总股本（万股）	3 600.00	
注册地址	虎丘区高新区科灵路78号苏高新软件园2号楼	

附录

118. 苏州仁和园林股份有限公司（证券代码：836255）

成立日期	2003-11-12
挂牌日期	2016-03-21
相关指数	—
行业类别	装饰园林
主营业务	园林景观工程施工，仿古建筑施工和古建筑修缮，市政工程施工
总股本（万股）	4 800.00
注册地址	工业园区唯亭镇跨春路5号

119. 苏州欧菲特电子股份有限公司（证券代码：836284）

成立日期	2010-08-12
挂牌日期	2016-03-21
相关指数	—
行业类别	其他专用机械
主营业务	工业化整体解决方案咨询与设计，自动化设备、测试设备、测试软件和夹制具的研发、生产、销售和服务
总股本（万股）	3 000.00
注册地址	昆山市千灯镇黄浦江路东侧，玉溪路北侧

注：2020年6月19日总股本由原1 600.00万元变更为3 000.00万元。

120. 苏州奥智智能设备股份有限公司（证券代码：836362）

成立日期	2004-11-15
挂牌日期	2016-03-24
相关指数	—
行业类别	冶金矿采化工设备
主营业务	精密高效铜、铝管棒材加工技术和加工设备以及工业电气自动化集成系统的开发、生产、销售和技术服务
总股本（万股）	4 000.00
注册地址	太仓市经济开发区无锡路2号

121. 江苏黄金屋教育发展股份有限公司（证券代码：836306）

成立日期	2008-12-31
挂牌日期	2016-03-31
相关指数	—
行业类别	互联网信息服务
主营业务	家校互动业务和互联网教育业务
总股本（万股）	7 210.00
注册地址	工业园区东平街280号

122. 苏州林华医疗器械股份有限公司（证券代码：835637）

成立日期	1996-06-28
挂牌日期	2016-04-08
相关指数	—
行业类别	医疗器械
主营业务	临床血管给药工具研发、生产和销售
总股本（万股）	36 036.00
注册地址	工业园区唯新路3号

123. 江苏银奕达科技股份有限公司（证券代码：836235）

成立日期	2010-08-05
挂牌日期	2016-04-14
相关指数	—
行业类别	铝
主营业务	研发、生产和销售建筑用隔热铝合金型材与工业铝型材
总股本（万股）	6 000.00
注册地址	相城区太东路2555号

124. 奇华光电（昆山）股份有限公司（证券代码：836641）

成立日期	2003-10-20
挂牌日期	2016-04-18
相关指数	—
行业类别	其他电子
主营业务	研发、生产和销售用于手机、电脑等消费型电子产品中的各类电子产品功能性器件
总股本（万股）	3 084.30
注册地址	昆山市周市镇长兴路298号

125. 苏州撼力合金股份有限公司（证券代码：836820）

成立日期	2009-08-28
挂牌日期	2016-04-20
相关指数	—
行业类别	铜
主营业务	合金齿环、合金管材的生产、加工、销售及自营及代理各类商品及技术的进出口业务
总股本（万股）	1 500.00
注册地址	太仓市陆渡镇山河路9号2幢

126. 苏州朝阳智能科技股份有限公司（证券代码：836778）

成立日期	2004-03-30
挂牌日期	2016-04-21
相关指数	—
行业类别	软件开发及服务
主营业务	智能化工程的方案设计、项目承包、工程施工、系统集成服务
总股本（万股）	2 134.90
注册地址	吴中区经济开发区越溪街道吴中大道2588号5幢521房间

注：2020年11月23日总股本由原2 161.00万元变更为2 134.90万元。

127. 苏州蜜思肤化妆品股份有限公司（证券代码：836831）

成立日期	2011-04-22
挂牌日期	2016-04-21
相关指数	三板成指
行业类别	专业连锁
主营业务	化妆品销售
总股本（万股）	5 120.00
注册地址	吴江区松陵镇永康路香港万亚广场第28层2801—2802号

注：2020年6月24日总股本由原3 519.00万元变更为5 120.00万元。

128. 苏州小棉袄信息技术股份有限公司（证券代码：836935）

成立日期	2012-08-24
挂牌日期	2016-04-22
相关指数	—
行业类别	信息传输、软件和信息技术服务业—互联网和相关服务
主营业务	互联网电子商务综合运营服务
总股本（万股）	1 000.00
注册地址	吴中区东吴北路299号1901室

129. 苏州雷格特智能设备股份有限公司（证券代码：836812）

成立日期	2010-02-26
挂牌日期	2016-04-25
相关指数	—
行业类别	信息技术业
主营业务	自主研发智能终端产品
总股本（万股）	6 048.00
注册地址	吴中区甪直镇海藏西路2869号

注：2021年3月26日公司发布决定终止其股票挂牌的公告。

130. 江苏AB集团股份有限公司（证券代码：836866）

成立日期	1995-06-22
挂牌日期	2016-04-25
相关指数	—
行业类别	纺织服装—服装家纺
主营业务	针织内衣为主的系列产品生产与销售
总股本(万股)	8 587.50
注册地址	昆山市巴城镇正仪新城路8号

131. 江苏华佳丝绸股份有限公司（证券代码：836823）

成立日期	2004-05-28
挂牌日期	2016-04-26
相关指数	三板成指
行业类别	纺织服装、服饰业
主营业务	丝、绸、服装研发设计、生产和销售
总股本(万股)	5 000.00
注册地址	吴江区盛泽镇北环路1988号

132. 江苏宜美照明科技股份有限公司（证券代码：836941）

成立日期	2011-12-27
挂牌日期	2016-04-26
相关指数	三板成指
行业类别	电气机械和器材制造业
主营业务	LED室内商业照明灯具的研发、生产和销售
总股本(万股)	6 435.00
注册地址	昆山市周市镇横长泾路366号

133. 苏州舞之动画股份有限公司（证券代码：837133）

成立日期	2008-07-22
挂牌日期	2016-04-26
相关指数	—
行业类别	广播、电视、电影和影视录音制作业
主营业务	原创动画制作运营和动画制作服务
总股本(万股)	2 382.50
注册地址	吴中区宝带东路345号2幢文化创意大厦9—11楼

134. 鸿海（苏州）食品科技股份有限公司（证券代码：837064）

成立日期	2011-11-09
挂牌日期	2016-04-26
相关指数	—
行业类别	批发和零售业
主营业务	团膳供应链服务
总股本（万股）	6 000.00
注册地址	高新区建林路 666 号二区（出口加工区配套园 18—19 号厂房）

注：2021 年 1 月 11 日公司发布终止其股票挂牌的公告。

135. 苏州制氧机股份有限公司（证券代码：836692）

成立日期	1997-05-23
挂牌日期	2016-04-27
相关指数	—
行业类别	通用设备制造业
主营业务	气体分离及液化设备、液化天然气生产与销售
总股本（万股）	8 200.36
注册地址	吴中区胥口镇新峰路 288 号

136. 苏州盈茂光电材料股份有限公司（证券代码：837201）

成立日期	2004-02-11
挂牌日期	2016-04-28
相关指数	—
行业类别	橡胶和塑料制品业
主营业务	研发、生产、销售光缆用 PBT 及 PBT 色母
总股本（万股）	7 300.00
注册地址	吴中区木渎镇木胥西路 66—68 号

注：2020 年 4 月 13 日，发布关于拟变更注册地址并修订公司章程公告。

137. 江苏兴易达供应链管理股份有限公司（证券代码：837200）

成立日期	2012-07-24
挂牌日期	2016-05-03
相关指数	—
行业类别	批发和零售业
主营业务	国内贸易销售
总股本（万股）	1 285.72
注册地址	吴中区东方大道 988 号 1 幢

138. 苏州乔发环保科技股份有限公司（证券代码：836908）

成立日期	2012-11-05
挂牌日期	2016-05-04
相关指数	—
行业类别	通用设备制造业
主营业务	工业领域蒸发设备研制、蒸发设备 EPC 工程承包、环保洁净工程承包
总股本（万股）	4 532.68
注册地址	吴中区胥口镇时进路 509 号

139. 凯诗风尚科技（苏州）股份有限公司（证券代码：836550）

成立日期	2010-06-18
挂牌日期	2016-05-04
相关指数	—
行业类别	互联网和相关服务
主营业务	家纺家居用品的零售和批发
总股本（万股）	750.00
注册地址	工业园区金鸡湖大道 1355 号国际科技园四期 A1802 单元

140. 苏州盈迪信康科技股份有限公司（证券代码：836891）

成立日期	2010-05-21
挂牌日期	2016-05-06
相关指数	—
行业类别	信息传输、软件和信息技术服务业
主营业务	计算机网络通信技术服务；设计、开发、销售计算机软硬件，并提供相关咨询服务
总股本（万股）	2 935.10
注册地址	桑田街 218 号苏州生物医药产业园二期乐橙大厦 5 楼 E422 单元

141. 苏州爱上网络科技股份有限公司（证券代码：837312）

成立日期	2008-01-22
挂牌日期	2016-05-09
相关指数	—
行业类别	信息传输、软件和信息技术服务业
主营业务	提供免费生活资讯服务、逐步建立起网上广告发布及线下活动服务等两大业务
总股本（万股）	100.00
注册地址	张家港市杨舍镇吾悦商业广场 13 幢 B707—B714

附录

142. 苏州美房云客软件科技股份有限公司（证券代码：837288）

成立日期	2011-11-21
挂牌日期	2016-05-09
相关指数	—
行业类别	信息传输、软件和信息技术服务业
主营业务	数字孪生技术服务商
总股本（万股）	1 517.00
注册地址	常熟市经济技术开发区四海路科创园1号楼405室

143. 苏州康尼格电子科技股份有限公司（证券代码：837355）

成立日期	2010-04-07
挂牌日期	2016-05-11
相关指数	—
行业类别	计算机、通信和其他电子设备制造业
主营业务	以机器、模具、胶料为载体的技术服务和技术支持，专注于新型电子产品封装解决方案
总股本（万股）	1 000.00
注册地址	常熟市辛庄镇长盛路33号

144. 江苏东方四通科技股份有限公司（证券代码：837120）

成立日期	2001-07-23
挂牌日期	2016-05-16
相关指数	—
行业类别	仪器仪表制造业
主营业务	机电设备、照明电器、电力产品、电子产品研发和技术服务及信息技术服务
总股本（万股）	5 808.00
注册地址	张家港市杨舍镇张家港经济开发区（南区）

注：2021年1月18日公司发布停牌的公告。

145. 江苏如意通动漫产业股份有限公司（证券代码：837083）

成立日期	2009-05-21
挂牌日期	2016-05-16
相关指数	三板成指
行业类别	广播、电视、电影和影视录音制作业
主营业务	动漫作品的策划、设计、制作、发行与品牌形象授权，动漫衍生产品、动漫软件开发及销售
总股本（万股）	5 000.00
注册地址	张家港市杨舍镇滨河路3号（如意通大厦）301室

146. 江苏迪威高压科技股份有限公司（证券代码：837289）

成立日期	2006-10-30
挂牌日期	2016-05-18
相关指数	—
行业类别	金属制品业
主营业务	液压管件、高压管件
总股本（万股）	1 683.51
注册地址	张家港市锦丰镇南港村

147. 苏州通锦精密工业股份有限公司（证券代码：837453）

成立日期	2002-12-12
挂牌日期	2016-05-18
相关指数	—
行业类别	通用设备制造业
主营业务	设计、加工和销售自主产品、非标设备及非标智能化产线
总股本（万股）	2 700.00
注册地址	高新区建林路411号

148. 江苏美爱斯化妆品股份有限公司（证券代码：837410）

成立日期	1997-20-04
挂牌日期	2016-05-20
相关指数	—
行业类别	化学原料及化学制品制造业
主营业务	研发、生产、销售化妆品、染发品及洗护产品
总股本（万股）	4 847.50
注册地址	吴江区汾湖高新技术产业开发区美爱斯生物工业园

注：公司经过2019年年度权益分派后，总股本由4 406.82万股增至4 847.50万股，注册资本做相应变更。

149. 苏州中固建筑科技股份有限公司（证券代码：837566）

成立日期	2013-09-03
挂牌日期	2016-05-25
相关指数	—
行业类别	建筑装饰和其他建筑业
主营业务	对现有建筑物（含古建筑）提供加固改造、修缮维保、装饰装修
总股本（万股）	2 000.00
注册地址	相城区聚民路66号

附　录

150. 苏州宝强精密制造股份有限公司（证券代码：837535）

成立日期	2003-12-08
挂牌日期	2016-05-26
相关指数	—
行业类别	通用设备制造业
主营业务	紧固件、五金件的研发、生产和销售
总股本（万股）	4 000.00
注册地址	吴中区甪直镇经济开发区

151. 昆山吉山会津塑料工业股份有限公司（证券代码：837576）

成立日期	2015-09-01
挂牌日期	2016-05-27
相关指数	三板做市
行业类别	橡胶和塑料制品业
主营业务	塑胶精密模具的设计、研发、生产及注塑塑胶产品的生产和销售
总股本（万股）	2 008.59
注册地址	昆山市千灯镇华涛路 350 号

152. 苏州汉瑞森光电科技股份有限公司（证券代码：837561）

成立日期	2008-03-18
挂牌日期	2016-05-31
相关指数	899001　全国中小企业股份转让系统成份指数
行业类别	计算机、通信和其他电子设备制造业
主营业务	光电子器件及其他电子器件制造
总股本（万股）	4 033.24
注册地址	高新区木桥街 25 号

153. 苏州德能电机股份有限公司（证券代码：837646）

成立日期	2006-11-28
挂牌日期	2016-06-03
相关指数	—
行业类别	电气机械和器材制造业
主营业务	三相异步电动机、永磁同步电机的研发、生产及销售
总股本（万股）	3 039.16
注册地址	太仓市双凤镇凤中工业区二号路

154. 苏州新业电子股份有限公司（证券代码：837641）

成立日期	1993-02-13
挂牌日期	2016-06-08
相关指数	—
行业类别	电气机械和器材制造业
主营业务	研发、生产、销售以PTC陶瓷材料为主的热敏电阻元件、加热器件产品
总股本（万股）	1 070.00
注册地址	吴中区甪直镇海藏西路2221号

155. 江苏三意楼宇科技股份有限公司（证券代码：837545）

成立日期	2009-05-06
挂牌日期	2016-06-27
相关指数	—
行业类别	建筑安装业
主营业务	建筑智能化工程以及建筑消防工程服务
总股本（万股）	3 250.00
注册地址	玉山镇祖冲之南路1666号清华科技园5号8楼

注：2021年4月2日公司终止其股票挂牌的公告。

156. 锑玛（苏州）精密工具股份有限公司（证券代码：837971）

成立日期	2007-10-15
挂牌日期	2016-07-19
相关指数	—
行业类别	金属制品业
主营业务	研发、生产、销售非标准制式硬质合金刀具产品和服务
总股本（万股）	1 770.005 6
注册地址	工业园区娄葑镇双阳路创投工业坊9号

157. 昆山协多利洁净系统股份有限公司（证券代码：837982）

成立日期	2000-06-20
挂牌日期	2016-07-26
相关指数	三板成指
行业类别	金属制品业
主营业务	洁净室系统产品研究、生产、销售
总股本（万股）	10 100.00
注册地址	昆山市陆家镇孔巷东路116号

附 录

158. 江苏西屋智能科技股份有限公司（证券代码：837966）

成立日期	2008-12-15
挂牌日期	2016-07-27
相关指数	—
行业类别	建筑安装业
主营业务	建筑智能化工程设计与施工业务及售后服务
总股本（万股）	1 800.00
注册地址	常熟市通港路98号1幢

注：2021年4月26日公司发布终止其股票挂牌的公告。

159. 苏州海中航空科技股份有限公司（证券代码：838080）

成立日期	2006-04-11
挂牌日期	2016-07-27
相关指数	—
行业类别	制造业
主营业务	航空航天器零部件、航海器零部件、高铁控制器及显示器零部件、智能控制设备、微波通信产品、量子通信产品的研发、生产、销售
总股本（万股）	1 500.00
注册地址	工业园区娄葑北区和顺路58号4幢1楼

注：2021年3月23日公司发布终止其股票挂牌的公告。

160. 苏州诚骏科技股份有限公司（证券代码：838174）

成立日期	2005-12-01
挂牌日期	2016-07-28
相关指数	—
行业类别	计算机、通信和其他电子设备制造业
主营业务	笔记本电脑和一体机电脑转轴，精密五金件的生产、销售
总股本（万股）	3 000.00
注册地址	吴江区平望镇中鲈村

161. 昆山开信精工机械股份有限公司（证券代码：838241）

成立日期	2010-03-03
挂牌日期	2016-07-29
相关指数	—
行业类别	通用设备制造业
主营业务	数控喷丸强化设备、喷砂表面处理设备的生产、销售、售后服务
总股本（万股）	5 168.32
注册地址	昆山市巴城镇石牌金凤凰路588号

162. 中延（苏州）科技股份有限公司（证券代码：838058）

成立日期	2004-03-26
挂牌日期	2016-08-01
相关指数	三板成指
行业类别	信息传输、软件和信息技术服务业
主营业务	游戏开发经营
总股本（万股）	1 934.30
注册地址	工业园区东环路 1408 号 1 幢 606 室

163. 苏州太湖雪丝绸股份有限公司（证券代码：838262）

成立日期	2006-05-18
挂牌日期	2016-08-02
相关指数	—
行业类别	纺织业
主营业务	蚕丝被、真丝家纺、丝绸制品等床上用品销售
总股本（万股）	2 644.32
注册地址	吴江区震泽镇金星村 318 国道北侧

164. 苏州东冠包装股份有限公司（证券代码：838268）

成立日期	2010-05-25
挂牌日期	2016-08-03
相关指数	—
行业类别	印刷和记录媒介复制业
主营业务	瓦楞纸箱包装的印刷、加工及销售业务
总股本（万股）	4 259.00
注册地址	吴江区黎里镇金家坝金盛路 1709 号

165. 苏州贝克诺斯电子科技股份有限公司（证券代码：838351）

成立日期	2011-05-20
挂牌日期	2016-08-08
相关指数	三板成指
行业类别	计算机、通信和其他电子设备制造
主营业务	电脑和手机等消费电子产品功能性部件、辅料的设计、生产和销售
总股本（万股）	2 006.38
注册地址	吴中区胥口镇长安路 168 号

166. 苏州市希尔孚新材料股份有限公司（证券代码：839153）

成立日期	2006-03-29
挂牌日期	2016-09-02
相关指数	—
行业类别	电气机械和器材制造业
主营业务	研发、生产、销售电接触材料
总股本(万股)	3 328.50
注册地址	吴中区木渎镇柴场路 8 号

注：2020 年 4 月 24 日公司披露定向发行认购公告，募集资金合计 6 463 500.00 元。

167. 江苏元泰智能科技股份有限公司（证券代码：839156）

成立日期	2009-06-29
挂牌日期	2016-09-08
相关指数	—
行业类别	专用设备制造业
主营业务	自动化装备的研发、设计、生产及销售
总股本(万股)	2 492.00
注册地址	工业园区江浦路 12 号厂房裙楼 3 楼 314 室

168. 苏州博远容天信息科技股份有限公司（证券代码：838814）

成立日期	2010-12-14
挂牌日期	2016-09-09
相关指数	—
行业类别	软件和信息技术服务业
主营业务	为铁路旅客服务领域提供智能化整体解决方案
总股本(万股)	4 558.82
注册地址	高新区青城山路 350 号

169. 苏州智能交通信息科技股份有限公司（证券代码：839192）

成立日期	2008-05-06
挂牌日期	2016-09-12
相关指数	—
行业类别	软件和信息技术服务业
主营业务	智能交通系统及其相关配套设施的研发和销售，并提供相应的数据服务业务
总股本(万股)	2 197.80
注册地址	姑苏区南环东路 1 号

170. 江苏骅盛车用电子股份有限公司（证券代码：838437）

成立日期	1999-05-14
挂牌日期	2016-09-19
相关指数	—
行业类别	汽车制造业
主营业务	汽车电子零部件的研发、生产及销售
总股本（万股）	10 454.4
注册地址	昆山市张浦镇花苑路600号

171. 苏州德华生态环境科技股份有限公司（证券代码：838582）

成立日期	2008-02-04
挂牌日期	2016-09-26
相关指数	—
行业类别	生态保护和环境治理业
主营业务	水体生态治理项目和低影响力开发项目的技术服务、施工和运营
总股本（万股）	1 468.00
注册地址	工业园区九华路110号幢402室

172. 江苏建伟物流股份有限公司（证券代码：839532）

成立日期	2000-08-28
挂牌日期	2016-10-28
相关指数	—
行业类别	道路运输业
主营业务	国内道路货物运输服务和仓储装卸服务
总股本（万股）	2 850.00
注册地址	昆山市周市镇339省道479号

173. 苏州康鸿智能装备股份有限公司（证券代码：839416）

成立日期	2008-08-29
挂牌日期	2016-10-28
相关指数	—
行业类别	机械设备—专用设备
主营业务	电子设备、自动化设备以及检测设备的研发、生产和销售业务
总股本（万股）	1 110.00
注册地址	吴中区甪直镇海藏西路2058号W4

174. 苏州格朗富装备制造股份有限公司（证券代码：839539）

成立日期	2009-04-14
挂牌日期	2016-11-03
相关指数	—
行业类别	通用设备制造业
主营业务	给排水阀门和消火栓的研发、生产和销售
总股本(万股)	4 420.00
注册地址	吴江区平望镇中鲈工业集中区富平路2号

175. 江苏米莫金属股份有限公司（证券代码：838327）

成立日期	2003-06-26
挂牌日期	2016-11-03
相关指数	—
行业类别	金属制品业
主营业务	粉末五金配件的生产、研发、销售
总股本(万股)	1 370.96
注册地址	吴江区同里镇屯南村

176. 张家港万诚科技股份有限公司（证券代码：839588）

成立日期	2013-03-21
挂牌日期	2016-11-03
相关指数	—
行业类别	制造业
主营业务	汽车玻璃升降器的研发、生产、销售
总股本(万股)	3 580.00
注册地址	张家港市杨舍镇长兴路18号

注：2021年1月13日公司发布终止其股票挂牌的公告。

177. 江苏宏宝锻造股份有限公司（证券代码：839652）

成立日期	1999-01-15
挂牌日期	2016-11-09
相关指数	—
行业类别	金属制品业
主营业务	汽车零部件锻件及工程机械锻件的生产、加工、研发与销售
总股本(万股)	9 398.00
注册地址	张家港市大新镇永凝路

178. 江苏荷普医疗科技股份有限公司（证券代码：839926）

成立日期	1989-10-30
挂牌日期	2016-11-14
相关指数	三板成指
行业类别	医疗仪器设备及器械制造
主营业务	骨科医疗植入材料的研发、生产、销售
总股本（万股）	4 800.00
注册地址	张家港市锦丰镇杨锦路

179. 苏州丰亿港口运营股份有限公司（证券代码：839879）

成立日期	2004-04-03
挂牌日期	2016-11-24
相关指数	—
行业类别	交通运输、仓储邮政业
主营业务	港口运营管理、装卸作业、港口内短驳运输、港口起重机械设备保养、维修等业务
总股本（万股）	2 500.00
注册地址	张家港市杨舍镇人民东路9号（国泰东方广场）1714

注：2020年1月10日，公司注册地址发生变更。

180. 苏州骏昌通信科技股份有限公司（证券代码：839982）

成立日期	1990-04-16
挂牌日期	2016-11-28
相关指数	—
行业类别	计算机、通信和其他电子设备制造业
主营业务	连接器组件、手机天线等通信产品零配件的研发、生产与销售
总股本（万股）	2 000.00
注册地址	张家港金港镇长江西路38号

181. 中诚工程建设管理（苏州）股份有限公司（证券代码：839962）

成立日期	2002-01-21
挂牌日期	2016-12-01
相关指数	—
行业类别	专业技术服务业
主营业务	造价咨询、全过程控制、招标代理、工程监理
总股本（万股）	2 000.00
注册地址	高新区潇湘路99号1幢101室5-8F19F

182. 苏州德菱邑铖精工机械股份有限公司（证券代码：870108）

成立日期	2004-08-23
挂牌日期	2016-12-08
相关指数	—
行业类别	通用设备制造业
主营业务	电梯部件的研发、生产和销售
总股本(万股)	4 249.20
注册地址	吴江区黎里镇莘塔大街西侧

183. 江苏嘉洋华联建筑装饰股份有限公司（证券代码：870030）

成立日期	1997-04-14
挂牌日期	2016-12-13
相关指数	—
行业类别	建筑材料—建筑装饰
主营业务	室内装饰业务、幕墙设计及安装业务,同时从事少量机电安装业务、智能化业务及钢结构业务
总股本(万股)	12 800.00
注册地址	常熟市碧溪新区浦江路 31 号

184. 苏州楚星时尚纺织集团股份有限公司（证券代码：870001）

成立日期	2011-12-22
挂牌日期	2016-12-14
相关指数	—
行业类别	纺织业
主营业务	高端里布、化纤面料的研发和销售
总股本(万股)	5 787.80
注册地址	吴江区盛泽镇圣塘村

185. 昆山恒光塑胶股份有限公司（证券代码：870236）

成立日期	2009-04-02
挂牌日期	2016-12-14
相关指数	—
行业类别	橡胶和塑料制品业
主营业务	塑料包装片材、料带制品的研发、生产和销售
总股本(万股)	1 000.00
注册地址	昆山市千灯镇石浦淞南路 68 号 8 号房

186. 江苏快而捷物流股份有限公司（证券代码：870287）

成立日期	2004-11-29
挂牌日期	2016-12-16
相关指数	—
行业类别	道路运输业
主营业务	货物运输、货物货代
总股本（万股）	3 190.38
注册地址	工业园区银胜路25号

187. 江苏赛康医疗设备股份有限公司（证券代码：870098）

成立日期	2002-04-24
挂牌日期	2016-12-16
相关指数	—
行业类别	专用设备制造业
主营业务	医疗设备相关设计、研发、制造、销售、服务
总股本（万股）	2 480.00
注册地址	张家港市现代农业示范园区乐红路35号

188. 苏州新启成传媒股份有限公司（证券代码：870096）

成立日期	2010-12-17
挂牌日期	2016-12-20
相关指数	—
行业类别	商务服务业
主营业务	向各类企业提供基于新媒体的大数据整合营销服务
总股本（万股）	576.10
注册地址	吴中区木渎镇玉山路（金枫广告设计产业园东楼1401—1403室）

189. 苏州永联天天鲜配送股份有限公司（证券代码：870138）

成立日期	2012-06-28
挂牌日期	2016-12-20
相关指数	—
行业类别	商业贸易—贸易
主营业务	生鲜农产品和食品的销售和配送
总股本（万股）	2 000.00
注册地址	张家港市南丰镇永刚集团集宿中心

附 录

190. 苏州新大诚科技发展股份有限公司（证券代码：839835）

成立日期	2006-11-22
挂牌日期	2016-12-20
相关指数	—
行业类别	计算机、通信和其他电子设备制造业
主营业务	提供通信无源设备以及整体解决方案，产品主要包括通信网络连接设备、通信机房智能环保节能设备、通信电源保护设备
总股本（万股）	3 300.00
注册地址	工业园区江胜路18号

191. 苏州华创特材股份有限公司（证券代码：870365）

成立日期	2006-03-21
挂牌日期	2016-12-29
相关指数	—
行业类别	金属制品业
主营业务	工业用冷拔无缝异型钢管制造、加工和销售
总股本（万股）	1 658.62
注册地址	市张家港市凤凰镇创兴路1号

注：2020年8月7日公司发布权益分派实施公告，9月4日发布变更注册地址通知。

192. 苏州黑盾环境股份有限公司（证券代码：839800）

成立日期	2009-07-01
挂牌日期	2016-12-30
相关指数	—
行业类别	专用设备制造业
主营业务	研发、生产通信及工业用途的精密温控节能设备及其他配套产品，并提供相关技术服务
总股本（万股）	6 500.00
注册地址	相城区阳澄湖镇田多里路9号

注：2021年4月21日公司发布终止其股票挂牌的公告。

193. 苏州司巴克自动化设备股份有限公司（证券代码：870356）

成立日期	2004-07-07
挂牌日期	2017-01-03
相关指数	—
行业类别	其他专用制造业
主营业务	设计、生产自动化设备、测试仪器等，销售本公司所生产的产品并提供技术咨询和售后服务
总股本（万股）	500.00
注册地址	相城区黄桥张庄工业园鑫方路20号

194. 江苏建院营造股份有限公司（证券代码：870355）

成立日期	1997-03-31
挂牌日期	2017-01-04
相关指数	—
行业类别	土木工程建筑业
主营业务	为国内外工程建设项目提供地基与基础工程施工服务
总股本(万股)	5 080.00
注册地址	苏州市南环东路10号（新联大厦）

195. 江苏一品御工实业股份有限公司（证券代码：870631）

成立日期	2008-11-11
挂牌日期	2017-01-16
相关指数	三板成指
行业类别	文教、工美、体育和娱乐用品制造业
主营业务	黄金金条、黄金饰品、非黄金饰品的销售及珠宝售后维修、保养服务
总股本(万股)	7 800.00
注册地址	姑苏区人民路383号

196. 苏州欧康诺电子科技股份有限公司（证券代码：870433）

成立日期	2005-05-26
挂牌日期	2017-01-18
相关指数	—
行业类别	专用设备制造业
主营业务	电子产品自动化测试解决方案的研发、设计、生产与销售以及相关自动化生产设备的销售业务
总股本(万股)	1 550.00
注册地址	吴中经济开发区吴中大道2588号18幢

197. 苏州厚利春塑胶工业股份有限公司（证券代码：870494）

成立日期	2006-01-10
挂牌日期	2017-01-19
相关指数	—
行业类别	橡胶和塑料制品业
主营业务	各类消防管及消防卷盘总成、消防用喷管及总成、园艺及农业用喷雾管及总成、工业用高压空气管的研发、生产及销售
总股本(万股)	4 172.80
注册地址	相城区北桥街道希望工业园

198. 苏州馨格家居用品股份有限公司（证券代码：870531）

成立日期	2007-11-30
挂牌日期	2017-01-20
相关指数	三板成指
行业类别	纺织业
主营业务	生产和销售床上用品、家居服、家居用品、毛毯、面料等
总股本（万股）	2 278.59
注册地址	常熟市梅李镇赵市支福妙线赵市村段1幢

199. 太仓久信精密模具股份有限公司（证券代码：870553）

成立日期	2006-08-25
挂牌日期	2017-01-23
相关指数	—
行业类别	专用设备制造业
主营业务	汽车零部件模具及轴承模具的设计、研发、生产和销售
总股本（万股）	2 106.00
注册地址	太仓市太仓经济开发区常胜路102号

200. 苏州中德联信汽车服务股份有限公司（证券代码：870690）

成立日期	2010-05-18
挂牌日期	2017-01-25
相关指数	—
行业类别	居民服务、修理和其他服务业
主营业务	移动上门保养、保险代理业务
总股本（万股）	4 032.00
注册地址	常熟市高新技术产业开发区贤士路1号

201. 苏州欧福蛋业股份有限公司（证券代码：839371）

成立日期	2004-01-18
挂牌日期	2017-01-25
相关指数	—
行业类别	农副食品加工业
主营业务	蛋液、蛋粉、白煮蛋及各类预制蛋制品的生产和销售
总股本（万股）	14 527.12
注册地址	汾湖高新技术产业开发区金家坝社区金贤路386号

202. 江苏盛鸿大业智能科技股份有限公司（证券代码：870728）

成立日期	2009-04-28
挂牌日期	2017-01-26
相关指数	三板成指
行业类别	批发业
主营业务	集研发、生产、销售及服务于一体的专业数控机床制造
总股本（万股）	3 048.00
注册地址	昆山市玉山镇北门路3169号3号房

203. 铭凯益电子（昆山）股份有限公司（证券代码：870621）

成立日期	2009-07-03
挂牌日期	2017-02-03
相关指数	—
行业类别	计算机、通信和其他电子设备制造业
主营业务	半导体封装专用材料键合丝开发、制造和销售
总股本（万股）	8 670.00
注册地址	昆山市开发区澄湖路138号5号房

204. 苏州中恒通路桥股份有限公司（证券代码：870917）

成立日期	1981-05-23
挂牌日期	2017-02-14
相关指数	—
行业类别	土木工程建筑业
主营业务	城市道路工程、城市桥梁工程、照明工程及相关配套绿化工程等市政建设施工服务
总股本（万股）	16 885.90
注册地址	吴中区南环东路1号

205. 苏州天华信息科技股份有限公司（证券代码：871028）

成立日期	2000-07-18
挂牌日期	2017-02-28
相关指数	—
行业类别	软件和信息技术服务业
主营业务	承接计算机系统集成、建筑智能化系统、安防系统、音视频系统工程的设计、施工及维护服务；提供相关的安装、调试服务
总股本（万股）	5 500.66
注册地址	苏州工业园区葑亭大道668号

206. 苏州华育智能科技股份有限公司（证券代码：871137）

成立日期	2012-01-10
挂牌日期	2017-03-13
相关指数	—
行业类别	软件和信息技术服务业
主营业务	智能校园、智能会议和技术服务
总股本（万股）	1 910.00
注册地址	相城区元和街道春申湖中路 393 号武珞科技园 6 层

207. 苏州百联节能科技股份有限公司（证券代码：871132）

成立日期	2010-01-19
挂牌日期	2017-03-15
相关指数	—
行业类别	建筑装饰和其他建筑业
主营业务	建筑节能保温产品与施工服务
总股本（万股）	2 000.00
注册地址	相城区经济开发区澄阳路 116 号国际科技创业园 1 号楼 A 座 1108 室

208. 江苏泰尔新材料股份有限公司（证券代码：871536）

成立日期	2000-08-14
挂牌日期	2017-05-10
相关指数	—
行业类别	化学原料及化学制品制造业
主营业务	特种蜡的研发、生产和销售
总股本（万股）	4 200.00
注册地址	苏州市高新区浒关工业园浒青路 1 号

209. 苏州隆力奇东源物流股份有限公司（证券代码：871170）

成立日期	2006-01-09
挂牌日期	2017-05-17
相关指数	—
行业类别	装卸搬运和其他运输代理
主营业务	为客户提供公路货运运输代理、仓储及分拨中心管理等物流服务
总股本（万股）	3 970.00
注册地址	常熟市通港路 88 号 402 室

注：公司于 2020 年 6 月份完成第二次定向增发，新增股份于 11 月份进行了工商注册。

210. 苏州合展设计营造股份有限公司（证券代码：871491）

成立日期	1997-03-31
挂牌日期	2017-06-01
相关指数	—
行业类别	建筑装饰和其他建筑业
主营业务	建筑装修装饰工程的施工与设计、风景园林工程设计
总股本（万股）	2 225.50
注册地址	苏州工业园区苏桐路6号

211. 江苏汇博机器人技术股份有限公司（证券代码：871462）

成立日期	2009-01-21
挂牌日期	2017-06-08
相关指数	三板成指
行业类别	通用设备制造业
主营业务	智能制造系统集成、机器人相关技术及应用的研发、设计、生产和销售
总股本（万股）	12 280.36
注册地址	苏州工业园区方洲路128号

212. 苏州华芯微电子股份有限公司（证券代码：871451）

成立日期	2000-12-04
挂牌日期	2017-06-14
相关指数	—
行业类别	计算机、通信和其他电子设备制造业
主营业务	从事集成电路及其应用系统和软件的开发、设计、生产、销售
总股本（万股）	3 000.00
注册地址	高新区向阳路198号

213. 苏州德融嘉信信用管理技术股份有限公司（证券代码：871653）

成立日期	2007-09-07
挂牌日期	2017-06-28
相关指数	—
行业类别	软件和信息技术服务业
主营业务	信用管理软件及其他软件产品研发及相关技术服务、技术咨询；信用评估、信用管理咨询；非学历职业技能培训
总股本（万股）	750.00
注册地址	苏州工业园区星湖街328号创意产业园1-A3F

214. 安捷包装(苏州)股份有限公司(证券代码:871696)

成立日期	2001-08-24
挂牌日期	2017-07-24
相关指数	三板成指
行业类别	木材加工及木、竹、藤、棕、草制品业
主营业务	重型产品包装容器设计,生产销售、智能循环包装开发与运营
总股本(万股)	3 333.00
注册地址	吴中区临湖镇浦庄和安路

215. 苏州金研光电科技股份有限公司(证券代码:871714)

成立日期	2012-03-29
挂牌日期	2017-07-26
相关指数	—
行业类别	仪器仪表制造业
主营业务	光学光电子相关产品的研发、生产和销售
总股本(万股)	2 100.00
注册地址	吴江区汾湖镇汾湖大道558号

216. 苏州安特化妆品股份有限公司(证券代码:871692)

成立日期	2012-05-28
挂牌日期	2017-07-27
相关指数	—
行业类别	化学原料及化学制品制造业
主营业务	研发、生产、设计、销售专业 OEM & ODM 化妆品
总股本(万股)	2 010.00
注册地址	高新区珠江路521号

217. 苏州宝骅密封科技股份有限公司(证券代码:871751)

成立日期	1994-04-20
挂牌日期	2017-07-31
相关指数	—
行业类别	通用设备制造业
主营业务	中高端密封产品的研发、设计、制造及技术咨询服务
总股本(万股)	2 000.00
注册地址	太仓市双凤富豪经济开发区

218. 苏州恒美电子科技股份有限公司（证券代码：871578）

成立日期	2009-05-20
挂牌日期	2017-08-09
相关指数	—
行业类别	计算机、通信和其他电子设备制造业
主营业务	电路板、汽车新能源电池管理系统（BMS）、整车控制器（VCU）、接插件研发、组装、销售和技术咨询服务
总股本（万股）	2 202.13
注册地址	吴江区同里镇富华路388号

219. 苏州方昇光电股份有限公司（证券代码：871763）

成立日期	2008-10-24
挂牌日期	2017-08-14
相关指数	—
行业类别	机械设备—通用设备
主营业务	蒸发、磁控镀膜等真空设备的研发、生产、销售和技术服务以及配套材料的销售服务
总股本（万股）	1 123.60
注册地址	工业园区金鸡湖大道99号苏州纳米城中北区23幢214室

220. 张家港福吉佳食品股份有限公司（证券代码：871782）

成立日期	2002-09-11
挂牌日期	2017-08-28
相关指数	—
行业类别	食品制造业
主营业务	面包、蛋糕等西式烘焙类食品的生产及销售
总股本（万股）	3 800.00
注册地址	张家港金港镇长山村1幢、2幢

221. 苏州工业园区蓝鼎餐饮管理股份有限公司（证券代码：872175）

成立日期	2005-06-02
挂牌日期	2017-09-13
相关指数	—
行业类别	餐饮业
主营业务	团膳餐饮服务，主要是为企业客户提供食堂托管服务
总股本（万股）	600.00
注册地址	工业园区苏惠路98号国检大厦13层1305室

222. 振华集团（昆山）建设工程股份有限公司（证券代码：872238）

成立日期	2009-04-21
挂牌日期	2017-10-12
相关指数	三板成指
行业类别	建筑材料—建筑装饰
主营业务	房屋建筑工程施工总承包等工程施工服务，并提供后续维保等服务
总股本（万股）	21 600.00
注册地址	玉山镇城北萧林西路1158号

223. 江苏固耐特围栏系统股份有限公司（证券代码：872291）

成立日期	2005-08-22
挂牌日期	2017-11-08
相关指数	—
行业类别	金属制品业
主营业务	围栏类产品及大门类产品的生产及销售
总股本（万股）	2 020.82
注册地址	张家港经济开发区（南区）新泾中路10-1号

224. 西伯电子（昆山）股份有限公司（证券代码：871572）

成立日期	2004-03-15
挂牌日期	2017-11-08
相关指数	—
行业类别	计算机、通信和其他电子设备制造业
主营业务	专业扬声器（喇叭）的研发、生产及销售
总股本（万股）	3 750.00
注册地址	昆山开发区同丰东路988号昆山国际电商产业园 H-136

225. 江苏红人实业股份有限公司（证券代码：872395）

成立日期	2005-01-05
挂牌日期	2017-11-23
相关指数	—
行业类别	家具制造业
主营业务	生产定制展示架、陈列架，为品牌厂商和零售业提供店铺营销和产品陈列的解决方案
总股本（万股）	1 000.00
注册地址	张家港市杨舍镇汤桥路111号

226. 苏州华达环保设备股份有限公司（证券代码：872342）

成立日期	2006-04-24
挂牌日期	2017-11-29
相关指数	—
行业类别	专用设备制造业
主营业务	风力发电塔架设备的研发、生产和销售
总股本（万股）	5 000.00
注册地址	相城区望亭国际物流园海盛路 39 号

227. 昆山金鑫新能源股份有限公司（证券代码：872380）

成立日期	2009-06-11
挂牌日期	2017-12-05
相关指数	三板成指
行业类别	机械设备—电气设备
主营业务	电池管理软件和锂离子电池模块及配件的研发、生产和销售
总股本（万股）	3 000.06
注册地址	昆山市玉山镇亿升路 398 号 4#厂房一楼，二楼

228. 苏州方向文化传媒股份有限公司（证券代码：872424）

成立日期	2009-05-05
挂牌日期	2017-12-13
相关指数	—
行业类别	广播、电视、电影和影视录音制作业
主营业务	从事影片制作、公共信号服务、视频自媒体运营等影视业务
总股本（万股）	500.00
注册地址	姑苏区劳动路 66 号（3 号楼 303 室）

229. 苏州蓝水软件开发股份有限公司（证券代码：872388）

成立日期	2008-02-02
挂牌日期	2017-12-14
相关指数	—
行业类别	软件和信息技术服务业
主营业务	开发、销售软件及软件维护服务
总股本（万股）	300.00
注册地址	姑苏区友新路 1088 号新郭创业大厦 1 号楼 601 室

附　录

230. 江苏富丽华通用设备股份有限公司（证券代码：872473）

成立日期	2000-01-05
挂牌日期	2017-12-19
相关指数	—
行业类别	通用设备制造业
主营业务	空压机用风机、商用空调风机的设计、生产及销售
总股本(万股)	1 000.00
注册地址	张家港市乐余镇兆丰西环路10号

231. 苏州富顺新型包装材料股份有限公司（证券代码：872173）

成立日期	2000-06-29
挂牌日期	2017-12-25
相关指数	—
行业类别	橡胶和塑料制品业
主营业务	公司主要从事包装材料、机械产品的加工制造和销售
总股本(万股)	3 129.59
注册地址	吴中区胥口镇

注：2021年4月16日公司发布终止其股票挂牌的公告。

232. 江苏宏基铝业科技股份有限公司（证券代码：872588）

成立日期	1999-12-15
挂牌日期	2018-01-24
相关指数	—
行业类别	有色金属冶炼和压延加工业
主营业务	铝制品的生产及销售
总股本(万股)	2 580.00
注册地址	张家港市经济开发区(杨舍镇勤星村)

233. 江苏奥斯佳材料科技股份有限公司（证券代码：872534）

成立日期	2013-03-21
挂牌日期	2018-01-24
相关指数	—
行业类别	化学原料和化学制品制造业
主营业务	聚氨酯用改性有机硅、聚氨酯用催化剂、水性胶黏剂、纺织助剂、水性树脂等各类特种助剂的研发、生产和销售
总股本(万股)	4 020.00
注册地址	张家港市扬子江国际化学工业园南海路北侧

234. 永信药品工业(昆山)股份有限公司(证券代码：871444)

成立日期	1994-12-12
挂牌日期	2018-01-29
相关指数	—
行业类别	医药制造业
主营业务	从事药品的研发、生产与销售
总股本(万股)	12 627.13
注册地址	昆山市陆家镇金阳西路 191 号

235. 苏州艾科瑞思智能装备股份有限公司(证券代码：872600)

成立日期	2010-09-10
挂牌日期	2018-01-30
相关指数	—
行业类别	制造业
主营业务	半导体封装测试设备的研发、设计、生产和销售
总股本(万股)	638.54
注册地址	常熟市经济技术开发区科创园 102 室

注：2021 年 3 月 8 日公司发布终止挂牌的公告。

236. 苏州创投汽车科技股份有限公司(证券代码：872631)

成立日期	2008-08-27
挂牌日期	2018-02-06
相关指数	—
行业类别	汽车制造业
主营业务	商务车、房车座椅及相关配件的生产与销售
总股本(万股)	1 350.00
注册地址	吴中区胥口镇藏中路 589 号 5 幢一层

237. 昆山绿亮电子科技股份有限公司(证券代码：872673)

成立日期	2009-08-19
挂牌日期	2018-02-08
相关指数	—
行业类别	电气机械和器材制造业
主营业务	LED 灯具研发、生产和销售及 PCB、PCBA 成套产品加工、销售等业务
总股本(万股)	1 000.00
注册地址	昆山市千灯镇原创型基地 22 号

附 录

238. 苏州市宏宇环境科技股份有限公司(证券代码：872753)

成立日期	2003-11-03
挂牌日期	2018-04-13
相关指数	—
行业类别	专业技术服务业
主营业务	场地调查和土壤修复、环境咨询、环境检测、环保工程、环保培训等
总股本(万股)	3 004.16
注册地址	高新区向阳路198号6幢4楼

239. 苏州鸿基洁净科技股份有限公司(证券代码：872781)

成立日期	2004-03-10
挂牌日期	2018-05-24
相关指数	—
行业类别	专用设备制造业
主营业务	无菌超净设备和仪器的研发、生产、销售、服务和洁净室安装工程服务
总股本(万股)	1 928.00
注册地址	工业园区娄葑创投工业坊15A号厂房

240. 江苏清能新能源技术股份有限公司(证券代码：872589)

成立日期	2011-01-19
挂牌日期	2018-06-11
相关指数	—
行业类别	制造业
主营业务	燃料电池电堆和燃料电池系统研发、生产、销售
总股本(万股)	3 468.78
注册地址	张家港保税区新兴产业育成中心A栋3楼302—309室

注：2021年3月18日公司发布终止挂牌的公告。

241. 苏州永为客模架智造股份有限公司(证券代码：872858)

成立日期	2010-12-23
挂牌日期	2018-07-17
相关指数	—
行业类别	专用设备制造业
主营业务	从事各类模架的制造、销售
总股本(万股)	950.16
注册地址	吴中区甪直镇联谊路98-12号

242. 江苏春阳幕墙门窗股份有限公司（证券代码：872892）

成立日期	2002-11-01
挂牌日期	2018-07-20
相关指数	—
行业类别	金属制品业
主营业务	节能门窗和幕墙产品的研发设计、生产加工和安装施工服务
总股本（万股）	3 483.90
注册地址	昆山市巴城镇东定路555号

注：2020年12月17日公司发布股票定向发行情况报告书，发行后总股本为34 839 000股。

243. 昆山平安驾驶员培训股份有限公司（证券代码：872917）

成立日期	2015-01-23
挂牌日期	2018-07-31
相关指数	—
行业类别	交运设备服务
主营业务	普通机动车驾驶员培训以及道路客、货运驾驶员从业资格证培训
总股本（万股）	4 000.00
注册地址	昆山市玉山镇富士康路702号2号、3号房

244. 苏州网信信息科技股份有限公司（证券代码：873002）

成立日期	2007-08-30
挂牌日期	2018-09-06
相关指数	—
行业类别	软件和信息技术服务业
主营业务	围绕智慧城市建设的软件研发、信息系统集成、智能化
总股本（万股）	1 035.32
注册地址	吴江区长安路1188号邦宁电子信息产业园A1-701

245. 江苏金新城物业服务股份有限公司（证券代码：873058）

成立日期	2002-02-25
挂牌日期	2018-11-13
相关指数	—
行业类别	房地产业
主营业务	为住宅、商业物业等提供专业物业管理服务
总股本（万股）	2 000.00
注册地址	张家港经济开发区悦丰大厦8楼805室

246. 苏州瑞档信息科技股份有限公司（证券代码：873077）

成立日期	2015-03-10
挂牌日期	2018-11-14
相关指数	—
行业类别	软件和信息技术服务业
主营业务	专注档案数字化业务，档案数字化加工服务和档案管理咨询服务，同时提供相关软件开发、销售以及系统集成服务
总股本(万股)	500.00
注册地址	昆山市花桥镇亚太广场5号楼1003室

247. 苏州迪飞达科技股份有限公司（证券代码：873105）

成立日期	2010-04-12
挂牌日期	2018-12-12
相关指数	—
行业类别	制造业
主营业务	生产、销售：电子产品、电子元件、电器配件、LED照明器材及灯具；电子元件组装；自营和代理各类商品及技术的进出口业务
总股本(万股)	3 800.00
注册地址	相城区望亭镇华阳村锦阳路508号

注：2021年3月23日公司发布终止挂牌的公告。

248. 苏州凯奥净化科技股份有限公司（证券代码：873136）

成立日期	2014-01-10
挂牌日期	2018-12-26
相关指数	—
行业类别	金属制品业
主营业务	从事洁净室系统产品研发、生产、销售及安装
总股本(万股)	900.00
注册地址	昆山市锦溪镇锦东路759号4号房

249. 张家港保税区中天行进出口股份有限公司（证券代码：873142）

成立日期	2014-05-30
挂牌日期	2019-01-07
相关指数	—
行业类别	批发业
主营业务	从事进口房车底盘、房车专用零配件的经销业务
总股本(万股)	2 133.00
注册地址	张家港保税区进口汽车物流园改装基地3A、3B

250. 苏州名城信息港发展股份有限公司（证券代码：873145）

成立日期	2004-09-07
挂牌日期	2019-01-14
相关指数	—
行业类别	信息传输、软件和信息技术服务业
主营业务	互联网广告及移动互联网运营维护服务和活动组织服务，同时提供会展服务
总股本（万股）	5 000.00
注册地址	工业园区苏州大道东265号现代传媒广场23楼F-2室

251. 苏州世才外企服务股份有限公司（证券代码：873141）

成立日期	2014-07-18
挂牌日期	2019-01-15
相关指数	—
行业类别	商务服务业
主营业务	劳务派遣、劳务外包、人事代理、人才招聘
总股本（万股）	500.00
注册地址	常熟市琴川街道衡山路208号衡丰家园13幢401-9

252. 信东仪器仪表（苏州）股份有限公司（证券代码：873137）

成立日期	2006-09-01
挂牌日期	2019-02-25
相关指数	—
行业类别	仪器仪表制造业
主营业务	流量仪表、液位仪表等测量仪器仪表及自动化控制系统产品的研制、销售与综合服务
总股本（万股）	3 542.44
注册地址	张家港保税区港澳南路58号

253. 苏州金远胜智能装备股份有限公司（证券代码：873206）

成立日期	2013-03-28
挂牌日期	2019-03-12
相关指数	—
行业类别	通用设备制造业
主营业务	气体粉碎设备的研发、生产和销售
总股本（万股）	1 082.00
注册地址	太仓市沙溪镇工业开发区路南395号1号楼

附　录

254. 苏州众天力信息科技股份有限公司（证券代码：873240）

成立日期	2012-11-05
挂牌日期	2019-03-25
相关指数	—
行业类别	软件和信息技术服务业
主营业务	提供智慧社区、智慧办公及智能家居的物联网综合解决方案及相关定制化智能产品与服务
总股本（万股）	565.00
注册地址	姑苏区闻胥路483号工投科技创业园6号楼6206室

255. 苏州市邦岑新材料股份有限公司（证券代码：873203）

成立日期	2001-01-03
挂牌日期	2019-03-27
相关指数	—
行业类别	化学原料和化学制品制造业
主营业务	纺织用热熔胶的研发、生产和销售以及纺织用底浆等化工材料的销售
总股本（万股）	500.00
注册地址	相城区黄埭镇东桥胡桥工业坊1号

256. 苏州麦禾文化传媒股份有限公司（证券代码：873258）

成立日期	2009-07-15
挂牌日期	2019-04-17
相关指数	—
行业类别	专业技术服务业
主营业务	提供政企形象推广、政策宣传、商业影视制作、平面设计、商业空间设计展示等多领域的文化创意服务
总股本（万股）	500.00
注册地址	姑苏区锦帆路79号

257. 昆山华都精工精密机械股份有限公司（证券代码：873271）

成立日期	2011-08-04
挂牌日期	2019-07-17
相关指数	—
行业类别	制造业
主营业务	精密卧式镗铣床、卧加、龙门、立加、数控机床的研发、设计、制造、销售；精密零配件生产、加工、销售；货物及技术的进出口业务
总股本（万股）	4 725.00
注册地址	昆山市锦溪镇锦荣路北侧

注：2021年3月9日公司发布终止挂牌的公告。

258. 苏州太湖旅游服务股份有限公司（证券代码：873319）

成立日期	2012-11-28
挂牌日期	2019-07-18
相关指数	—
行业类别	旅行社及相关服务业
主营业务	旅行社、会展与活动策划、景区咨询与景区管理
总股本(万股)	2 000.00
注册地址	吴中区太湖国家旅游度假区孙武路 2013 号

259. 昆山市平安特种守押保安服务股份有限公司（证券代码：873347）

成立日期	2015-05-08
挂牌日期	2019-08-19
相关指数	—
行业类别	商务服务业
主营业务	特种武装守护及押运
总股本(万股)	8 000.00
注册地址	昆山市开发区珠江南路 483 号

260. 江苏九龙珠品牌管理股份有限公司（证券代码：873368）

成立日期	2007-08-30
挂牌日期	2019-11-05
相关指数	—
行业类别	零售业
主营业务	为加盟商提供饮品物料供应、日常督导管理及品牌营销策划等服务
总股本(万股)	2 500.00
注册地址	吴中区东吴北路 66 号（苏州吴中凤凰文化产业园）8 楼

261. 苏州炫之彩新材料股份有限公司（证券代码：873381）

成立日期	2008-01-11
挂牌日期	2019-11-19
相关指数	—
行业类别	造纸和纸制品业
主营业务	瓦楞纸包装材料的设计、生产、销售及服务
总股本(万股)	1 000.00
注册地址	相城区阳澄湖镇西横港街 21 号

附录

262. 苏州市相城检测股份有限公司（证券代码：873481）

成立日期	2002-12-10
挂牌日期	2020-08-10
相关指数	—
行业类别	专业技术服务业
主营业务	建设工程质量的检测服务
总股本（万股）	1 714.30
注册地址	相城区元和街道科技园一期

263. 苏州市三新材料科技股份有限公司（证券代码：873510）

成立日期	2005-11-11
挂牌日期	2020-10-26
相关指数	—
行业类别	化学原料和化学制品制造业
主营业务	涂料的研发、生产和销售
总股本（万股）	3 200.00
注册地址	吴中区迎春南路71号

264. 张家港先锋自动化机械设备股份有限公司（证券代码：873529）

成立日期	2006-07-19
挂牌日期	2020-12-01
相关指数	—
行业类别	专用设备制造业
主营业务	一次性手套生产设备及配件的研发、生产及销售
总股本（万股）	2 970.00
注册地址	张家港市凤凰镇双龙村

265. 聚宝盆（苏州）特种玻璃股份有限公司（证券代码：873556）

成立日期	2008-04-01
挂牌日期	2020-12-29
相关指数	—
行业类别	非金属矿物制品业
主营业务	加工、生产各类玻璃产品，经销玻璃、玻璃制品；普通货物道路运输；自营和代理各类商品及技术的进出口业务
总股本（万股）	2 900.00
注册地址	太仓市双凤镇富豪工业园建业路25号（泥泾村）

附录三 苏州拟上市预披露公司名单

截至 2020 年 12 月 31 日,苏州地区拟上市预披露公司共 60 家,其中已有 8 家上会,1 家过会。

序号	预披露日期	公司名称	注册地址	备注
1	2014-04-30	江苏七洲绿色化工股份有限公司	张家港市东沙化工集中区	未上会
2	2014-11-14	华澳轮胎设备科技(苏州)股份有限公司	姑苏区工业园区平胜路18号	未上会
3	2015-06-08	申龙电梯股份有限公司	吴江区汾湖镇莘塔龙江路55号	上会,通过
4	2015-11-13	苏州德龙激光股份有限公司	姑苏区苏州工业园区苏虹中路77号	未上会
5	2015-11-25	真彩文具股份有限公司	昆山市千灯镇炎武北路889号	未上会
6	2015-12-25	苏州华电电气股份有限公司	吴中区吴中经济开发区河东工业园善浦路255号	未上会
7	2017-03-14	苏州金枪新材料股份有限公司	姑苏区工业园区星湖街218号生物纳米园A4楼305室	上会,未通过
8	2017-07-14	苏州未来电器股份有限公司	相城区北桥街道庄基村	未上会
9	2017-08-02	苏州吉人高新材料股份有限公司	相城区黄埭镇潘阳工业园春旺路18号	未上会
10	2017-09-11	勋龙智造精密应用材料(苏州)股份有限公司	昆山市张浦镇阳光中路2号	上会,暂缓表决
11	2017-11-21	联德精密材料(中国)股份有限公司	昆山市张浦镇巍塔路128号	上会,未通过
12	2017-12-22	苏州禾昌聚合材料股份有限公司	吴中区工业园区民营工业区	未上会
13	2017-12-29	长华化学科技股份有限公司	张家港市扬子江国际化工园北京路20号	未上会
14	2018-01-10	苏州蜗牛数字科技股份有限公司	吴中区工业园区金鸡湖路(现中新大道西)171号	未上会
15	2018-01-16	安佑生物科技集团股份有限公司	太仓市沙溪镇岳王新港中路239号	上会,未通过

(续表)

序号	预披露日期	公司名称	注册地址	备注
16	2018-01-19	协鑫智慧能源股份有限公司	吴中区工业园区新庆路28号	未上会
17	2018-04-04	若宇检具股份有限公司	昆山市张浦镇俱进路	未上会
18	2018-04-09	苏州规划设计研究院股份有限公司	姑苏区十全街747号	上会,未通过
19	2018-07-06	江苏荣成环保科技股份有限公司	昆山市陆家镇金阳东路33号	未上会
20	2018-12-07	天聚地合(苏州)数据股份有限公司	吴中区工业园区启月街288号紫金东方大厦	未上会
21	2019-03-22	和舰芯片制造(苏州)股份有限公司	吴中区工业园区星华街333号	未上会
22	2019-06-14	江苏昆山农村商业银行股份有限公司	昆山市前进东路828号	未上会
23	2019-06-21	苏州可川电子科技股份有限公司	昆山市千灯镇支浦路1号5号房	未上会
24	2019-06-21	红蚂蚁装饰股份有限公司	姑苏区娄门路246号	未上会
25	2020-06-19	苏州晶云药物科技股份有限公司	吴中区工业园区星湖街218号生物纳米园	未上会
26	2020-06-19	苏州林华医疗器械股份有限公司	吴中区工业园区唯新路3号	未上会
27	2020-06-29	锐芯微电子股份有限公司	昆山市开发区伟业路18号508—511室	未上会
28	2020-06-29	苏州康代智能科技股份有限公司	姑苏区工业园区科智路1号	未上会
29	2020-06-30	江苏灿勤科技股份有限公司	张家港市张家港保税区金港路19号	未上会
30	2020-07-30	国泰新点软件股份有限公司	张家港市经济开发区(杨舍镇长兴路)	未上会
31	2020-09-22	江苏网进科技股份有限公司	昆山市玉山镇登云路288号	未上会
32	2020-09-28	苏州华之杰电讯股份有限公司	吴中区胥口镇孙武路1031号	未上会
33	2020-09-30	苏州欧圣电气股份有限公司	吴江区汾湖高新技术开发区临沪大道北	未上会
34	2020-09-30	苏州翔楼新材料股份有限公司	吴江区八坼街道新营村学营路285号	未上会
35	2020-10-10	江苏中法水务股份有限公司	常熟市虞山镇长江路276号	未上会

(续表)

序号	预披露日期	公司名称	注册地址	备注
36	2020-10-14	苏州星诺奇科技股份有限公司	吴中区工业园区科智路1号中新科技工业坊	未上会
37	2020-10-19	苏州湘园新材料股份有限公司	相城区阳澄湖镇张塘浜巷1号	未上会
38	2020-10-29	苏州新锐合金工具股份有限公司	吴中区工业园区唯亭镇双马街133号	未上会
39	2020-11-10	苏州快可光伏电子股份有限公司	吴中区苏州工业园区新发路31号	未上会
40	2020-11-11	苏州富士莱医药股份有限公司	常熟市新材料产业园海旺路16号	上会,未通过
41	2020-11-16	江苏保丽洁环境科技股份有限公司	张家港市锦丰镇(扬子江国际冶金工业园)	未上会
42	2020-11-19	江苏协昌电子科技股份有限公司	张家港市凤凰镇港口工业园区华泰路1号	未上会
43	2020-11-26	张家港中环海陆高端装备股份有限公司	张家港市锦丰镇合兴华山路	未上会
44	2020-12-1	创耀(苏州)通信科技股份有限公司	吴中区苏州工业园区金鸡湖大道1355号国际科技园1期133单元	未上会
45	2020-12-8	江苏利柏特股份有限公司	张家港市扬子江重型装备产业园沿江公路2667号	未上会
46	2020-12-9	昆山亚香香料股份有限公司	昆山市千灯镇汶浦中路269号	未上会
47	2020-12-14	日禾戎美股份有限公司	常熟市经济技术开发区高新技术产业园建业路2号1幢	未上会
48	2020-12-15	苏州宇邦新型材料股份有限公司	吴中区经济开发区越溪街道友翔路22号	上会,未通过
49	2020-12-17	昆山国力电子科技股份有限公司	昆山市昆山开发区西湖路28号	未上会
50	2020-12-18	苏州瑞可达连接系统股份有限公司	吴中区吴淞江科技产业园淞霞路998号	未上会
51	2020-12-18	张家港海锅新能源装备股份有限公司	张家港市南丰镇南丰村	未上会
52	2020-12-25	苏州仕净环保科技股份有限公司	相城区太平街道金澄路82号4楼	未上会
53	2020-12-29	江苏瑞泰新能源材料股份有限公司	张家港市张家港保税区纺织原料市场216-2635室	未上会

(续表)

序号	预披露日期	公司名称	注册地址	备注
54	2020-12-29	苏州瑞博生物技术股份有限公司	昆山市玉山镇元丰路168号	未上会
55	2020-12-30	苏州国芯科技股份有限公司	虎丘区高新区竹园路209号（创业园3号楼）	未上会
56	2020-12-30	苏州万祥科技股份有限公司	吴中区吴中经济开发区淞葭路1688号	未上会
57	2020-12-31	苏州纽克斯电源技术股份有限公司	相城区黄埭镇春兰路81号	未上会
58	2020-12-31	纽威数控装备（苏州）股份有限公司	虎丘区高新区通安浔阳江路69号	未上会
59	2020-12-31	苏州久美玻璃钢股份有限公司	相城区黄埭镇康阳路366号	未上会
60	2020-12-31	苏州天禄光科技股份有限公司	相城区黄埭镇太东公路2990号	未上会

后 记

本报告延续前七部《苏州上市公司发展报告》(2014—2020)研究框架,继续以苏州已上市公司发展为主体,以苏州新三板挂牌企业、科创板企业和拟上市预披露公司为补充,客观全面展现苏州上市公司发展现状、市场绩效、经营绩效,对苏州上市公司行业结构、区域结构、板块结构进行综合分析研究,对苏州上市公司"十四五"期间发展前景进行分析和展望。

本报告由薛誉华、范力、吴永敏、贝政新提出研究思路和撰写大纲,杨伟、冯佳明参与研究思路和大纲讨论。薛誉华承担前言;范力、葛帮亮承担第一章;常巍承担第二章;赵玉娟承担第三章;刘沁清承担第四章;郑晓玲承担第五章;徐涛承担第六章;贝政新、施耀承担第七章;吴永敏、吴思琼承担第八章;薛誉华、丁纪莎、居鑫悦承担第九章;杨伟、冯佳明承担附录部分。本报告由薛誉华、范力、吴永敏、贝政新负责修改、总纂和定稿。

在本报告的研讨和撰写过程中,我们得到了苏州市上市公司协会、东吴证券股份有限公司、苏州大学东吴商学院和复旦大学出版社有关领导和专家的支持,在此一并表示感谢。由于作者水平有限,加之上市公司涉及面庞杂,疏漏之处还望读者批评指正。

作 者
2021 年 7 月

图书在版编目(CIP)数据

苏州上市公司发展报告.2021 / 薛誉华等主编. —上海：复旦大学出版社，2021.12
ISBN 978-7-309-15997-4

Ⅰ.①苏… Ⅱ.①薛… Ⅲ.①上市公司-研究报告-苏州-2021 Ⅳ.①F279.246

中国版本图书馆 CIP 数据核字(2021)第 222886 号

苏州上市公司发展报告(2021)
薛誉华　等　主编
责任编辑/宋朝阳
复旦大学出版社有限公司出版发行
上海市国权路 579 号　邮编：200433
网址：fupnet@fudanpress.com　http://www.fudanpress.com
门市零售：86-21-65102580　团体订购：86-21-65104505
出版部电话：86-21-65642845
上海丽佳制版印刷有限公司

开本 787×1092　1/16　印张 20.75　字数 505 千
2021 年 12 月第 1 版第 1 次印刷

ISBN 978-7-309-15997-4/F·2844
定价：88.00 元

如有印装质量问题,请向复旦大学出版社有限公司出版部调换。
版权所有　侵权必究